R. 2238
P. 2.

LA PALINGÉNÉSIE
PHILOSOPHIQUE,
OU IDÉES
SUR L'ÉTAT PASSÉ
ET SUR L'ÉTAT FUTUR
DES ÊTRES VIVANS.

Ouvrage destiné à servir de SUPPLÉMENT aux derniers Écrits de l'Auteur,

Et qui contient principalement

LE PRÉCIS DE SES RECHERCHES SUR LE CHRISTIANISME.

Par C. BONNET,
de diverses Académies.

TOME SECOND.

A GENEVE,
Chez CLAUDE PHILIBERT & BARTHELEMI CHIROL.

─────────────

M. DCC. LXX.

TABLE
DU
TOME SECOND.

SUITE DE LA
PALINGÉNÉSIE
PHILOSOPHIQUE.

PART. XII. *Ce qu'est un Animal aux Yeux de l'Auteur. Imperfection & bornes naturelles de nos Connoissances. Conséquence; que ce Monde n'a pas été fait principalement pour l'Homme,* page 3

PART. XIII. *Suite du même Sujet. Autres exemples. Ce que seroit la Science parfaite. Véritable destination de l'Homme ici-bas,* 29

PART. XIV. *Principes & conjectures sur la liaison & la nature des deux Economies chez les Animaux. Pensées sur l'Ame des*

TABLE.

Bêtes & sur le Matérialisme, pag. 62

PART. XV. *Essai d'Application de l'irritabilité aux Polypes, &c. Nouveaux Etres microscopiques. Réflexions à ce sujet. Du droit de l'Homme sur les Animaux. L'Homme moral,* 85

PART. XVI. *Idées sur l'Etat futur de l'Homme. Principes préliminaires. La nature de l'Homme,* 127

PART. XVII. *Esquisse des Recherches philosophiques de l'Auteur sur la Révélation. Les Miracles,* 157

PART. XVIII. *Le Témoignage,* 202

PART. XIX. *La Déposition écrite,* 261

PART. XX. *L'authenticité & la vérité de la Déposition écrite. Les Prophéties,* 308

PART. XXI. *La Doctrine. Les succès du Témoignage. Difficultés: Réponses,* 340

CONCLUSION *des Recherches sur la Révélation,* 397

PART. XXII. *Légeres Conjectures sur les Biens à venir,* 402

CONCLUSION *de tout l'Ouvrage,* 447

SUITE

SUITE DE LA PALINGÉNÉSIE PHILOSOPHIQUE,

OU IDÉES
SUR L'ÉTAT PASSÉ
ET SUR L'ÉTAT FUTUR
DES ÊTRES VIVANS.

Tome II.

DOUZIEME PARTIE.

CE QU'EST UN ANIMAL AUX YEUX DE L'AUTEUR.

IMPERFECTION ET BORNES NATURELLES DE NOS CONNOISSANCES.

CONSÉQUENCE;

QUE CE MONDE N'A PAS ÉTÉ FAIT principalement pour l'Homme.

SI l'on a bien suivi le fil de mes Méditations sur la Perfection *organique*, (*) on aura conçu de hautes idées de la Structure de l'*Animal*, & l'on se sera, en quelque sorte, pénétré de la grandeur du Sujet. J'en suis moi-

(*) Parties IX & X de cet Ecrit.

même si fortement pénétré, que je ne ferai pas difficulté de dire, que si un ANGE nous dévoiloit en entier la Méchanique d'une simple *Fibre* & tous les Résultats immédiats & médiats de cette Méchanique, nous acquerrions par ce seul Trait des Connoissances plus relevées de l'Organisation de l'Animal, que par toutes les Découvertes de la *Physiologie* moderne. C'est que l'extrême étonnement que nous causeroit la savante Construction de cette Fibre si simple, si peu *organisée* en apparence, nous feroit aisément juger de celui où nous jetteroit la vue distincte & *complette* d'un *Viscere*, d'un *Organe*, & sur-tout celle de l'*Ensemble* de tous les Organes ou du Systême *entier* de l'Animal.

Cependant, quand nous connoîtrions à fond tout ce grand Appareil d'Organes relatif à l'*Etat Actuel* de notre Monde, je me persuade que nous ne connoîtrions encore que l'Ecorce ou les Enveloppes de l'Animal. Prenez ce mot d'*Enveloppe* dans son sens propre & *physiologique*; car, suivant mes Idées, tout cela ne seroit point l'*Animal*. Il ne seroit pas plus l'Animal, que la *Chenille* n'est le *Papillon*. (*)

(*) *Essai Analyt.* §. 714, 715, 716 &c. *Consid. sur les Corps Organ.* Art. 159, 160, 161. *Contemp.* Part. IX, Chap. V, X, XII, XIV.

J'ai assez montré dans les premieres Parties de cet Ecrit, combien il est vraisemblable, que les Animaux sont appellés à revêtir un jour un autre *État*, qui perfectionnera & ennoblira toutes leurs Facultés. J'ai assez fait sentir, que les Moyens *physiques* de ce *Perfectionnement* peuvent exister actuellement dans l'Animal, & qu'ils ont pu y exister dès le commencement des choses. (*) On comprend que je veux parler de ce *Germe impérissable*, auquel je conçois que l'Ame est unie, & qu'elle ne doit point abandonner. C'est cette Ame unie de tout temps à ce Corps invisible, qui constitue, dans mon Hypothese, la véritable *Personne* de l'Animal. Tout le reste n'en est donc que l'Ecorce, l'Enveloppe ou le *Masque*.

Ainsi, un Chien, un Cheval, un Cerf, &c. ne sont point cette Tête, ce Corps, ces Jambes, ces Yeux, ces Oreilles, &c. que nous voyons, que nous palpons & que nous disséquons : tout cela n'est à mes yeux qu'un Fourreau, qu'un Habit, ou comme je viens de le dire, un *Masque* qui nous cache la *Personne*, & ne nous laisse appercevoir que ses actions.

(*) Consultez la Partie vi de cet Ecrit.

Afin donc que nous puissions acquérir une notion *complette* de l'Animal, il faudroit que l'ANGE dont je parlois il n'y a qu'un moment, fit tomber le Masque, & qu'il nous montrât à découvert l'Etre que la Nature a si bien déguisé. Quels ne seroient point alors notre surprise & notre ravissement ! Combien cette Métamorphose nous paroîtroit-elle plus étonnante que toutes celles de la Fable ! Mais très - probablement notre surprise seroit muette, non-seulement parce qu'elle seroit extrême, mais sur - tout parce que nous manquerions de termes pour exprimer ce qui s'offriroit à notre vue. Nous serions à peu près dans le cas d'un Homme qui seroit transporté dans le Monde de Vénus : quand cet Homme posséderoit tout le Dictionnaire *Encyclopédique*, il est bien probable qu'il seroit encore dans l'impuissance de décrire ce qu'il découvriroit dans ce Monde-là.

Quel seroit-ce enfin, si l'ANGE nous dévoiloit en même temps, tous les *Rapports* secrets du Corps auparavant invisible de l'Animal avec son Corps grossier, & s'il nous manifestoit encore tous les Rapports du premier avec l'*Etat Futur* de notre Monde ! La Tête d'un Moucheron deviendroit ainsi pour nous une Bibliotheque où nous lirions infiniment plus de choses, & de choses incomparablement plus intéressantes & plus relevées, que tout ce que renferment les plus riches Collections de Philosophie & d'Histoire Naturelle.

※

Quand je considere, que le bien que nous occupons n'est qu'un point dans l'Espace; que notre Vie n'est qu'un instant dans la Durée; quand je réfléchis profondément sur les bornes étroites de nos Facultés; sur l'imperfection de nos Méthodes & de nos Instrumens; sur la lenteur de nos mouvemens & de toutes les opérations, soit de notre Corps, soit de notre Esprit; sur la petitesse, le lieu ou l'éloignement d'un nombre presque infini d'Objets qui sont ainsi hors de la portée de nos Sens & de nos meilleurs Instrumens; sur la nature, la multiplicité & la complication des Rapports qui lient tous ces Objets; quand, dis-je, je réfléchis profondément sur toutes ces Choses, & sur une multitude d'autres Choses qui en dépendent; je ne puis m'empêcher de penser, que ce Monde que nous habitons, n'a pas été fait principalement pour nous.

Il me paroît plus philosophique de présumer que notre Terre est un Livre que le GRAND ÊTRE a donné à lire à des INTELLIGENCES qui nous sont fort supérieures, & où elles étudient à fond les Traits infiniment multipliés & variés de son ADORABLE SAGESSE. Je conçois qu'il est d'autres INTELLIGENCES beaucoup plus élevées, qui possedent à fond des Livres incomparablement plus étendus & plus difficiles, & dont celui-ci n'est qu'une page, ou plutôt un paragraphe.

Je n'entreprendrai pas ici de montrer en détail combien nos Connoissances de tout genre sont imparfaites : ce seroit la Matiere d'un très-grand Ouvrage, & d'un Ouvrage trop au-dessus de mes forces. Il suffiroit, ce me semble, pour se convaincre de l'extrême imperfection de toutes nos Sciences & de tous nos Arts, de parcourir ces vastes Compilations que l'on publie de temps en temps sous les divers Titres de *Bibliotheques*, de *Dictionnaires*, d'*Encyclopédies*, &c. On n'imaginera pas, sans doute, que des Ouvrages si volumineux, ne soient pleins que de *Vérités* ; mais on pensera, qu'ils contiennent avec le petit nombre de nos Connoissances *certaines* & de nos Connoissances *probables*, le grand nombre des *Opinions* & des Rêves de tous les temps & de tous les lieux. Si quelque chose peut faire pardonner aux Auteurs d'avoir consacré dans leurs Recueils ces savantes Chimeres, c'est la considération qu'elles peuvent servir à l'Histoire de l'Esprit-Humain. Il nous manque un *Bilan* exact de nos Connoissances : le Livre qui le donneroit, seroit le plus précieux de tous les Livres ; il seroit aussi le plus difficile à exécuter. Il faut une prodigieuse justesse d'Esprit pour donner à chaque chose son juste prix, & sur-tout pour apprécier les *Probabilités* en tout Genre.

※

Les *Corps* agissent les uns sur les autres par différentes *Forces*. Ces *Forces* ne nous sont connues que par quelques-uns de leurs *Effets*. Le Physicien observe ces *Effets*, & le Mathématicien les calcule ; mais ni l'un ni l'autre ne connoissent le moins du monde les *Causes* qui operent ces *Effets*.

Le Physicien observe une infinité de Mouvemens dans la Nature : il connoît les *Lois générales* du Mouvement ; il connoît encore les *Lois particulieres* des Mouvemens de certains *Corps* : le Mathématicien élève sur ces Lois des *Théories* qui embrassent depuis les Molécules de l'Air ou de la Lumière, jusqu'à Saturne & ses Lunes. Mais ni le Physicien ni le Mathématicien ne savent le moins du monde ce que le *Mouvement* est en *soi*.

Il n'est pas douteux que le *Magnétisme*, l'*Electricité*, la *Chaleur* ne tiennent à des *Fluides* très-subtils : une foule de Faits nous assurent de l'existence de ces *Fluides*, & nous en découvrent les *Lois* : une multitude d'Expériences nous en manifestent les Opérations & les jeux divers : & pourtant que connoissons-nous de la nature *intime* de ces *Fluides* ? Rien du tout.

Nous savons que les *Corps* sont formés d'*Elémens* ou de Particules *primitives* : nous savons encore qu'il est différens *Ordres* d'Elémens : nous savons enfin, au moins par le Raisonnement, que de la nature, de l'arrangement ou de la combinaison des *Elémens*, résultent les divers *Composés*, dont les *Nomenclatures* nous donnent le fastueux Catalogue : mais que connoissons-nous de la nature *intime* des Elémens, de leur *arrangement* ou de leurs combinaisons ? Rien du tout.

Quelle n'est donc point l'imperfection de nos Connoissances sur les *Composés*, tandis que nous ignorons profondément le secret de leur *Formation !* Le Chimiste se vanteroit-il de le connoître ? Il croit *décomposer* les *Mixtes ;* il ne fait que les diviser grossiérement : il démolit un Bâtiment, & nous montre un tas de ruines. A-t-il percé jusques dans l'*intérieur*, dans la Substance même de ces Matériaux entassés ? Et combien de ces Matériaux qui échappent à ses Sens & à ses Instrumens ! Combien en est-il qu'il méconnoît entiérement, parce qu'ils sont trop déguisés !

On a disséqué les *Plantes*, les *Animaux*, & si l'on veut, la *Lumiere :* on a analysé l'*Air :* en connoissons-nous mieux la Structure *intime* des Plantes & des Animaux ? En savons-nous mieux ce qu'un Globule de Lumiere, une Molécule d'Air sont en eux-mêmes ? En possédons-nous mieux le véritable Secret de la *composition* d'un Rayon solaire ? Le plus habile Physicien pourroit-il nous dire précisément pourquoi un Rayon *rouge* est moins *réfrangible* qu'un Rayon *violet ?* Pourroit-il nous dire encore *comment* les sept Rayons *colorés* se réunissent pour former un Rayon *principal* ? Pourroit-il nous dire enfin, quel est le *Principe* de cette prodigieuse célérité de la Lumiere, qui lui fait parcourir trente-trois millions de lieues en sept ou huit minutes ? Et combien de Questions *particulieres*, qui sont enveloppées dans ces Questions *générales*, & que la Physique moderne ne résout point !

L'excellent *Analiste* de l'Air (*) connoissoit-il mieux le fond de la Méchanique de ce Fluide, que le grand Analyste de la Lumiere ne connoissoit le secret de la composition d'un Rayon *coloré* ? Si on avoit demandé à ce profond Analyste de l'Air, *comment* étoient faites les Particules *intégrantes* de ce Fluide ; d'où lui venoit ce prodigieux *Ressort* ; *comment* il perdoit son *Elasticité*, *comment* il la recouvroit ; *comment* il transmettoit tous les *Tons* ? Que pense-t-on qu'il auroit répondu à toutes ces Questions ?

Interrogez cet excellent Physicien (†)

―――――――――――

(*) Le célebre HALES : *Analyse de l'Air*.

(†) M de MAIRAN : *Dissertation sur la Glace* ; Paris, 1749. Chap. XII, pag. 178.

qui s'est plu à approfondir la Formation de la *Glace*, & à étudier les jeux de la Nature dans ce Phénomene si commun & si intéressant: demandez-lui si ses profondes Recherches lui ont découvert le véritable secret de cette *Formation*, & s'il sait précisément pourquoi les *Filets* de la Glace *tendent* à s'assembler sous un angle de 60 degrés? Il vous répondra modestement qu'il n'a là-dessus que de pures Conjectures, & que cette *tendance* singuliere dépend, sans doute, *de la Structure intime des Particules intégrantes de l'Eau & de la Matiere éthérée élastique qui les pénetre*. Il finira par vous dire, qu'il fait profession d'ignorer *comment* est faite une *Molécule d'Eau* ou une *Particule d'Ether*. La Physique moderne, cette Physique qui nous paroît si perfectionnée, ne peut donc pas même nous apprendre *comment* se forme un simple Filet de Glace, ni *comment* deux de ces Filets se réunissent sous un certain angle. Nous apprend-elle mieux *comment* se forme un *Sel*, un *Cristal*?

Les MALPIGHI, les GREW, les SWAMMERDAM, les MORGAGNI, les HALLER ne nous ont montré que la premiere superficie des Plantes & des Animaux; &

cette superficie exigeoit pourtant tous les talens & toute la sagacité de ces grands Maîtres pour être bien vues : quelle Intelligence, quelle capacité, quels moyens seroient donc nécessaires pour atteindre à la seconde superficie ! & ce ne seroit encore qu'une *superficie* ! *Nous autres Anatomistes*, disoit avec autant d'esprit que de vérité un des meilleurs Scrutateurs de la Nature ; (*) *nous sommes comme les Crocheteurs de Paris, qui en connoissent toutes les Rues jusqu'aux plus petites & aux plus écartées ; mais qui ne savent pas ce qui se passe dans les Maisons.*

Cet habile Homme avoit raison : l'Anatomiste *voit* des *Vaisseaux*, des *Nerfs*, des *Glandes*, des *Muscles*, des *Visceres*, &c. & il ne sait pas seulement *comment* est faite une *simple Fibre*. A force de recherches & d'expériences il parvient à s'assurer de l'existence d'une Puissance invisible qui anime tout le Système *musculaire* ; il nomme cette Puissance l'*Irritabilité* ; il sait que c'est par elle que la Fibre *musculaire* se contracte, & c'est là

(*) M. MERY: Eloge de cet Académicien ; Œuvres de FONTENELLE, Tom. VI. pag. 175 & 176, de l'Edition de Paris, 1742.

tout ce qu'il en connoît de certain. Il ignore donc auſſi profondément ce que cette Puiſſance eſt *en ſoi*, que l'Aſtronome ignore ce que l'*Attraction* eſt *en elle-même*.

Demandez au plus ſavant des Anatomiſtes, s'il ſait préciſément *comment s'operent les Sécrétions ? Comment ſont faits les Organes qui les exécutent ? Comment ſe forme un Globule de Sang, une Goutte de Bile, de Lait ou de Lymphe ?* Si cet Anatomiſte eſt auſſi modeſte que ſavant, il répondra par un *je n'en ſais rien*. Lui demanderez-vous après cela, s'il ſait ce que ſont proprement les *Eſprits animaux ?* Quel eſt la Structure *intime* des *Organes* qui les préparent ou qui les filtrent ? *Comment ils ſont préparés ou filtrés ? Comment ils agiſſent ? Comment ſont conſtruits les Canaux* infiniment déliés qui les conduiſent aux différentes Parties du Corps ? *Comment* ils y ſont conduits avec tant de célérité, de juſteſſe & de force ? A toutes ces Queſtions, & à mille autres ſemblables, le ſage Anatomiſte répondroit encore par un *je n'en ſais rien*.

Qu'on y prenne garde néanmoins : un Corps *organiſé* quelconque eſt un *Syſtême* dont toutes les Pieces sont si étroitement enchaînées entr'elles, que l'ignorance absolue sur la plus petite Piece doit nécessairement répandre de l'obscurité sur tout le Système. Par une conséquence naturelle de ce Principe ; si nous connoissions à fond *comment* est faite une *simple Fibre ; comment* cette Fibre se nourrit ; *comment* elle *s'assimile* ou s'incorpore les Molécules *alimentaires ; comment* elle *croît* par cette incorporation ; si, dis-je, nous possédions à fond cela, nous connoîtrions *comment* le Corps entier se nourrit, croît ou végete, & nous résoudrions facilement une foule de Problêmes anatomiques.

C'est ainsi, que l'obscurité impénétrable, qui enveloppe les *Elémens* des Corps, se répand sur toute la Nature, & ne nous la laisse voir que comme une grande *Enigme*, dont les Philosophes cherchent vainement le *mot* depuis trois mille ans.

※

Et que dirai-je du plus profond de tous les Mysteres que renferme la Création terrestre, l'*Union de l'Ame & du Corps!* Que savons-nous de certain sur cette
Union

Union si étonnante ? Deux petits Faits, dont, à la vérité, nous déduisons bien des Conséquences, mais qui ne nous éclairent point du tout sur le *Comment* de la Chose. Nous savons, à n'en pouvoir douter, qu'à l'occasion du mouvement d'un certain Nerf, l'Ame a une certaine Sensation. Nous savons encore très-certainement, qu'à l'occasion d'une certaine Sensation, l'Ame a une certaine Volition, qui est accompagnée d'un certain mouvement dans une ou plusieurs Parties de son Corps. Mais, savons-nous tant soit peu *comment* l'ébranlement d'un certain Nerf fait naître ou occasionne dans l'Ame une certaine Sensation, & *comment* à l'occasion d'une certaine Volition il s'excite un certain mouvement dans une ou plusieurs Parties du Corps ? L'Ame, toujours présente à son Corps, ne sait pas le moins du monde, *comment* elle lui est *présente*. Elle a un Sentiment très-clair de son *existence* ou de son *Moi* ; elle sait très-bien ce qu'elle n'est pas, & ignore profondément ce qu'elle est. Elle voit, entend, goûte, palpe, meut, & n'a pas la plus légere Connoissance du Secret de toutes ces Opérations. Elle ne connoît pas mieux ce Cerveau sur lequel elle opere ou paroît opérer, qu'elle ne connoît le *Fond* de son

Etre. Tout ce qu'elle voit, entend, goûte, palpe, lui paroît *hors d'elle*, & un raisonnement très-simple la convainc que tout cela se passe *en elle*. Les Génies puissans qui ont tenté, dans ces derniers temps, de pénétrer ce Mystere, nous ont étonnés par la singularité ou la hardiesse de leurs Inventions, & ne nous ont point du tout instruits.

※

Voila déjà bien des Traits frappans de notre ignorance : combien d'autres Traits pourrois-je en rassembler, qui ne paroîtroient pas moins frappans ! Ce Globe que nous habitons, sur lequel nous voyageons ou plutôt nous rampons ; ce Globe dont nous décrivons si pompeusement la Superficie, & dans lequel nous pratiquons avec le doigt de petits trous qu'il nous plaît d'appeller de *profondes mines ;* ce Globe sur lequel s'élevent çà & là de petites excroissances que nous nommons des *Montagnes,* dont à force de *Trigonométrie* nous avons la gloire de mesurer l'élévation, & dont après bien des travaux, nous parvenons à détacher quelques petits *Grains,* ou Fragmens, que nous nommons d'énormes *Blocs de Pierre ;* ce Globe dont nous déterminons avec tant de précision la figure, les dimenſions, le lieu, les mouvemens, & ſur lequel nous faiſons tant & de ſi belles recherches ; ce Globe, dis-je, dont nous modifions la ſurface de mille & mille manieres, & que nous croyons bonnement être fait tout exprès pour nous, le connoiſſons-nous mieux que ſes principales Productions ? Avons-nous percé juſques dans ſes Entrailles ? Nous ſommes-nous promenés autour de ſon Centre ? Avons-nous pénétré dans ce Centre même ? Pouvons-nous dire ce qu'il renferme ? Savons-nous où réſide ce fond permanent de chaleur, inhérent à la Terre, indépendant de l'action du Soleil, & qui prévient l'engourdiſſement général ? Nous ſommes-nous introduits dans les Laboratoires de la Nature ? L'avons-nous ſurpriſe dans le travail ? Avons-nous découvert *comment* elle forme les Métaux, les Minéraux, les Pierres précieuſes ? Savons-nous *comment* elle prépare ces Matieres inflammables, dont l'embraſement plus ou moins ſubit, ébranle preſque en un inſtant de ſi grands Continens ? Toutes ces Choſes & une infinité d'autres qui en font des dépendances naturelles, demeurent enſevelies pour nous dans une nuit impénétrable, & à peine connoiſſons-nous l'*Epiderme* de notre Globe.

B ij

Nous voyons très-bien, que cet Epiderme est composé de *Couches* à peu près paralleles, de différens grains, tantôt horizontales, & tantôt plus ou moins inclinées à l'horizon. Nous parvenons assez facilement à dénombrer celles de ces *Couches* qui sont à notre portée, à les caractériser, à les mesurer, à décrire, au moins de gros en gros, les diverses Productions qu'elles renferment, à assigner l'origine de quelques-unes : mais, est-ce là *connoître* l'Epiderme de notre Globe ? Découvrons-nous tout cet Epiderme ? Ce que nous en découvrons n'est au plus que la premiere Pellicule, qui est formée de ces Couches que nous décrivons & que nous dénombrons avec tant de complaisance & de détail.

Savons-nous néanmoins, *comment* ces diverses Couches ont été formées ? Sommes-nous en état d'assigner *précisément* les temps, la maniere, les progrès & toutes les circonstances de leur Formation ? Sommes-nous parvenus à nous démontrer à nous-mêmes la *véritable Origine* de ces grands amas de *Coquillages* & d'autres *Corps marins*, qu'on rencontre si fréquemment dans ces Couches ? Avons-nous sur ces Objets intéressans plus que des *Con-*

jectures ? Ces Conjectures ne se contredisent-elles point les unes les autres ? Ne contredisent-elles point les Faits ?

Mais pourquoi m'arrêterois-je plus longtemps à montrer combien nos Connoissances sur la *Structure* de notre Globe, sont imparfaites : à quoi bon insister davantage sur ces menus détails & sur cent autres de même genre ? Avons-nous la moindre connoissance de ce qu'étoit notre Globe avant cette *Révolution*, qui lui a fait revêtir la Forme que nous lui voyons aujourd'hui ? (*) Savons-nous ce qu'étoit ce *Chaos* qui a précédé la naissance ou plutôt la *renaissance* des Choses ? Que dirai-je enfin ?... Connoissons - nous les Rapports secrets qui lient l'*Ordonnance* de notre Globe à ce grand *Systême astronomique*, dont il fait partie ?

※

JE le disois ailleurs : il est un Monde *des Invisibles* ; je n'entends pas par ce mot, le Monde *des Esprits* : j'entends cet Assemblage d'*Etres organisés*, que leur effroyable petitesse met hors de la portée

(*) Consultez la partie VI de cet Ecrit.

B iij

de nos Sens & de nos Instrumens le plus parfaits. Si on supposoit, que l'*Animalcule* 27 millions de fois plus petit qu'un *Ciron*, est le dernier terme de notre vue *microscopique*, je dirois, qu'ici seroient les limites du Monde *visible*. Mais où est le Philosophe qui ne conçoive très-bien, que cet *Animalcule* peut être une *Baleine* pour beaucoup de ces Etres qui habitent le Monde des *Invisibles* ?

Je ne veux pas néanmoins écraser l'Imagination sous le poids immense de cette sorte d'*Infini :* je ne veux que persuader à la Raison, des Choses qui sont faites uniquement pour elle. Pouvons-nous dire que nous connoissions l'*Animalcule* dont il s'agit ? Nous savons qu'il existe; nous avons apperçu quelques-uns de ses mouvemens; ils nous ont paru *spontanés*, & c'est à quoi se réduit toute notre connoissance. Mais nous a-t-il été donné de découvrir les divers Ressorts qui font mouvoir cet Atome vivant ? Pouvons-nous percer dans les abymes de son Organisation; contempler à nu le Système entier de ses *Vaisseaux*, de ses *Nerfs*, de ses *Visceres*, &c. Cet *Animalcule* se propage : pouvons-nous assigner au juste le rapport de sa grandeur à celle de ses Petits ? Que dis-je ! Connoiffons-nous les proportions fous lefquelles ces Petits exiſtoient, lorſque l'*Animalcule* lui-même ne faiſoit que de naître ? Et que fera-ce encore que cette petiteffe déjà fi prodigieufe, quand nous voudrons remonter plus haut dans l'Origine de cette Eſpece d'*Animalcules* ! N'oublions point fur-tout qu'elle tient encore au Monde *vifible*, puiſque nous pouvons au moins l'appercevoir à l'aide de nos meilleurs Microſcopes : que penferons-nous donc de ces Eſpeces, incomparablement plus dégradées, & à l'égard defquelles celle-ci eſt une *Baleine* ?

※

Ces réflexions me rappellent fortement à ces *Germes*, dont tous les Etres organiſés tirent leur Origine, & qui compoſent la Partie la plus confidérable de ce Monde d'*Infiniment-petits*, qui ne peut être apperçu que par les yeux de la Raifon. Si les Faits les mieux conſtatés ; fi les raiſonnemens les plus logiques, concourent à établir une *Préformation organique* ; il faut que les Etres *vivans* ayent exiſté dès le commencement des Chofes ; ou il faudroit dire, qu'il y a eu un temps dans lequel rien d'*organiſé* n'étoit, & qu'il

B iv

est venu un temps où quelque chose d'*organisé* a commencé d'être, par la vertu d'une certaine *Méchanique* à nous inconnue.

Je ne reviendrai plus à combattre ces Hypothèses purement *méchaniques* qu'on a imaginées pour essayer de rendre raison de la premiere Origine des Etres vivans : le Lecteur judicieux conviendra sans peine, que les décisions les plus claires & les plus multipliées de la Nature ne leur sont point favorables. (*)

Mais ces *Germes* que nous préférons d'admettre ; ces Germes qui doivent être aussi anciens que l'Univers ; (†) ces Germes où l'*Organique* va s'abymer dans une si épouvantable petitesse ; ces Germes, dis-je, les connoissons-nous tant soit peu? Pouvons-nous décider s'ils ont été *emboîtés* originairement les uns dans les autres, ou s'ils ont été *disséminés*, à la naissance du Monde, dans toutes les parties de la Nature ? S'il est des raisons qui rendent l'*Emboîtement* plus probable que la *Dissé-*

(*) Je renvoie ici au *Tableau des Considérations* XIII, XIV, XV, XVI, XVIII, & à la partie IX de cette *Palingénésie*.

(†) Consultez la partie VI de cet Ecrit.

mination; si l'Emboîtement est la *Loi* de la Nature; pouvons-nous dire que nous soyons faits pour contempler à découvert ces divers Ordres d'*Infinis*, toujours décroissans, abymés les uns dans les autres, & qu'un Développement plus ou moins lent, tend continuellement à rapprocher des frontieres du Monde *visible*? Savons-nous *comment* s'operent les *premiers* accroissement de ces *Points vivans*, & quelle est la progression que suivent ces accroissemens dans les différens *Ordres* de ces *Points organiques*?

✦

Je m'arrête: j'en ai dit assez pour le but que je m'étois proposé : maintenant, je prie mon Lecteur de peser toutes ces Réflexions, d'analyser toutes ces Questions autant qu'il en sera capable, & de me dire après cela, s'il est probable que ce Monde ait été fait *principalement* pour nous? Je veux néanmoins supposer pour quelques momens, que nous sommes les principaux Objets de la Création *terrestre*. Dans cette supposition, retranchons l'*Homme* de dessus la Terre: il n'y a plus de Contemplateur des Œuvres du TOUT-PUISSANT : c'est en vain que les trois Regnes étalent ces Trésors de SAGESSE

& de BONTÉ que notre Contemplateur admiroit, & qui élevoient son Ame à la SOURCE ÉTERNELLE de toute Perfection. Les Animaux dans lesquels le Sentiment est le plus développé, jouissent, il est vrai, du bienfait de la Création ; mais ils ne peuvent *réfléchir* sur ce bienfait & remonter à l'AUTEUR du bienfait. Toute la Nature est un Temple, & il n'y a plus d'Adorateur dans ce Temple : les Animaux, comme les Plantes, n'en sont que de purs ornemens ; la DIVINITÉ y est sans cesse présente, & il n'y a plus de Sacrificateur qui LUI porte les hommages de toutes les Créatures.

Rétablissons l'Harmonie *terrestre* ; restituons à la Chaîne son maître Chaînon ; rendons l'*Homme* à notre Monde, & il s'y trouvera des Yeux pour en contempler les Beautés, un Cœur pour les sentir, & une Bouche pour les célébrer.

Mais ces Beautés que l'Homme *peut* contempler, & qu'il contemple dans les Sentimens profonds d'admiration, de respect & de gratitude qu'elles lui inspirent, ne sont que la plus petite partie de celles que notre Monde renferme. L'Homme n'habite que dans les *Parvis* les plus extérieurs de ce Temple, où il adore le GRAND ÊTRE. Il ne lui est point permis de pénétrer dans le *Sanctuaire*, bien moins encore dans le *Saint des Saints*. Que font néanmoins les Beautés que renferment les *Parvis*, en comparaison de celles qui éclatent de toutes parts dans le *Sanctuaire* & sur-tout dans le *Saint des Saints!* Je puis dire, avec vérité, que l'*Homme* est à l'égard de ces Parties si cachées de la Création *terrestre*, ce que les Animaux sont à l'égard des Parties qu'il lui est permis de contempler.

Quoi donc! Il n'y auroit point de Spectateur pour contempler les plus belles Parties de la Création *terrestre*, pour en admirer la magnifique Ordonnance, pour en étudier les Rapports divers, en saisir l'Ensemble, la Progression, la Convergence, & s'élever par cette Echelle de merveilles jusqu'au Trône de CELUI QUI EST?

Assurément notre Monde a été fait principalement pour des INTELLIGENCES, d'un Ordre très-élevé, & dont les Facultés sublimes peuvent en embrasser l'Œconomie entiere, & les faire jouir de la PRÉSENCE AUGUSTE de l'Éternel. C'est à de telles INTELLIGENCES qu'il a été donné de contempler les Révolutions de notre Globe, beaucoup mieux que nous ne contemplons dans l'Hiſtoire les Révolutions des Empires. Ce ſont ces INTELLIGENCES qui parcourent, ſans s'égarer, les ténébreux Dédales de la Nature, & qui s'enfonçant dans ſes Abymes les plus profonds, y puiſent ſans ceſſe de nouvelles Vérités & de nouveaux Motifs d'exalter les PERFECTIONS ADORABLES de l'ÊTRE DES ÊTRES. Tandis qu'un LEIBNITZ tente de deviner l'Harmonie *univerſelle*, ou qu'un HALLER eſſaye de pénétrer les Myſteres de l'Organiſation, ces INTELLIGENCES ſourient, & ne voient dans ces grands Philoſophes que des Hottentots à talens, qui tentent de découvrir le ſecret d'une Montre.

TREIZIÈME PARTIE.

SUITE DU MÊME SUJET.

AUTRES EXEMPLES.

CE QUE SEROIT

LA SCIENCE PARFAITE.

VÉRITABLE DESTINATION

DE L'HOMME ICI-BAS.

A Toutes les Réflexions que j'ai présentées dans la Partie précédente, on m'objectera, sans doute, qu'il n'est pas impossible que l'Intelligence humaine se perfectionne assez dans la suite des Ages, pour percer enfin ces Mysteres, qui nous paroissent aujourd'hui impénétrables. On me renverra à ce que j'ai dit moi-même dans mes *Considérations*,

(*) lorsque méditant sur les progrès de l'Esprit humain, je m'énonçois ainsi. « Voyez les progrès de la Physique & de l'Histoire Naturelle depuis la renaissance des Lettres : combien de Vérités inconnues aux Anciens, & de conséquences sures à déduire de ces Vérités ! On ne sauroit dire quelles sont les bornes de l'Intelligence humaine en matiere d'Expérience & d'Observation ; parce qu'on ne sauroit dire ce que l'Esprit d'invention peut ou ne peut pas. L'Antiquité pouvoit-elle deviner l'Anneau de Saturne, les merveilles de l'Electricité, celles de la Lumiere, les Animalcules des Infusions, &c. ? L'invention de quelques Instrumens nous a valu toutes ces Vérités & ne pourra-t-on pas un jour les perfectionner, ces Instrumens, & en inventer de nouveaux, qui porteront nos connoissances fort au-delà du terme où nous les voyons aujourd'hui ?

Je répete encore à présent ce que je disois alors : je suis même persuadé, que nous touchons à des Découvertes, dont nous ne saurions nous faire aucune Idée, & qui reculeront beaucoup les limites de nos Connoissances actuelles. Que ne pou-

(*) *Corps Organ.* Art. 211.

vons-nous pas nous promettre de ces Lunettes *acromatiques*, qui exercent depuis quelque temps les plus savans Physiciens, & les plus habiles Artistes ! Combien d'autres Instrumens ne pourra-t-on point perfectionner ! Combien de nouvelles Machines, de nouveaux Procédés, de nouvelles Combinaisons ne pourra-t-on point inventer, qui laisseront nos plus grands Physiciens bien loin derriere ceux qui auront le bonheur de découvrir ces *Moyens* nouveaux que nous ne soupçonnons pas même ! L'Antiquité pouvoit-elle mieux deviner nos Verres de toute espece que les Merveilles de tout genre qu'ils nous ont découvert ? Pouvoit-elle soupçonner ces Instrumens de *Méchanique* & de *Chimie* auxquels nous avons dû tant de Vérités, qui lui étoient inconnues ? Pouvoit-elle deviner ce grand nombre de *Procédés* & de Combinaisons, qui ont si fort accru de nos jours la somme de ces Vérités ? Le temps n'étoit pas venu où l'art d'observer & d'expérimenter devoit éclairer le Monde & prendre la place de cette vaine *Scholastique*, qui dominoit trop dans ces Siecles de ténebres.

Mais combien de Mysteres, qu'il est très-évident que nous ne parviendrons jamais ici-bas à pénétrer, parce qu'ils n'ont aucune *proportion* avec l'état préfent de nos Facultés ! je dois développer ma penfée par quelques exemples.

※

Un Corps quelconque eft un *Compofé* de Parties. Ces Parties font elles-mêmes des *Compofés* de Parties plus petites : celles-ci font formées de Parties plus petites encore, & nous ignorons où cela fe termine.

Il eft néanmoins très-certain qu'il y a un *terme* à cette dégradation. Nos Microfcopes ont prodigieufement multiplié ici les *termes* ou les degrés ; & nous concevons à merveille la poffibilité d'une beaucoup plus grande perfection de ces Inftrumens, & par-là un accroiffement très-confidérable dans le nombre des *termes* ou des degrés dont nous parlons.

Suppofons maintenant que nos Microfcopes ayent acquis toute la perfection qu'ils peuvent recevoir : en verrions-nous mieux ces derniers *Elémens* dans lefquels tous les *Corps* vont enfin fe réfoudre ? N'eft-il pas auffi clair que le jour en plein midi,

midi, que ces *Elémens* doivent être des Substances absolument *simples*, & des Substances absolument *simples* peuvent-elles jamais devenir l'*Objet* de notre Connoissance *intuitive*?

Quand on dit que les *Corps* sont formés d'Atomes *insécables*, on ne dit que des mots : c'est que lorsqu'il s'agit de rendre raison de l'Etendue *matérielle*, il n'est point permis en bonne Philosophie, de se borner à des *Atomes*; car ces Atomes sont eux-mêmes de l'Etendue *matérielle*, & la *raison* de cette *Etendue* seroit ainsi dans l'Etendue; ce qui n'expliqueroit rien du tout.

Et ce ne seroit pas choquer moins la bonne Philosophie, que de soutenir que DIEU a créé des Atomes *insécables*, dont IL a formé les *Corps* : c'est que DIEU n'a pu *actualiser* que ce qui étoit *possible*, & il faudroit toujours rendre raison pourquoi l'Etendue *matérielle* étoit *possible*.

Si on prend la peine d'approfondir ces Principes généraux, on reconnoîtra avec l'Inventeur des fameuses *Monades*, que l'Etendue *matérielle* n'est qu'un pur *Phé-*

Tome II.   C

nomene, une simple apparence, relative à notre maniere d'appercevoir.

On comprendra mieux cette Doctrine abstraite, quand on aura lu & médité cette *Esquisse du Leibnitzianisme* que j'ai inférée dans ces *Opuscules*.

Il s'ensuit donc de ces Principes, que nous ne sommes point faits pour appercevoir les *Corps* tels qu'ils sont en eux-mêmes ou dans leur *réalité*. Si nous pouvions pousser *l'analyse* jusqu'aux Elémens *premiers*, le *Phénomene* de l'Etendue disparoîtroit entiérement pour nous, & nous n'appercevrions plus que des Etres *simples*, si des Etres *simples* peuvent être *apperçus*.

Ainsi toute la Nature n'est pour nous qu'un grand & magnifique Phénomene, un jeu admirable d'Optique, un Système régulier d'Apparences; car ces Apparences sont déterminées par les Lois les plus sages, & ce sont uniquement ces Lois qu'il nous est donné de connoître, & sur lesquelles nous formons ces belles *Théories*, qui constituent le fond le plus précieux de nos Connoissances *naturelles*.

Il est donc de la plus grande évidence, que nous n'appercevons que les *derniers* Résultats des *premiers* Principes. Tout ce qui est au-delà de ces Résultats est couvert des plus épaisses ténebres. Il nous est permis de contempler les Décorations; mais la vue des Machines nous est interdite.

※

Sans remonter néanmoins aux Principes *premiers* des Corps, à ces Principes qu'on peut nommer *métaphysiques*; je me bornerai à demander si nous pouvons espérer de découvrir jamais à l'aide de nos meilleurs Verres, les Particules *primitives* ou les Elémens *physiques* de ces *Composés*, que nous jugeons les plus simples ou les plus homogenes. Verrons-nous jamais au Microscope les Particules *élémentaires* d'une Molécule de *Terre*, d'un Grain de *Sel*, d'une Lamelle d'*Or*, d'une Goutte d'*Eau*, &c. Parviendrons-nous jamais à observer aussi distinctement la forme, les proportions, l'arrangement & les combinaisons diverses de ces Particules *élémentaires*, que nous observons les *Composés* qui en sont les *derniers Résultats* ?

C ij

Je le demande encore, parviendrons-nous jamais à contempler les Particules *constituantes* de ces *Fluides*, qui sont les principaux Agens de la Nature ? Nos Instrumens seront-ils un jour assez perfectionnés pour nous dévoiler le Secret de la composition du Fluide *magnétique*, du Fluide *électrique*, de l'*Air*, du Feu *élémentaire* ? La *Lumiere*, qui joue un si grand rôle dans notre Monde, & sans laquelle il existeroit à peine pour nous; la Lumiere, qui pénetre intimément tous les Corps, & qui s'unit probablement à leurs Particules intégrantes; la Lumiere qui met notre Ame en commerce avec toute la Nature; cette Lumiere, dis-je, qui nous éclaire sans cesse, la verrons-nous jamais elle-même ? Nous sera-t-il jamais accordé ici-bas de découvrir les Particules *intégrantes* d'un Rayon *rouge*, & d'appercevoir ce qui les distingue de celles d'un Rayon *violet* ? Contemplerons-nous jamais ici-bas les jeux variés de la Lumiere, comme nous contemplons ceux d'une Gerbe d'Eau ou d'une Cascade ? Qui ne sent point, que pour *voir* la Lumiere elle-même, il faudroit qu'il existât un Fluide qui fît à son égard ce qu'elle fait à l'égard des Corps grossiers, quand elle nous les rend visibles ? Il ne suffiroit pas même qu'il existât un tel Fluide, il faudroit encore que nous eussions des *Organes* qui lui fussent appropriés, & qui fussent assez sensibles pour nous en transmettre les impressions; car les Fibres les plus délicates de notre Œil seroient à l'égard de ce Fluide d'énormes Cables qui n'en sentiroient pas le moins du monde l'action.

Pour que nous appercevions les Objets, il ne suffit point qu'ils nous réfléchissent la Lumiere, il faut encore qu'ils nous la réfléchissent en assez grande quantité pour faire sur nos yeux une impression sensible. Nos Verres en rassemblant un plus grand nombre de Rayons & en les rassemblant sous un certain angle, suppléent jusqu'à un certain point à la foiblesse de notre Vue. Mais s'il existe des Corps d'une si effroyable petitesse, qu'ils ne puissent réfléchir à la fois qu'un seul Rayon, comment les Microscopes les plus parfaits pourroient-ils nous les faire découvrir?

Telle est apparemment la raison pourquoi les Particules *primitives* ou *élémentaires* des Composés nous demeureront toujours inconnues ici-bas. Telles sont les bornes *naturelles*, qui ont été prescrites dans ce Monde à notre Connoissance *intuitive*, & au-delà desquelles le Raisonnement tenteroit vainement de percer.

« O ! que le Spectacle seroit intéres-
» sant ; O ! que notre curiosité seroit
» agréablement flattée, s'il nous étoit
» permis de pénétrer jusques à ces Prin-
» cipes. Un nouveau Monde se dévoi-
» leroit à nos yeux ; la Nature devenue
» transparente ne céleroit plus sa mar-
» che : ses Atteliers & ses Laboratoires
» seroient ouverts. Ici nous la verrions
» assembler les principes du Métal. Là,
» nous la verrions préparer l'incarnat de
» la Rose. Plus loin, nous suivrions son
» jeu dans les merveilles de la Lumiere
» ou de l'Electricité. Ailleurs, nous l'ob-
» serverions tracer les premiers traits d'u-
» ne Plante ou d'un Animal. Etonnés à
» la vue de cet admirable Ouvrage, nous
» ne nous lasserions point de contempler
» la diversité infinie de préparations, de
» combinaisons & de mouvemens par les-
» quels il est conduit insensiblement à sa
» Perfection.

» ESPRITS CÉLESTES, qui avez assisté
» à la Création de notre Monde, vous

» jouissez de ces plaisirs ! Nous vous les
» envions, vous ne nous enviez point les
» nôtres : plus favorisés que nous du
» MAITRE de la Nature, vous pénétrez
» ce qui nous échappe, & vous voyez
» les efforts que nous faisons pour ram-
» per d'une Vérité à une autre, comme
» nous voyons ceux que fait un Singe
» pour imiter l'Homme. (*)

LA foiblesse ou plutôt la grossiéreté de
nos Sens & les imperfections nécessaires
de nos Instrumens, ne sont pas les seules bornes *naturelles* qui ayent été prescrites sur la Terre à notre Connoissance
intuitive. Notre Constitution *physique* en
renferme d'autres qu'il ne nous est pas
plus permis de franchir. Je m'explique.

Je disois, (†) que l'Intérieur de notre
Globe ne nous est point ou presque point
connu, & je l'ai assez fait sentir. Quand
il y auroit quelque part une large route,
qui conduiroit dans ses Entrailles les plus
profondes & jusques dans son Centre,

---

* *Contemplation de la Nature*, Part. III. Chap. I.
† Voyez la Partie XII de cet Ecrit.

pourrions-nous profiter de cette route & y pénétrer un peu profondément pour y étudier à notre aise la Structure interne de ce Globe ? Respirerions - nous librement à une lieue de profondeur, & ne serions-nous pas étouffés si nous entreprenions de pousser un peu plus loin ? Et que seroit cette profondeur relativement au *Rayon entier?* Une quinze - centieme. Nos *Poumons* ayant été construits sur des Rapports déterminés à une certaine densité de l'Air, nous sommes nécessairement renfermés dans les limites de cette densité, & ces limites sont fort étroites.

Il ne nous est donc pas plus possible de connoître l'Intérieur de notre Planete, qu'il ne nous l'est de connoître à fond l'Intérieur de la moindre des Productions qui couvrent sa Surface. Nous rencontrons par-tout des Abymes, & nous ignorons quels sont les plus profonds : nous ne pouvons pas plus sonder le *Ciron*, que le Globe de la Terre. Oserons-nous présumer encore, que nous sommes les premiers Objets de la Création *terrestre?*

Nous contemplons dans l'Histoire la naissance, l'élévation & la chute de ces anciens Empires, qui n'existent plus que dans ces Monumens qu'elle nous conserve : nous nous plaisons à suivre assidument dans des Feuilles Hebdomadaires les divers changemens qui surviennent aux différens Etats qui partagent notre Europe : nous goûtons un secret plaisir à observer du fond de notre Cabinet les intrigues des Cours, les négociations des Ministres, les marches des Généraux, les révolutions du Commerce, les progrès des Sciences & des Arts, & pour ainsi dire, l'accroissement de l'Esprit humain : nous formons sur tout cela une suite de réflexions, que nous généralisons plus ou moins, sur laquelle nous repassons de temps en temps avec complaisance, & que nous serions tentés de regarder comme des *Mémoires pour servir à l'Histoire de l'Esprit humain* : mais ces Mémoires contiennent-ils des Connoissances plus parfaites que celles que nous avons de la Structure de notre Globe & de ses Productions ?

Que découvrons-nous de ce grand

Spectacle qu'offre le Monde *moral* ? connoissons-nous mieux les *Causes* qui déterminent les mouvemens du Cœur & de l'Esprit, que nous ne connoissons celles qui déterminent les mouvemens des Corps ? en un mot, le Monde *moral* nous est-il mieux connu que le Monde *physique* ?

Demandez au Moraliste le plus profond, s'il sait *précisément comment* le Cœur humain est fait ? Ce que sont les Inclinations, les Affections, les Passions ? Ce qui les distingue *essentiellement* les unes des autres ? *Comment* elles se développent, se nourrissent, se fortifient, se combattent, se répriment, s'entr'aident ? *Comment* elles agissent sur la Volonté dans chaque cas particulier ? *Comment* le Tempérament, les Alimens, le Genre de vie, le Chaud, le Froid, le Sec, l'Humide influent sur l'Ame ? *Comment* telle ou telle circonstance donnée ajoute à cette influence, la diminue ou la modifie ? *Comment* l'Esprit apperçoit, juge, raisonne, agit ? *Comment* l'Entendement détermine la Volonté, celle-ci, la Liberté ? D'où vient que l'Homme est souvent si différent de lui-même, si plein de contradictions, si petit, si grand, si foible, si fort ? Ce qu'est cette sorte d'*Instinct* que l'Homme semble partager avec la Brute? *Comment* il se combine avec la Raison & diversifie ses effets? Si ce Moraliste, comme je le suppose, a beaucoup approfondi son Sujet, & s'il est aussi sage que profond, il avouera sans peine, qu'il n'a sur tout cela que des *à peu près* ou des Conjectures plus ou moins probables, & il ajoutera, que la *Science de l'Homme* est, à son avis, la plus imparfaite de toutes.

Combien ce judicieux Philosophe auroit-il raison! Est-il dans la Nature un Labyrinthe plus tortueux & plus obscur que le Cœur humain? Est-il un Abyme plus profond? Qui peut parcourir, sans s'égarer, les nombreux détours de ce Labyrinthe? Qui peut sonder ces profondeurs? « Qui peut séparer ces lumieres » & ces ombres réunies dans notre Ca- » hos? le Dieu qui est en nous. (*).

Voyez combien d'excellens Traités nous possédons en matiere de Physique, d'Histoire Naturelle, d'Economie, d'Arts, &c. & nous n'avons point encore de *Système* tant soit peu complet de *Morale*. « Peut-il, cet Homme qui enseigne aux

(*) POPE, *Essai sur l'Homme*, Londres, 1736. Epitre II, page 43.

» Planetes les Cercles qu'elles doivent
» décrire, qui marque leurs points d'é-
» lévation & d'abaissement; peut-il dé-
» crire ou fixer un seul mouvement de
» l'Ame ? Hélas ! quel prodige ! la partie
» supérieure de l'Homme peut s'élever
» sans obstacle, & empiéter d'Art en Art;
» mais quand l'Homme travaille à son
» propre ouvrage & qu'il s'occupe de lui-
» même, à peine a-t-il commencé, qu'il
» s'égare ; & telle est sa Raison, qu'elle
» s'égare également pour penser trop &
» pour penser trop peu. (*)

L'Espece humaine, considérée dans ses grandes Parties, paroît assez constante & uniforme; mais dès qu'on descend dans le détail, les Variétés se multiplient presqu'à l'infini, & on vient bientôt à penser, que pour avoir un *Systéme* un peu complet de *Morale*, il faudroit, en quelque sorte, avoir la Morale de chaque Individu, comparer entr'elles toutes ces Morales *particulieres*, & en déduire des *Résultats* plus ou moins généraux, qui seroient comme les premiers *Elémens* du *Systéme*.

(*) POPE, pag. 28. 31.

Qu'observons-nous dans nos Semblables? Quelques-unes de leurs Actions extérieures: & ces actions, que sont-elles? de *simples Effets*. Pouvons-nous assigner les *véritables* Causes de ces Effets? Lorsque nous plaçons ces Causes dans l'Ambition, dans l'Amour de la Gloire ou dans quelqu'autre Passion, remontons-nous aux *premiers* Principes de ces Effets moraux? Ce ne sont encore que des *Effets*, que nous prenons pour des *Causes*. Et ces Effets, sommes-nous assez habiles pour en faire une Analyse exacte, & les décomposer jusques dans leurs derniers Elémens?

Lorsque BELLE-ISLE projette de dépouiller l'HERITIERE magnanime des CESARS, & que l'Ambition d'un seul Homme embrase l'Europe entiere, nous nous étonnons qu'une si petite Cause puisse produire de si grands Effets; nous suivons le plus loin qu'il nous est possible la Chaîne de ces Effets; nous admirons cette étrange concaténation d'Evénemens, qui naissant les uns des autres, remplissent sans interruption cette scene tragique, & nous finissons par de longs raisonnemens sur ce qu'une petite Passion d'un très-petit Individu peut dans le Monde Politique. Mais remontons-nous affez haut dans nos favantes Spéculations ? Qu'il y a loin encore du point où nous nous arrêtons, à celui où il faudroit atteindre pour faifir le premier Chaînon de cette longue & malheureufe Chaîne ! Quelques Fibres, plus déliées que la cent-millionieme partie d'un Cheveu, qui fe font ébranlées un peu trop fortement dans le Cerveau de BELLE-ISLE, font ce premier Chaînon que nous n'appercevons pas ; & combien de Chaînons intermédiaires que nous n'appercevons pas non plus ! (*)

Voilà néanmoins ce qu'il faudroit *voir* pour jouir pleinement du grand Spectacle que préfente le Monde *moral*. Je ne dis pas affez : il faudroit *voir* encore ce qui a mis ces Fibres en mouvement, & ici commence une autre Chaîne imperceptible, qui fe pliant & fe repliant fans ceffe fur elle-même, fe prolonge à l'indéfini. Sommes-nous faits pour jouir ainfi de ce Spectacle ? nous qui en faififfons

---

(*) Voyez ci-deffus, ce que j'ai dit fur la *Production* & fur l'*Affociation des Idées*, dans l'Ecrit intitulé *Application des Principes pfychologiques*. Confultez encore les Articles xv, xvi, xvii, xviii, de l'*Analyfe abrégée*.

à peine les Parties les plus faillantes, & qui nous perdons si facilement dans la foule des détails !

❧❧

Si l'Homme ne peut pénétrer le fond de son Etre ; s'il ne connoît pas mieux ses Semblables, qu'il ne se connoît lui-même ; quel sera donc le Spectateur des Merveilles les plus cachées de l'Humanité ? La plus belle, la plus riche, la plus étonnante Partie du Monde *moral* seroit-elle donc sans Contemplateur ? La SOUVERAINE INTELLIGENCE étaleroit-ELLE dans ce *Saint des Saints* de la Création *terrestre* les immenses Trésors de SON ADORABLE SAGESSE, tandis qu'il n'y auroit point d'Yeux pour les admirer & d'Intelligence capable de saisir l'Ensemble de ce merveilleux Système ?

Nous contemplons les secousses du Monde *politique*, comme nous contemplons celles du Monde *physique*. Nous voyons des matieres combustibles s'enflammer, des Gouffres s'ouvrir, des Volcans vomir des torrens de flammes, des Villes s'écrouler sur leurs fondemens, la Mer se répandre sur les Terres, des îles sortir de son Sein, de vastes Continens s'ébranler, le Globe entier frémir, & nous n'appercevons point la premiere Etincelle qui allume dans les Entrailles de la Terre ces prodigieux embrasemens ; nous ne découvrons point le petit Caillou qui en se détachant d'une Voûte souterraine produit cette Etincelle ; nous ignorons la Cause qui détache ce Caillou, la Cause de cette Cause, & que n'ignorons-nous point encore ! Ces INTELLIGENCES à qui il a été donné de découvrir le jeu secret des Fibres les plus déliées d'un Cerveau, voient partir cette Etincelle ; que dis-je ! découvrent le petit Caillou & toute la Chaîne dont le Caillou & l'Etincelle ne sont que deux Chaînons.

Les Sensations, les Idées, les Affections, les Passions sont les *Elémens* du Monde *Moral*, non les Elémens *premiers*, mais les Elémens *dérivés* ; & nous ne connoissons pas mieux ces Elémens, que nous ne connoissons ceux du Monde *physique*. Je parle ici d'une Connoissance *complete*, & point du tout de ces *à peu près*, qui ne sauroient jamais constituer une *véritable* Science.

S'IL

S'IL est en *Cosmologie* un Principe aussi fécond que certain, c'est celui de cette *Liaison* universelle qui enchaîne toutes les Parties de la Nature. Plus on entre dans le détail, & plus on découvre de ces Chaînons qui unissent touts les Etres.

La *Cosmologie* est la Science du Monde. Elle est la Représentation *symbolique* du Monde. La Cosmologie *parfaite* seroit donc celle qui représenteroit exactement toutes les Parties de la Nature & leurs *Rapports* divers, dans un détail qui ne laisseroit rien échapper.

Mais puisque toutes les Parties de la Nature, sont enchaînées ensemble, & que celles qui nous paroissent les plus *isolées* tiennent à d'autres par des Rapports secrets; il s'ensuit, que la Cosmologie *parfaite* seroit celle qui contiendroit une Méthode *nécessaire*; je veux dire, une Méthode telle qu'on passeroit toujours d'une Production à une autre par un enchaînement si exactement correspondant à celui de la Nature, que tout autre en-

Tome II.   D

chaînement ne la repréfenteroit pas avec la même fidélité.

J'imagine donc, que comme dans la Géométrie on conçoit que le *Point* produit par fon mouvement la *Ligne*; celle-ci, la *Surface*; cette derniere, le *Solide*; il y a de même dans la Nature une Méthode cachée qui exprime exactement fa marche, & qui en eft la Repréfentation *idéale*.

C'eft cette Méthode, que faififfent ces INTELLIGENCES SUPÉRIEURES pour qui principalement notre Monde a été fait. Elles découvrent ainfi la *raifon* prochaine de la *maniere*, du *lieu* & du temps de chaque Etre.

Qui ne voit que nos Méthodes les plus parfaites ne fauroient approcher de celle-là, & que toutes font pleines de lacunes, de fauts, d'inverfions?

Je fuis obligé de renvoyer ici à divers endroits de ma *Contemplation de la Nature*. Confultez en particulier les Chapitres III, VII, de la Partie I; les Chapitres II, X, XI, XIII de la Partie II;

les Chapitres XVI, XVII de la Partie VIII; le Chapitre XXXIV de la Partie X.

Mais notre Monde tient à tout le *Système Planétaire* dont il fait partie; ce Système tient aux Systêmes voisins; ceux-ci sont liés à des Systêmes plus éloignés, (*) & le même *Enchaînement* que nous appercevons entre les Etres *terrestres* regne ainsi dans toute l'Etendue de l'*Univers*.

Il est donc une Méthode *nécessaire universelle* qui représente au naturel l'Univers entier, & qui en est comme l'*Esquisse symbolique*.

» Ainsi la *Ceinture* que se file une Che-
» nille, a ses rapports à l'Univers, comme
» l'Anneau de Saturne. Mais combien de
» Pieces différentes interposées entre la
» Ceinture & l'Anneau, & entre Saturne
» & les Mondes de *Syrius*! Si l'Univers
» est un Tout, & comment en douter
» après tant & de si belles preuves d'un
» enchaînement universel? La Ceinture
» de la Chenille tiendra donc aussi aux

(*) Consultez la Partie VI de cette *Palingénésie*.

» Mondes de Syrius. Quelle INTELLI-
» GENCE que celle qui faisit d'une seule
» vue cette chaîne immense de rapports
» divers, & qui les voit se résoudre tous
» dans l'*Unité* & l'Unité dans sa CAU-
» SE ! (*)

» Un même Dessein général embrasse
» toutes les Parties de la Création. Un
» Globule de lumiere, une Molécule de
» terre, un Grain de Sel, une Moisissure,
» un Polype, un Coquillage, un Oi-
» seau, un Quadrupede, l'Homme ne
» sont que différens Traits de ce Dessein,
» qui représente toutes les Modifications
» possibles de la Matiere de notre Globe.
» Mon expression est trop au dessous de
» la réalité : ces Productions diverses ne
» sont pas différens Traits du même Des-
» sein ; elles ne sont que différens points
» d'un Trait unique, qui par ses circon-
» volutions infiniment variées, trace aux
» yeux du CHERUBIN étonné, les for-
» mes, les proportions & l'enchaînement
» de tous les Êtres terrestres. Ce Trait
» unique crayonne tous les Mondes, le
» CHERUBIN lui-même n'en est qu'un
» point, & la MAIN ADORABLE qui

(*) *Contemplation de la Nature*, Part. XII, Chap. XII.

» traça ce Trait, possede seule la ma-
» niere de le décrire. (*)

Si ces INTELLIGENCES auxquelles il a été donné de *connoître* notre Monde, ne *connoissent* que ce seul Monde ; il est évident, que malgré la grande supériorité de leurs Facultés, il est une multitude de Choses dont la *raison* leur échappe : c'est que la *raison* de ces Choses est dans le *Systême général*, qu'elles ne peuvent embrasser.

Mais si ces INTELLIGENCES *connoissent* encore d'autres Mondes, & si ces Mondes sont ceux qui ont le plus de Rapports avec le nôtre ; elles peuvent découvrir ainsi la *raison* d'un beaucoup plus grand nombre d'Etres *particuliers*. Ces divers Mondes sont autant de Livres, qui servent à l'explication les uns des autres, & qui font partie de cette immense Bibliotheque de l'Univers, que le premier des CHERUBINS ne se flatte pas d'épuiser.

Les Connoissances de tout genre, ne

(*) *Contempl.* Part. VIII, Chap. XVII. Consultez encore la Partie VI de cette *Palingénésie*.

se perfectionnent que par les *comparaisons* que l'Esprit établit entr'elles. Plus l'Esprit *connoît*, plus il *compare*. Plus ses Connoissances sont *parfaites*, plus ses comparaisons sont *exactes*. Les Connoissances *réfléchies* dérivent originairement des Connoissances *intuitives*. (*) Plus les Connoissances *intuitives* sont claires, complettes, étendues, plus les Connoissances *réfléchies* sont distinctes, *adéquates*, universelles.

Puis donc que le *Raisonnement* repose essentiellement sur l'*Observation*, quelle ne doit pas être la perfection de la Métaphysique & de la Logique des Intelligences qui lisent notre Monde & l'interpretent par les Mondes auxquels il a le plus de rapports !

※

Est-il nécessaire que je le fasse remarquer ? Tout ce que je viens d'exposer sur l'imperfection & sur les bornes naturelles de nos Connoissances, ne tend point à favoriser un *Scepticisme* universel, qui seroit la destruction de toute Philosophie. Je n'ai voulu qu'indiquer

(*) *Essai Analytique sur les Facultés de l'Ame*, Chap. XV, XVI, XIX, XXVI.

quelles sont les Connoissances auxquelles nous ne saurions espérer d'atteindre ici-bas.

En approfondissant la nature de nos Facultés, on reconnoît, qu'elles ont un rapport plus direct à nos Besoins *physiques* & *moraux*, qu'à nos Plaisirs *intellectuels*. Elles paroissent plus faites pour nous conduire à ce degré de Bonheur auquel nous pouvons espérer de parvenir sur la Terre, que pour satisfaire cette insatiable & ardente curiosité qui nous presse sans cesse.

Ce que nous connoissons des êtres *corporels*, suffit à nos Besoins *physiques*: ce que nous connoissons des *Etres mixtes*, suffit à nos Besoins *moraux*. Je ne parle que du *nécessaire*: le *superflu* nous sera accordé un jour. Quand nous connoîtrions à fond la nature de certains *Corps*; en retirerions-nous de plus grands services dans les divers Cas où nous les appliquons avec le plus de succès? Quand nous connoîtrions à fond la maniere d'agir de la *Rhubarbe*, en seroit-elle un *Tonique* plus puissant pour notre Estomac? Quand nous saurions à fond comment sont faites les Molécules du *Fluide magnétique*, nos *Bouſſoles* nous conduiroient-elles plus ſûrement d'un bout du Monde à l'autre ?

Ne connoiſſons-nous pas aſſez des autres Hommes pour en tirer les ſervices les plus eſſentiels, & pour leur rendre tous ceux dont nous ſommes capables ? Je le demande encore ; une Connoiſſance plus parfaite du Cœur-humain ſeroit-elle pour nous un Bien *réel ?* Ne nous feroit-elle point éprouver beaucoup plus de peines que de plaiſirs ?

Je me borne à quelques exemples, pour faire entendre ma penſée : je touche à un Sujet inépuiſable ; je dois craindre de m'engager trop avant. Je ſais que ſi nous poſſédions une *Théorie parfaite*, notre *Pratique* le ſeroit auſſi. Mais prenons garde, que nous ne ſerions plus alors des *Hommes ;* nous ſerions des Etres d'un ordre plus élevé, & la SOUVERAINE SAGESSE a voulu placer ſur la Terre des Etres tels que nous. ELLE a voulu y placer des *Hommes* & non des ANGES : mais ELLE a préordonné dès le commencement les *Moyens* qui éléveront un jour l'Homme à la Sphere de l'ANGE.

Tout est *harmonique* dans chaque Monde : l'Univers entier est lui-même tout *harmonie*. Les Facultés *corporelles* & les Facultés *spirituelles* de l'Homme sont en Rapport direct avec ce Monde où il devoit passer les premiers instans de sa durée. La *Perfection* de ses Facultés *spirituelles* dépend en dernier ressort de la *Perfection* de ses Facultés *corporelles*. Pour accroître la Perfection des premieres, il faudroit accroître la Perfection des dernieres.

Mais si les Facultés *corporelles* de l'Homme étoient perfectionnées sans que rien changeât dans l'Œconomie présente de notre Monde, cet accroissement de Perfection deviendroit un supplice pour l'Homme.

Ecoutons avec quelle noblesse & quelle précision le Poëte philosophe (*) a su exprimer cette Vérité cosmologique. » Le » bonheur de l'Homme, (que l'orgueil » ne le crût-il ainsi !) n'est pas de penser » ou d'agir au-delà de l'Homme même, » d'avoir des puissances de corps & d'es- » prit au-delà de ce qui convient à sa na-

(*) POPE ; *Essai sur l'Homme*, Ep. I.

» ture & à son état. Pourquoi l'Homme
» n'a-t-il point un œil microscopique ? En
» voici une raison claire : l'Homme n'est
» pas une Mouche. Et quel en seroit l'usa-
» ge, si l'Homme pouvoit considérer un
» Ciron, & que sa vue ne pût s'étendre
» jusqu'aux Cieux ? Quel seroit l'usage
» d'un toucher plus délicat, si sensibles &
» tremblotans de tout, les douleurs & les
» agonies s'introduisoient par chaque po-
» re ? D'un odorat plus rafiné, si les parties
» volatiles d'une rose par leurs Vibrations
» dans le cerveau, nous faisoient mourir
» de peines aromatiques ? D'une oreille
» plus fine ? La Nature tonneroit toujours,
» & nous étourdiroit par la musique de
» ses Spheres roulantes. O combien nous
» regretterions alors que le CIEL nous eût
» privé du doux bruit des zéphirs & du
» murmure des ruisseaux ! Qui peut ne
» pas reconnoître la bonté & la sagesse
» de la PROVIDENCE, également &
» dans ce qu'elle donne & dans ce qu'elle
» refuse ?

..... » Cesse donc, & ne taxe point
» cet ordre d'imperfection. Notre bonheur
» dépend de ce que nous blâmons. Con-
» nois ton être, ton point. Le CIEL t'a
» donné un juste, un heureux dégré d'a-

» veuglement & de foiblesse. Soumets-toi,
» sûr d'être aussi heureux que tu peux
» l'être dans cette Sphere ou dans quel-
» qu'autre Sphere que ce soit; & sûr,
» soit dans l'heure de ta naissance, soit
» dans celle de ta mort, de trouver ton
» salut entre les mains de CELUI QUI
» dispose de tout.

※

Notre destinée actuelle est de ne voir que la superficie des Etres, de ramper d'un Fait à un autre Fait, d'analyser ces Faits, de les comparer entr'eux, & d'en tirer quelques Résultats plus ou moins immédiats : voilà notre véritable Science. Ce que nous pouvons connoître le mieux, ce sont les *Effets* : ils étoient aussi ce qu'il nous importoit le plus de connoître. Les *Effets* sont les *Lois* de la Nature, & c'est sur ces Lois que nous fondons nos Raisonnemens les plus solides.

Si nous ne connoissons pas la nature intime de cette Force secrette (*) qui est le Principe du mouvement perpétuel du

---

(*) L'*Irritabilité*. Voyez le Chapitre XXXIII. de la Partie X. de la *Contemplation de la Nature*.

Cœur; nous savons au moins que le Cœur se meut, que le Sang circule, & l'Art de guérir repose sur ce Fait. Si nous ignorons ce que la *Pesanteur* est *en soi*, nous connoissons au moins quelques-uns de ses principaux *Effets*, & les plus belles Parties de notre Physique s'élevent sur cette Base.

Il ne faut qu'avoir un peu étudié la Nature, pour être convaincu, que la moindre de ses Productions pourroit consumer en entier la Vie du Naturaliste le plus laborieux. SWAMMERDAM a fait un *in-folio* sur le *Pou*, & il pensoit ne l'avoir qu'esquissé. Le *Ver-de-terre* va fournir à l'Emule (*) de l'Observateur Hollandois, la matiere d'un assez gros Volume. Je le disois ailleurs: L'AUTEUR de la Nature a marqué du sceau de son IMMENSITÉ toutes ses Œuvres.

Nous sommes sur-tout appellés à être *vertueux*, parce que nous sommes appellés

---

(*) Mr. l'Abbé SPALLANZANI. Il a répété avec le plus grand succès mes premieres Expériences sur la Régénération du *Ver-de-terre*, & a été incomparablement plus loin que moi. Son Ouvrage sur les *Reproductions animales* paroîtra bientôt & étonnera les Physiciens.

PHILOSOPHIQUE. PART. XIII. 61

à être *heureux*, & qu'il n'eſt point de Bonheur ſolide ſans la Vertu. Mais la *Vertu* ſuppoſe eſſentiellement la *Connoiſſance* : nous avons donc reçu le juſte degré de Connoiſſance, qui correſpondoit à la grande Fin de notre Etre. Sachons jouir avec reconnoiſſance du peu que nous connoiſſons : nous en ſavons aſſez pour être Sages, & point aſſez pour être vains.

« Homme, ſois donc humble dans tes
» eſpérances & ne prends d'eſſor qu'a-
» vec crainte. Attends ce grand Maître,
» la mort : & adore DIEU. Il ne te fait
» point connoître quel ſera ton bonheur
» à venir, mais il te donne l'eſpérance
» pour être ton bonheur préſent. Une
» eſpérance éternelle fleurit dans le cœur
» de l'Homme : il n'eſt jamais heureux,
» il doit toujours l'être. L'Ame inquiete
» & renfermée en elle-même, ſe repoſe
» & ſe promene dans la vie à venir. (*)

Le 11 de Novembre 1768.

(*) POPE, *Eſſai ſur l'Homme*, Ep. 1.

QUATORZIEME PARTIE.

PRINCIPES ET CONJECTURES
SUR LA
LIAISON ET LA NATURE
DES
DEUX ŒCONOMIES
CHEZ LES ANIMAUX.
PENSÉES
SUR L'AME DES BÊTES
ET SUR
LE MATÉRIALISME.

PENSERONS-NOUS donc à préſent, que nous connoiſſions l'*Animal*, cette Partie la plus intéreſſante de la Création terreſtre ; nous qui connoiſſons à peine les groſſes Pieces de ſa

Charpente ? Nous ne découvrons de son Œconomie *terrestre*, que ce qui est en proportion avec nos Facultés & nos Instrumens, & son Œconomie *future* nous est entiérement voilée.

C'est quelque chose cependant, que la Raison conçoive au moins la possibilité de cette Dispensation *future*, & que les Conséquences légitimes qu'elle tire des PERFECTIONS DIVINES, rendent cette Dispensation probable. Un trait de lumiere jaillit du sein de ces ténebres, & la Raison se plait à le recueillir, parce qu'elle saisit avidement tout ce qui tend à agrandir ses vues, & à lui donner de plus hautes Idées de la Création & de la BONTÉ SUPRÊME.

Mais cet ATTRIBUT ADORABLE que nous nommons BONTÉ dans la CAUSE PREMIERE, est proprement cette SOUVERAINE SAGESSE QUI a tout *préordonné* pour le plus grand *Bonheur* des Etres *sentans* & des Etres *intelligens*.

La SAGESSE agit par des *Lois* conformes à SA NATURE. Ces Lois sont les Regles immuables de SA VOLONTÉ.

Une de ces Lois exige que l'état *antécédent* d'un Etre détermine son état *subséquent* : c'est que si l'état subséquent d'un Etre n'étoit pas déterminé par l'état qui a précédé *immédiatement*, il n'y auroit aucune *raison suffisante* (*) de l'existence de cet état *subséquent*.

La VOLONTÉ DIVINE ne sauroit être ELLE-même cette *raison suffisante*, parce qu'il est contre la *nature* de la *Volonté* de se déterminer *sans motif*. (†)

Or, comment la VOLONTÉ DIVINE pouvoit-ELLE être *déterminée* à faire succéder l'état B à l'état A, si l'état A ne renfermoit rien qui déterminât *par lui-même* l'existence de l'état B ? Si tout autre état avoit pu être *également choisi*, comment la VOLONTÉ DIVINE auroit-ELLE pu *se déterminer* entre tant d'états divers, qui, dans cette supposition, pouvoient également succéder à l'état A ?

Je ne fais que rappeller ces Principes

(*) Consultez la Partie VII de cette *Palingénésie*.

(†) Consultez l'Article XII & l'Article XIII de l'*Analyse abrégée*. Consultez encore la Partie VIII de cette *Palingénésie*.

généraux

généraux sur la *nature* de la *Volonté* : je les ai suffisamment développés dans mon *Essai Analytique*, Chap. XII & XIX.

Il suit donc de ces Principes, que l'*Etat présent* des Animaux renferme des choses qui détermineront *par elles-mêmes*, leur *Etat futur*.

Ainsi, chaque instant de la Durée des Animaux est déterminé par l'instant qui précede. L'instant actuel détermine à son tour l'instant qui suit. Cette Chaîne se prolonge de la même maniere au-delà de ce terme que nous nommons improprement la *Mort*, & la *Personnalité* se conservant toujours par les moyens *physiques* préordonnés, forme cette sorte d'*Unité* permanente, qui constitue le *Moi* de l'Individu. (*)

Le changement qui surviendra aux Animaux dans l'Economie *future*, sera donc tel qu'ils retiendront plus ou moins de l'Economie *précédente*. Les deux *Economies* sont liées dès-à-présent par des nœuds qui nous sont inconnus, & il n'y aura point proprement de *saut* dans le passage de l'une à l'autre.

(*) Consultez la Partie III de cet Ecrit.

La Conſtitution *actuelle* de l'Animal ; je dis ſa Conſtitution *organique* & *pſychologique*, renferme donc des particularités ſecrettes, qui ſont le fondement de la *liaiſon* de cette Conſtitution avec celle qui doit lui ſuccéder.

※

Si la BONTÉ SUPRÊME a voulu le plus grand bonheur *poſſible* de tous les Etres vivans, ELLE a voulu apparemment que chaque Etre vivant pût ſentir l'*accroiſſement* de ſon Bonheur ; car, comme je le diſois ailleurs, (*) c'eſt être plus heureux encore que de ſentir qu'on l'a été moins, & qu'on l'eſt davantage. L'Etre vivant qui paſſeroit à un état plus heureux, ſans conſerver *aucun ſouvenir* de ſon état *précédent*, ne ſeroit point, par rapport à lui, le *même* Etre, parce qu'il ne ſeroit point, par rapport à lui, la *même Perſonne*.

La *Perſonnalité* dans chaque Individu tient eſſentiellement à la *Mémoire* des états antécédens. Je parle toujours de la *Perſonnalité* relativement au *Sentiment* que

(*) *Eſſai Analytique*, §. 725. Voyez encore la Partie XII de cette *Palingénéſie*.

chaque Individu a de son Moi. (*) La *Mémoire* tient elle-même aux *Déterminations* que certaines Fibres du Cerveau contractent & qu'elles conservent. (†)

Afin donc que chaque *Etre-mixte* conserve dans un autre état, par des voies *naturelles*, le *Sentiment* de sa propre Personnalité, il faut nécessairement que son Ame demeure unie à une Machine *organique*, qui conserve les impressions des états *antécédens*, ou au moins quelques-unes de ces impressions.

Il faut donc encore par une conséquence légitime, que cette Machine *organique* à laquelle l'Ame demeure unie après la *Mort*, retienne quelques-uns de ces *Rapports* qu'elle soutenoit avec l'*ancienne* Machine dont elle est séparée.

Ces *Rapports* doivent être d'autant plus multipliés & diversifiés, que l'Animal possede un plus grand nombre de *Sens* & de Sens plus exquis, & que ces Sens ont été

(*) Consultez l'*Essai Analytique*, §. 703, 704, 705, 706, 707, &c.

(†) *Ibid.* §. 57. Chap. XXII. *Analyse Abrégée*, Art. IX, X, XI. *Palingénésie*, Part. II.

E ij

affectés plus souvent, plus fortement, par plus d'Objets différens.

※

Maintenant je prie mon Lecteur de se retracer à lui-même ces traits frappans d'Industrie; j'ai presque dit d'Intelligence, que nous offrent les Animaux; & que j'ai crayonnés dans les Parties xi & xii de ma *Contemplation de la Nature*. J'ai montré combien ces Procédés ingénieux dépendent de l'*Organisation*. J'ai considéré le Corps de l'Animal comme une sorte d'*Instrument* ou de *Métier*, destiné à exécuter avec précision & du premier coup les divers procédés relatifs à la conservation de l'Individu ou à celle de l'Espece. Mais j'ai fait voir en même temps qu'il est probable qu'une *Ame* est présente à ce *Métier*; qu'elle éprouve par son ministere des Sensations plus ou moins variées, plus ou moins agréables, qui influent à leur tour sur les Mouvemens de la *Machine*. (*)

Ces Procédés qui nous surprennent tant

(*) *Contemplation*, Part. xi. Chapitres xxv, xxvii. Part. xii. Chap. xxviii, xxxiii. *Essai Analytique*, §. 774, 775, 776, 777.

dans les Animaux; ces Procédés que nous racontons avec tant de complaisance, que nous embellissons peut-être trop, & qui nous semblent supposer un Rayon de cette Lumiere qui brille dans l'Homme; ces Procédés, dis-je, bien médités par le Philosophe, peuvent lui aider à juger des Choses étonnantes que chaque Espece pourroit exécuter dans des Genres plus ou moins analogues, si toutes les Facultés propres à l'Espece acquéroient un plus grand degré de Perfection.

On voit assez, que je ne veux point du tout insinuer ici, que ce que chaque Espece exécute dans l'Economie présente, elle l'exécutera encore dans l'Economie à venir. Je ne veux point insinuer, par exemple, que l'*Araignée*, l'*Abeille*, le *Castor*, exécuteront sous la nouvelle Economie, les mêmes Ouvrages que nous admirons aujourd'hui. Si l'on a bien saisi les Idées que j'ai exposées dans les premieres Parties de cette *Palingénésie*, on comprendra que je suis fort éloigné de supposer d'aussi grands *Rapports* entre les deux Economies.

Je veux simplement insinuer, que la Constitution *actuelle* de ces Animaux in-

E iij

duſtrieux, renferme des Choſes que nous ne pouvons deviner, & qui ont des Rapports plus directs à l'Economie *future*, qu'à l'Economie *préſente*. Ce ſont ces *Préordinations* ſecrettes qui ſe manifeſteront dans un autre état, qui donneront naiſſance à de nouveaux Procédés fort ſupérieurs à ceux qui étonnent le Naturaliſte. Ces nouveaux Procédés ne reſſembleront, ſans doute, pas plus aux anciens, que les Inventions ſurprenantes de SÉBASTIEN (*) n'ont reſſemblé à celles de ſon Enfance.

※

JE conçois donc, comme je le diſois ailleurs, (†) qu'il eſt dans chaque Animal un *Fond préordonné* d'Organiſation, d'où naîtra un jour le *perfectionnement* de toutes ſes Facultés, & qui détermine dès à préſent la Place qu'il occupera dans la nouvelle Economie.

(*) Le Pere SÉBASTIEN TRUCHET, Carme, de l'Académie des Sciences, célebre Méchanicien. Il n'étoit encore qu'Enfant, qu'il exécutoit déjà de petites Machines, qui annonçoient ce qu'il feroit un jour. Il exécuta enſuite des *Tableaux mouvans* de la plus ſavante compoſition, & qu'on ne ſe laſſoit point d'admirer. Voyez ſon *Eloge* par FONTENELLE.

(†) Part. I, II, III de cette *Palingénéſie*.

Ne préfumons pas néanmoins, que l'adroite & vigilante *Araignée* fera placée dans cette Economie au-deffus de l'*Ane*, qui nous paroît fi ftupide. « Ne nous méprenons point. Les traits brillans d'intelligence que quelques Infectes nous offrent, nous furprennent, parce que nous ne nous attendions pas à les trouver dans des Animaux, que nous jugions à peine capables de fentir. Notre Imagination s'échauffe aifément fur ces agréables nouveautés, & nous donnons bientôt à ces Infectes plus de génie qu'ils n'en ont réellement. Nous exigeons, au contraire, beaucoup des grands Animaux, apparemment parce que nous leur voyons une ftructure plus reffemblante à la nôtre: auffi fommes-nous fort portés à les dégrader, dès qu'ils ne rempliffent pas notre attente. Il en eft cependant, dont l'Efprit ne fe manifefte pas par des traits, pour ainfi dire, faillans, mais par un grand nombre de petits traits peu fenfibles, qui réunis, forment une fomme d'intelligence fupérieure à celle de l'Infecte le plus induftrieux. »

(*) *Contemplation de la Nature*, Part. IV. Chap. III.

L'*Ane* est placé dans l'Economie présente fort au-dessus de l'*Araignée*, & il conservera dans un autre état la prééminence qu'il a sur elle. (*) La *Perfection* de l'Animal doit se mesurer par le nombre & la perfection de ses *Sens* ; la Portée de l'*instinct* dépend en dernier ressort de ces deux conditions. L'*Ane* a les mêmes *Sens* que l'*Homme* ; & si son *Toucher* paroît fort obtus, il en est probablement dédommagé par les Qualités plus éminentes de ses autres *Sens*. C'est par ses *Sens* que l'Animal est en commerce avec la Nature. Plus le nombre de ses *Sens* est grand ; plus ses Sens sont exquis, & plus il connoît d'*Objets* & de *Qualités* de chaque Objet. Plus les *Sens* d'un Animal se rapprochent de ceux de l'Homme, & plus les Sensations de cet Animal sont nombreuses & diversifiées. Plus l'Animal a de Sensations, & de Sensations diverses, & plus il *compare*. Plus il *compare*, & plus son *Instinct* s'étend & se perfectionne. L'*Ane* a donc un plus grand nombre de Sensations, & des Sensations plus diverses que l'*Araignée*. Il connoît bien plus d'Objets ; il compare davanta-

───────────────

(*) Voyez la Partie III de cette *Palingénésie*.

ge ; il tient à la Nature par plus de Liens. Les Facultés de son Ame déjà plus étendues, plus développées, se perfectionneront proportionnellement dans l'Economie *future*. (*)

※

BEAUCOUP de Procédés les plus industrieux des Animaux, ont aujourd'hui pour principale Fin la *Conservation* de l'Espece. Si les Animaux ne doivent point *propager* dans l'Economie *à venir*, il est bien évident que leur Constitution *organique* ne renfermera alors aucune de ces *Déterminations* relatives à la *Propagation* de l'Espece. (†) Mais aux Procédés dont il s'agit, succéderont d'autres Procédés, qui seront en Rapport direct avec le nouvel état des Animaux, & avec l'état correspondant du Globe. Le grand Tableau de l'Animalité sera changé, & présentera des scenes bien plus intéressantes que toutes celles que nos Naturalistes y contemplent à présent.

(*) Consultez ici ce que j'ai exposé sur l'*Association des Idées chez les Animaux*, dans l'Ecrit qui a pour titre : *Application des Principes psychologiques*, &c.

(†) Voyez la fin de la Partie premiere de cette *Palingénésie*.

JE reprendrai ici un Principe, qui ne me sera pas contesté par ceux qui ont beaucoup médité sur les PERFECTIONS de l'ÊTRE SUPRÊME : c'est que SA VOLONTÉ tend essentiellement au *Bien* & au plus grand Bien. Cette SAGESSE ADORABLE QUI a appellé à l'Existence l'Universalité des Etres, parce qu'il étoit de SA NATURE de faire des Heureux, & le plus d'Heureux qu'il étoit possible ; cette SAGESSE a voulu, sans doute, la plus grande Perfection *possible* de toutes SES Créatures. Et si SON Plan exigeoit que les Etres *sentans*, qui habitent une certaine Planete, passassent successivement par divers degrés subordonnés de Perfection, ELLE a préétabli, dès le commencement, les *Moyens* destinés à accroître de plus en plus la somme de leur Perfection, & à lui donner enfin toute l'extension que leur Nature peut comporter.

De ce Principe si consolant & si fécond, mon Cœur se plaît à tirer une Conséquence, qui paroît en découler naturellement : c'est que les Animaux parvenus à une autre

Economie, dépouilleront leurs Qualités malfaisantes, & ne retiendront de leur ancienne Economie, que les Qualités dont le *perfectionnement* s'accordera avec cet état plus relevé, pour lequel ils auront été originairement faits.

Non, dans les vues de cette IMMENSE BONTÉ QUI SE manifeste à nous par des traits si variés, si nombreux, si touchans, la derniere destination du *Tigre* n'étoit point de s'abreuver de Sang, & de vivre de carnage. Sa cruauté est, pour ainsi dire, étrangere à ce qui constitue proprement le *Fond* de son Etre: elle tient uniquement à son Tempérament actuel, ou à cette Enveloppe grossiere qu'il doit dépouiller, & qui n'est en rapport direct qu'avec l'Etat présent de notre Globe. (*) Mais l'*Ame* du *Tigre* a des *Puissances* ou des Facultés qui touchent d'assez près à l'*Intelligence*, & qui ne sont pas liées indissolublement à ses Qualités mal-faisantes. Son *Instinct* est déjà fort développé: ses *Sens* lui donnent une multitude de Perceptions & de Sensations diverses, qu'il compare plus ou moins.

(*) Consultez les premieres Parties de cette *Palingénésie*, & en particulier le premier Article de la Partie XII.

L'*Evolution* future du petit Corps *organique*, auquel je suppose que son Ame demeure unie, déploiera toutes ces *Puissances* qui sont à présent comme concentrées ou enveloppées, & élévera le *Tigre* au rang des Etres *pensans*. Le redoutable Animal sera ainsi *métamorphosé*, & après cette Métamorphose paroîtra un nouvel Animal, qui ressemblera moins encore au premier, que le *Papillon* ne ressemble à la *Chenille*.

※

J'AI dit dans l'Avant-propos de cette *Palingénésie*, que le Dogme philosophique de l'existence de l'*Ame des Bêtes* reposoit principalement sur l'*Analogie*, & j'ai indiqué en quoi consiste ici l'*Analogie*. Je me persuade de plus en plus, que si l'on n'avoit point intéressé la RELIGION dans cette Matiere purement philosophique, on auroit cédé plus volontiers aux preuves analogiques & à celles de Sentiment, & on ne se seroit pas élevé avec tant de chaleur contre la *survivance* de l'Ame des Bêtes.

Il est même assez singulier que des Philosophes qui n'étoient point *Cartésiens*, &

qui admettoient l'exiſtence de l'Ame des Bêtes, ayent ſoutenu que cette Ame périſſoit à la mort de l'Animal, préciſément parce que cette Ame n'étoit pas une Ame *humaine*.

Je ne puis trop le dire : ce qui ſeroit démontré *vrai* en bonne Philoſophie, ſeroit démontré *vrai* en bonne Théologie. J'entends par la *bonne Théologie* cette RELIGION AUGUSTE, qui eſt elle-même la *Philoſophie* la plus ſublime & la mieux appropriée aux *Beſoins* de l'Homme.

Si les Bêtes ont une *Ame*, cette Ame eſt auſſi *indiviſible*, auſſi *indeſtructible* par les Cauſes *ſecondes* que celle de l'Homme : c'eſt qu'une Subſtance *ſimple* ne peut être ni *diviſée* ni *décompoſée*. L'*Ame* des Bêtes ne peut donc *périr* que par l'*anéantiſſement*; & je ne vois pas que la RELIGION annonce en termes exprès cet *anéantiſſement* : mais je vois qu'elle exalte les immenſes Tréſors de la BONTÉ DIVINE.

Les preuves *analogiques* de l'exiſtence de l'Ame des Bêtes paroiſſent d'autant plus fortes, qu'on les approfondit davantage. Il ne faut pas s'en tenir ici à quelques Traits; il faut en rassembler & en comparer le plus qu'il est possible. Si une saine Philosophie établit solidement que la *Matiere* ne peut penser, (*) l'Homme n'est pas tout *Matiere*; il est un *Etre-mixte*; il est le *Résultat* de l'Union de deux *Substances*. Les Animaux dont l'*Organisation* se rapproche tant de celle de l'Homme; les Animaux dont les Procédés imitent si bien certains Procédés de l'Homme, ne seroient-ils donc que de purs *Automates?* Les Philosophes, qui par des motifs louables, ont soutenu l'*Automatisme* des Brutes, n'avoient-ils point à craindre qu'on ne se servît de leurs argumens subtils pour défendre l'*Automatisme* de l'Homme?

※

CE n'est point du tout que je croie, que si l'on pouvoit *démontrer l'Automatisme* de l'Homme, la RELIGION seroit en péril: je n'ai pas fait difficulté de le dire; (†) je ne me fais aucune peine de le répéter: quand il seroit *vrai* que

---

(*) Voyez la Préface de l'*Essai Analytique*, pag. XIV & suivantes, & §. 2, 716.

(†) *Essai Analytique;* Préface, pag. XXIV. *Analyse abrégée*, Article XIX.

l'Homme tout entier n'eſt que *Matiere*, il n'en ſeroit pas moins appellé à être *heureux* ou *malheureux* dans une autre Vie, relativement à la *nature* de ſes *Actions*. L'AUTEUR de l'Univers QUI *conſerve* l'Univers lui-même, cette grande Machine ſi prodigieuſement *compoſée*, manqueroit-il de *Moyens* pour *conſerver* l'Homme purement *matériel*? Mais les Philoſophes dont je parle ont été bien éloignés de comprendre ceci; & il en eſt encore qui croiroient que tout ſeroit perdu, ſi on démontroit une fois l'*Automatiſme* de l'Homme, ou ce qui revient au même, que tout l'Homme n'eſt que pur *Organiſme*.

On a donc pris la Queſtion par le côté le moins philoſophique : on a fait dépendre les eſpérances de l'Homme d'une Choſe dont elles ne dépendoient point. (*) On a ſoutenu l'exiſtence de l'*Ame humaine*, parce que l'Homme eſt un *Etre moral*, & qu'un Etre moral doit être *récompenſé* ou *puni*. Il falloit admettre l'exiſtence de l'*Ame humaine*, parce qu'en bonne Philoſophie on ne ſauroit rendre raiſon, ſans elle, de tous les *Phénomenes*

(*) Conſultez la Partie VIII de cette *Palingénéſie*.

de l'Homme, & en particulier du *Sentiment* si clair & si simple qu'il a de son Moi. Il falloit prouver l'existence de l'*Ame humaine* par les Considérations frappantes que présentent les *propriétés* de la *Matiere*, comparées avec les *Facultés* de l'Homme. Voilà ce que j'ai essayé de faire dans la Préface de mon *Essai Analytique* & en d'autres endroits du Livre; (*) & voilà ce qui devoit empêcher de me ranger parmi les *Matérialistes*. Mais la plupart des Lecteurs lisent du pouce ; ils ont vu que je parlois souvent de *Fibres* & de *mouvemens* de Fibres ; il ne leur en a pas fallu davantage pour être persuadés que j'étois *Matérialiste*. Je leur pardonne de tout mon cœur la précipitation de leur jugement, & je me borne à les renvoyer encore à mon Livre.

Les Ecrivains qui ont beaucoup loué l'excellent LOCKE sur ce qu'il n'avoit point osé décider que la *Matiere* ne pût pas *penser*, n'avoient-ils dans l'Esprit & dans le Cœur que de célébrer la modeste réserve du Sage ? Le doute de cet Homme

---

(*) Voyez dans ces *Opuscules* la *Notice* que j'ai donnée des divers endroits de l'Ouvrage où j'ai combattu le *Matérialisme*.

illustre

illustre ne flattoit-il point en secret une des Opinions favorites de ces Ecrivains ? Et cette *Opinion* l'ont-ils envisagée sous le même point de vue que l'Auteur de l'*Essai Analytique* ? (*) Les Philosophes doivent être les Bienfaiteurs du Genre-humain ; ils le sont toutes les fois qu'ils détruisent des Préjugés *dangereux*. Mais seroit-ce un Préjugé *dangereux* que de croire que la *Matiere* ne peut pas *penser* ? Ne seroit-il point d'une trop malheureuse facilité d'abuser du Sentiment contraire ? Lorsque les Philosophes entreprennent de détruire ce qu'ils nomment des *Préjugés*, il seroit très-convenable qu'ils leur substituassent des Choses d'une utilité équivalente. Il ne faut pas que le *Philosophe* ressemble à la Mort qu'on peint armée d'une Faux : mais si le Philosophe peut quelquefois être représenté armé d'une Faux, il doit au moins porter dans l'autre main une *Truelle*.

※ ※

Je ne sais si l'on ne pourroit point prouver par un argument assez direct l'existence de l'*Ame des Bêtes* : cet argument repose essentiellement sur la *proportion*

(*) Page xxiv de sa Préface, de l'Edition in-4°.

que nous obfervons entre les *Effets* & les *Caufes*. Ce n'eft pas ici le lieu d'anatomifer la Queftion métaphyfique & délicate, *s'il eft des Caufes*. Quelque fentiment qu'on embraffe là-deffus, il demeurera toujours vrai qu'il eft dans la Nature un *Ordre* en vertu duquel certaines Chofes précedent conftamment d'autres Chofes. Nous donnons le nom de *Caufes* à ces Chofes qui précedent, & nous nommons *Effets* celles dont elles font immédiatement fuivies. J'admets cet *Ordre* de la Nature comme une *Loi univerfelle* dont j'ignore profondément le *Comment*, & je regarde cette Loi comme *univerfelle*, parce qu'elle ne fe dément jamais ou que du moins on ne l'a jamais vu fe démentir. » Toutes nos Théories
» de *Caufes* & d'*Effets*, difois-je, §. 123
» de mon *Effai Analytique*, fe bornent au
» fond à connoître l'*Ordre* dans lequel
» les Chofes fe fuccedent; ou les *Rapports* fuivant lefquels l'*Exiftence* ou les
» *Modifications* des unes paroiffent *déterminées* par l'*Exiftence* ou les Modi-
» fications des autres. Ainfi quand ce que
» nous nommons *Agent* dans la Nature,
» ne le feroit point; quand la Relation
» des Caufes & des Effets ne feroit qu'une
» apparence, un Phénomene relatif à

» notre maniere de *voir* & de *concevoir*;
» l'Ordre ou la *Succession* des Choses n'en
» seroit pas moins réelle, invariable, &
» n'en fourniroit pas un fondement moins
» solide à tous nos raisonnemens.

Voici donc l'argument qui s'offre actuellement à mon Esprit en faveur de l'*Ame des Bêtes*. Si je me suis servi plusieurs fois d'un certain Bâton pour frapper un Chien, il arrivera que si je le lui montre, même d'assez loin, il s'enfuira en courant, & qu'il parcourra un très-grand terrein pour éviter le coup qu'il croit le menacer. Or, quelle proportion y a-t-il entre les *Rayons* qui, partis du Bâton, vont frapper la *Rétine* du Chien, & les mouvemens si considérables & si long-temps continués qu'il se donne pour éviter le coup? Un certain Mot que j'aurois prononcé avec une certaine inflexion de voix, auroit produit sur l'Animal des Effets analogues.

Je n'ignore pas que les Partisans de l'*Automatisme* des Brutes répliqueront, que la Machine a été construite avec un tel Art, que la plus petite impulsion dans une de ses Parties, peut suffire pour exciter dans d'autres Parties les plus grands

F ij

mouvemens. Mais combien cette réponse est-elle subtile ! Combien est-elle vague ! Combien est-elle peu propre à persuader cet *Automatisme* qu'on s'obstineroit vainement à défendre ! Combien l'Hypothese d'un Principe *sentant* & *actif*, distinct de la Matiere, explique-t-elle plus simplement ou plus heureusement tous les Phénomenes ! Combien est-elle par cela même plus philosophique ! J'ai donc dit, plus probable.

QUINZIEME PARTIE.

ESSAI D'APPLICATION
DE L'IRRITABILITÉ
AUX POLYPES, &c.
NOUVEAUX ÊTRES
MICROSCOPIQUES.
RÉFLEXIONS A CE SUJET.
DU DROIT DE L'HOMME
SUR LES ANIMAUX.
L'HOMME MORAL.

LE *Polype* a paru d'abord favoriser beaucoup l'Opinion de l'*Automatisme* des Brutes. Un Animal, dont chaque morceau devient lui-même un Animal pareil au premier, ne semble pas devoir appartenir à la Claſſe des *Êtres-mixtes*. Comment l'*Ame* d'un tel Animal pourroit-elle être *diviſée* ? comment pourroit-elle ſe retrouver *entiere* dans chaque morceau ? Comment ces morceaux, encore informes ou dans leſquels la *Régénération* n'a pas achevé de ſe faire, montrent-ils les mêmes inclinations que l'Animal entier ?

Le *Polype* peut être *greffé* ſur lui-même, ou ſur un Polype de ſon Eſpece. Peut-on *greffer* des *Ames* ? Que devient donc l'Ame du *Sujet*, ou celle de la *Greffe* ? Quel eſt ici le *Siege* de la *Perſonnalité* ?

En refendant le *Polype* d'une certaine maniere, on en fait une *Hydre* à pluſieurs *Têtes* : y a-t-il une Ame *individuelle* dans chacune de ces *Têtes* ? Y a-t-il ici autant de *Perſonnes* diſtinctes que de *Têtes* ? (*)

Toutes ces Queſtions, & une foule d'autres que le *Polype* fait naître, pa-

(*) Conſultez ſur tout ceci le Chapitre xi du T. I, & le Chapitre ii du T. ii des *Conſidérations ſur les Corps Organiſés*, ou les Chapitres ix & xv de la Part. viii, & le Chapitre i de la Partie ix de la *Contemplation de la Nature*.

roiſſent, au premier coup-d'œil, autant d'énigmes indéchiffrables. Je n'ai pas la préſomption inſenſée de prétendre les avoir déchiffrées. Mais j'ai eſſayé de poſer quelques Principes *phyſiques* & *pſychologiques*, qui m'ont ſemblé propres à répandre une foible lueur dans ces épaiſſes ténebres. On trouvera l'expoſition de ces Principes & leur application aux Cas les plus embarraſſans, dans le Chapitre III du Tome II de mes *Corps organiſés*. Peut-être aurois-je mieux fait de ne point tenter de ſonder ces profonds myſteres; mais j'avouerai ingénument, que mon but étoit principalement de montrer au moins, que la Découverte du *Polype* ne favoriſe pas le moins du monde le *Matérialiſme*. Si l'on veut bien méditer mes Principes, & ſe rendre attentif à leur enchaînement & à leurs Conſéquences naturelles, je me flatte qu'on ne jugera pas que j'aye déraiſonné ſur cette ténébreuſe Matiere. Je ne ſais même, ſi on ne ſera pas un peu ſurpris que j'aye pu me rendre aſſez clair pour faire entendre facilement ma Penſée. Je n'ai eu ici d'autre guide que mes propres méditations, & tout mon mérite n'a conſiſté qu'à ne point abandonner le Fil, à la vérité fort délié, que j'avois en main.

» Je ne finirois point, difois-je en com-
» mençant cette explication, (*) fi je
» voulois réfuter tous les mauvais raifon-
» nemens dont le Polype a été le Sujet
» ou l'occafion : peu de gens favent fe
» faire des Idées nettes fur cette Matiere
» abftraite; il en eft même qui traite-
» roient volontiers de téméraire quicon-
» que oferoit en promettre de telles. Je
» ne promets rien; mais je vais expofer
» fimplement les Principes que mes Mé-
» ditations m'ont fournis.

J'aurois pu facilement donner des ex-
plications purement *méchaniques* de tous
ces Phénomenes auffi nouveaux qu'embar-
raffans: je me ferois même débarraffé
ainfi de plus grandes difficultés. Mais
j'aurois cru choquer d'autres Phénomenes, qui femblent attefter que le *Polype* n'eft pas une fimple *Machine organique.*

Cependant pour montrer à mon Lecteur que j'ai envifagé mon Sujet fous le
plus de faces qu'il m'a été poffible, je
hafarderai ici une Solution *méchanique :*

(*) *Corps Organifés*, Art. 283.

je ne la donne que comme une simple Conjecture, ou plutôt comme un simple doute.

※※※

J'AI raconté dans la Partie II de mon *Traité d'Insectologie*, publié à Paris, en 1744, Obs. XIV, les mouvemens si remarquables que se donnoient des Morceaux de certains *Vers d'Eau douce*, que j'ai multipliés *de bouture*. (*) J'ai dit, que des Vers de cette Espece, *auxquels j'avois coupé la Tête, alloient en avant à peu près comme si rien ne leur eût manqué; qu'ils sembloient chercher à se cacher; qu'ils savoient se détourner à la rencontre de quelque Obstacle*, &c. En rappellant ce Fait dans l'Article 285 de mes *Considérations sur les Corps Organisés*, j'ai ajouté ce qui suit.

» Ceux de mes Lecteurs qui ont lu les
» beaux Mémoires de Mr. de HALLER
» sur l'*Irritabilité*, entrevoient déjà ce
» qu'on peut dire pour tâcher à résoudre la
» difficulté dont il s'agit ici. On sait que

(*) Voyez la *Contemplation de la Nature*; Part. VIII Chap. X, où je donne une légere Idée de la Structure de ces *Vers*.

» l'*Irritabilité* eſt cette Propriété de la
» Fibre *muſculaire* en vertu de laquelle
» elle ſe contracte d'elle-même, à l'attou-
» chement de tout Corps, ſoit ſolide ſoit
» fluide. C'eſt par elle, que le Cœur,
» détaché de la Poitrine, continue quel-
» que temps à battre. C'eſt par elle, que
» les Inteſtins ſéparés du Bas-Ventre, &
» partagés en pluſieurs portions, comme
» nos Vers, continuent pendant un temps
» à exercer leur mouvement *périſtaltique*.
» C'eſt par elle enfin, que les Membres
» de quantité d'Animaux, continuent à
» ſe mouvoir après avoir été ſéparés de
» leur Tronc. Dira-t-on que ces portions
» d'Inteſtins, qu'on voit ramper ſur une
» Table comme des Vers, ſont miſes en
» mouvement par une Ame qui réſide
» dans leurs Membranes ? Admettra-t-on
» auſſi une Ame dans la Queue du Lézard,
» pour rendre raiſon des mouvemens ſi
» vifs & ſi durables qu'on y obſerve après
» qu'on l'a coupée ? Voudra-t-on encore
» que ce ſoit une Ame logée dans l'Ai-
» guillon de la Guêpe, qui le darde au-
» dehors, aſſez long-temps après que le
» Ventre a été ſéparé du Corcelet ? Aſſu-
» rément ces Faits ſont bien auſſi ſingu-
» liers & auſſi embarraſſans, que ceux
» que j'ai rapportés dans le paſſage cité

» ci-dessus : qui ne voit pourtant que les
» uns & les autres ne sont que les résultats
» d'une *méchanique* secrette ? Mr. de
» HALLER a prouvé, que le Cœur, sé-
» paré de la Poitrine, cesse de battre,
» dès qu'on purge les Ventricules du peu
» de Sang qu'ils renfermoient encore :
» l'*Irritabilité*, cette Force dont la nature
» nous est inconnue, n'agit plus alors ;
» rien ne l'excite. C'est donc par les con-
» tractions que l'attouchement d'un Corps
» étranger, produit dans les Fibres mus-
» culaires de nos Vers, dans celles des
» portions d'Intestins, dans celles de la
» Queue du Lézard, &c. que s'operent
» ces mouvemens qui nous paroissent *vo-*
» *lontaires*, & qui ne nous sont pourtant
» que purement *machinaux*. La Machine
» est montée pour les exécuter, & elle
» les exécute dès qu'elle est mise en jeu.

Je suppose à présent, qu'on n'a pas oublié, que le Corps du *Polype* a la forme d'un petit *Boyau*, (*) Quand on partage ce Boyau transversalement dans le milieu de sa longueur, la *Moitié postérieure* est un Boyau plus court. Ce Boyau est *aveu-*

(*) *Corps Organisés*, Art. 205. *Contemplation*, Part. IX, Chap. I.

gle ; je veux dire, qu'il n'eſt ouvert que par ſon bout antérieur. Si l'on préſente à ce bout antérieur quelque Proie ; par exemple, un petit Ver vivant, le Boyau fera effort pour l'engloutir, & il y parviendra peu à peu, &c.

Voilà donc une *Moitié* de Polype, *non régénérée,* qui paroît avoir les mêmes inclinations qu'un Polype *parfait,* & s'acquitter d'une de ſes Fonctions les plus eſſentielles.

Que faut-il donc penſer de l'*Ame du Polype,* & du *Siege* qu'elle y occupe ? Ne diroit-on pas, que cette *Ame* réſide univerſellement dans tout le Corps ?

Je conviens ſans peine, que la difficulté eſt très-grande : mais eſt-elle abſolument irréſoluble ? L'*Irritabilité* ne fourniroit-elle point un moyen de la réſoudre ? Il eſt démontré, que tout le Corps du *Polype* eſt très-*irritable.* Cette *Moitié* de Polype qui *dévore* des Proies, & qui n'eſt exactement que la Moitié inférieure d'un petit Sac charnu, ou plutôt *gélatineux ;* cette *Moitié,* dis-je, ne seroit-elle point *irritée* par l'attouchement & par l'agitation de la Proie ? Les mouvemens que cette *irritation* occasionneroit dans les Bords de l'ouverture du Sac, ne conduiroient-ils point par une suite naturelle du *Jeu* des Parties, à cette opération que nous nommons la *Déglutition*? A l'égard de la *Digestion*, elle n'a rien du tout d'embarrassant, & l'on voit assez qu'elle peut se réduire, comme bien d'autres fonctions *vitales*, à un pur *Méchanisme*.

C'est donc proprement la *Déglutition* qui est ici le Point le plus difficile à expliquer. Mais qu'on y prenne garde; il n'est sûrement pas plus difficile à expliquer, que les mouvemens du Cœur d'un grand Animal, après que ce *Muscle* si irritable a été séparé de la Poitrine. L'espece de Faculté *locomotive* dont jouissent des morceaux d'Intestins, coupés récemment, semblent bien plus embarrassans encore, & s'expliquent pourtant de la maniere la plus heureuse, par le seul secours de l'*Irritabilité*. (*) J'invite mon Lecteur à relire avec attention ce Passage de mes *Corps Organisés*, que je transcrivois il n'y a qu'un moment. Il ne faut

(*) Consultez sur l'*Irritabilité* le Chapitre XXXIII de la Part. x de ma *Contemplation*.

pas accroître les difficultés en accroissant le merveilleux.

Il ne seroit pas même impossible que le *Polype* tout entier ne fût qu'un Corps organisé *simplement irritable*. L'extension si considérable de ses *Bras*, pourroit n'être qu'un relâchement extrême de ces Parties. L'attouchement des Proies pourroit y exciter des contractions, au moyen desquelles ces Bras ou ces Fils si déliés, s'entortilleroient autour de la Proie, se raccourciroient de plus en plus, & porteroient cette Proie à la Bouche. Celle-ci éprouveroit des contractions ou des mouvemens analogues. La Proie seroit engloutie, digérée, & le résidu rejeté par le même *Méchanisme*.

※

Cette application de l'*Irritabilité* au *Polype*, me fait naître quelques réflexions sur la *Vitalité*. Nous observons des *Gradations* dans les trois *Regnes*. (*) La Nature ne passeroit-elle point des Etres organisés *inanimés* aux Etres organisés *ani-*

(*) Part. II, III, IV de ma *Contemplation*. Voyez encore le Chap. XVII de la Part. VIII.

més, par des Etres simplement *vitaux* ; je veux dire par des Etres *organisés* simplement *irritables ?* Dans ces Etres *mitoyens*, l'*Irritabilité* constitueroit seule le *Principe* de la *Vie*. L'action continuelle des *Liquides* sur les *Solides irritables* imprimeroit à ces derniers les divers mouvemens qui caractériseroit cette sorte de *Vie*. Ce seroit de cette *Vie* dont le Polype jouiroit au moins tandis qu'il demeureroit *mutilé*. Elle appartiendroit peut-être encore à quantité d'autres Especes de *Polypes*, qui paroissent des *Animaux* beaucoup plus déguisés ; tels que les Polypes *à Bouquet*, (*) les Polypes *en Nasse*, (**) ceux *en Entonnoir*, (***) ceux *des Infusions*, (†) & bien d'autres Etres organisés *microscopiques*.

(*) *Corps Organ.* Art. 199, 201, 319, 320. *Contemplation*, Part. VIII, Chap. XI.

(**) *Contemplation* ; Part. VIII, Chap. XIII.

(***) *Corps Organ.* Art. 200. *Contemp.* Part VIII, Chap. XII.

(†) Voyez la curieuse *Dissertation* de Mr. WRISBERG Professeur d'Anatomie dans l'Académie de Gottingue, & habile Observateur. Cette Dissertation, qui est toute entiere sur les *Animalcules des Infusions*, présente bien des particularités intéressantes, qui prouvent la sagacité de l'Observateur.

Quoique le Monde *microscopique* ne nous soit pas plus connu que les *Terres-Australes* de notre Globe, nous en connoissons cependant assez pour concevoir les plus grandes Idées des Merveilles qu'il récele, & pour être profondément étonnés de la variété presqu'infinie des Modeles sur lesquels l'*Animalité* a été travaillée. Les Voyageurs qui ont côtoyé les Rives de ce Monde *microscopique* y ont découvert des Habitans, dont les Figures, les Habillemens & les Procédés ne ressemblent à rien de tout ce qui nous étoit connu. Ils n'ont pas même toujours trouvé des termes pour exprimer clairement ce qu'ils appercevoient au bout de leurs Lunettes. Il leur est arrivé, en quelque sorte, ce qui arriveroit à un Habitant de la Terre, qui seroit transporté dans la Lune : comme il manqueroit d'Idées *analogues*, il seroit privé de ces termes *de comparaison* qui aident à peindre les Objets.

Le *Polype à Bras* nous avoit déjà beaucoup étonné par ses ressemblances avec la *Plante* & par la singularité de sa Structure. Nous

Nous n'imaginions pas qu'il exiſtoit bien d'autres Animaux de la même Claſſe; beaucoup plus traveſtis encore, & dont nous n'aurions jamais deviné les Formes & la Multiplication. Les *Polypes* dont je parle, ſont un des grands Prodiges du Monde *microſcopique* : ils ont été nommés des Polypes *à Bouquet*, & cette dénomination rend heureuſement leurs apparences extérieures. Je les ai décrits fort au long dans mes deux derniers Ouvrages, d'après le ſage & célebre Obſervateur qui nous les a fait connoître. On peut ſe contenter de conſulter le Chapitre xi de la Partie viii de ma *Contemplation de la Nature*. J'ai encore décrit d'après lui, d'autres Eſpeces de Polypes *microſcopiques*, qui n'offrent pas des particularités moins étranges, (*) ni moins propres à perfectionner la *Logique* du Naturaliſte.

Si cet excellent Obſervateur qui a enrichi l'Hiſtoire Naturelle de Vérités ſi neuves, & ſi imprévues, cédoit enfin aux preſſantes invitations que je ne ceſſe de lui faire de publier la *ſuite* de ſes Décou-

---

(*) Les Polypes *en Entonnoir*, & les Polypes *en Naſſe*. Contemplation, Partie viii, Chapitre xii & xiii.

Tome II. G

vertes, le Public y trouveroit de nouveaux sujets d'admirer la prodigieuse fécondité des voies de la Nature, & d'applaudir à la sagacité & à la marche judicieuse de son Historien. Il ne regardera pas comme une trahison, si je saisis l'occasion qui se présente de faire connoître aux Naturalistes, un des Habitans les plus singuliers de ce Monde *microscopique*, où notre Observateur a fait des voyages si heureux & si instructifs. J'ai eu même la satisfaction de faire avec ce nouvel *Argonaute* un de ces Voyages dont je transcrirai ici la Relation telle que je l'ai écrite immédiatement après mon retour : la voici.

❧

Les Ruisseaux, les Mares, les Etangs fourmillent dans certains temps d'une multitude d'Especes différentes de très-petits *Polypes* & d'Etres *microscopiques*, qui n'ont point encore de Nom. Une Feuille, un brin d'Herbe, un fragment de Bois pourri tiré au hasard du fond d'un Ruisseau, & mis dans un *Poudrier* (*) plein

---

(*) Les Naturalistes donnent le nom de *Poudriers* à certains Vases d'un Verre blanc, dans lesquels ils renferment les Insectes pour les étudier plus commodé-

d'Eau, est un petit Monde pour l'Observateur qui sait le voir. Mr. TREMBLEY m'a montré au Microscope, le 12 de Novembre 1765, un de ces Etres invisibles à l'œil nud, & *sans Nom*, dont je vais tâcher de donner une idée d'après ce que j'ai vu moi-même, (*) & d'après ce que Mr. TREMBLEY m'en a rapporté.

Cet Etre *microscopique* ne ressemble pas mal à un très-petit *Tube*, & je lui donnerois volontiers le Nom de *Tubiforme*. Il est fort transparent. A l'ordinaire, il est fixé par une de ses extrémités sur quelque appui. L'autre extrémité se termine quelquefois en pointe mousse ; d'autres fois elle semble coupée net ; on croit même y appercevoir une

---

ment. Ces Pots de Verre blanc, de figure cylindrique, où l'on renferme des Confitures, sont des especes de *Poudriers*.

(*) Il y avoit bien long-temps que je n'avois eu le plaisir de fixer l'Œil à un Microscope : j'ai dit ailleurs combien cet Instrument avoit fatigué & affoibli ma Vue : c'étoit, en quelque sorte, pour moi une renaissance, que de me retrouver cloué à un Microscope. J'ajouterai néanmoins, que malgré tout le mal qu'il m'a fait ; j'ai encore la Vue assez bonne de près pour compter les *Œufs* d'une *Puce*, sans le secours d'aucun Verre.

ouverture, comme feroit celle d'un Tube *capillaire.*

Cet Etre fingulier eft ordinairement immobile; il lui arrive cependant de temps en temps de fe balancer ou de *vibrer* affez lentement. Il fait plus; il vient à fe détacher de l'appui, & à nager de côté & d'autre, tantôt dans une pofition perpendiculaire, tantôt plus ou moins oblique à l'Horizon, quelquefois horizontale, fans qu'on puiffe découvrir comment il exécute de pareils mouvemens. S'il rencontre dans fa courfe le tranchant d'une Feuille ou quelque Fil, même très-délié, on le voit avec furprife, s'y fixer par une de fes extrémités, s'y implanter comme une *Quille.* Son adhérence à l'appui, dont la maniere nous eft inconnue, eft affez forte, pour qu'il foit en état de réfifter aux mouvemens qu'on imprime à l'appui ou à l'Eau.

Mr. TREMBLEY qui avoit obfervé ces *Tubiformes*, il y avoit plus de vingt ans, mais qui n'avoit pu alors les étudier, a découvert dans l'Automne de 1765 une de leurs manieres de *multiplier*, & je l'ai obfervée moi-même à fon Microfcope. Voici en abrégé, comment la chofe fe paffe.

On aperçoit d'abord le long du *Tubiforme*, un trait fort délié, qui semble le partager par le milieu suivant sa longueur. Ce trait se renforce de plus en plus ; il paroît plus profond, plus tranché ; enfin il paroît double. On reconnoît que cette apparence d'un double trait est produite par la *division* actuelle de deux *Moitiés* longitudinales du *Tubiforme*. On s'en assure en continuant d'observer : on voit les deux Moitiés tendre continuellement à se séparer l'une de l'autre. Tandis qu'elles sont encore parallèles ou appliquées l'une à l'autre, le *Tubiforme* paroît amplifié ; son diamètre est double ou à peu près, de celui d'un *Tubiforme* qui ne *multiplie* pas actuellement. Bientôt le parallélisme cesse ; les deux Moitiés commencent à s'écarter l'une de l'autre, tantôt par l'extrémité supérieure, tantôt par l'inférieure. La séparation s'accroît peu à peu, & le Tubiforme semble s'ouvrir comme un *Compas*. Lorsqu'il est entiérement ouvert, on voit deux *Tubiformes*, inclinés l'un à l'autre, comme les Jambes d'un *Compas*, & qui sont encore unis par une de leurs extrémités. Cette *Division* naturelle s'achève au bout de quelques heures.

Si l'on compare cette maniere de *multiplier* des *Tubiformes* avec celle des Polypes *à Bouquet*, (*) on leur trouvera de grands rapports. Mais la premiere differe de la seconde par une particularité essentielle : le Polype *à Bouquet* se contracte avant que de se partager ; & le *Tubiforme* ne paroît point du tout se contracter avant que de se diviser.

On comprend bien que chaque *Moitié* du *Tubiforme*, qui vient de se partager, & qui est devenue elle-même un *Tubiforme* parfait, peut se partager à son tour, & elle se partage en effet.

De ces *Divisions* naturelles & successives naissent des *Groupes* plus ou moins nombreux de *Tubiformes* : aussi ces Etres singuliers sont-ils fort multipliés dans les Eaux.

Parmi ces *Tubiformes* on en remarque de beaucoup plus courts les uns que les autres, ce qui porteroit à soupçonner, qu'ils *se divisent* encore *transversalement*.

(*) Consultez le Chap. xi, de la Partie viii de ma *Contemplation de la Nature*.

J'ajouterai que les *Groupes* qu'ils compofent, m'ont paru réveiller dans l'Efprit l'image de certaines *Concrétions* falines ou cryftallines.

※

Mr. Trembley m'a montré au Microfcope d'autres Etres aquatiques, dont la Figure imite extrêmement en petit celle du *Tænia*. J'ai diftingué affez nettement deux Efpeces de ces Etres : peut-être néanmoins ne font-ce là que de pures *variétés*. Quoi qu'il en foit, la premiere Efpece, qui m'a paru fort longue, alloit en s'effilant vers une de fes extrémités. J'y appercevois çà & là des traits tranfverfaux, affez efpacés, & qui ne reffembloient pas mal aux *Incifions* annulaires de cette Efpece de *Tænia*, que j'ai nommée *à anneaux longs*. (*) Je n'ai remarqué aucun mouvement dans cette forte

(*) *Differtation fur le Ver nommé en Latin* Tænia, *& en François* Solitaire, *où après avoir parlé d'un nouveau Secret pour l'expulfer des Inteftins dans lefquels il eft logé, qui a eu d'heureux fuccès, l'on donne quelques obfervations fur cet Infecte. Mémoires de Mathématique & de Phyfique, préfentés à l'Académie Royale des Sciences, par divers Savans, & lus dans fes Affemblées. Tome premier, Paris* 1750, *in*-4°. *pag*. 478. Dans la *Queftion* III de cette Differtation, j'ai indiqué les *Caracteres* qui

de *Tænia microscopique*. L'autre Espéce m'a paru fort courte, & beaucoup plus applatie. Les traits *transversaux* étoient si serrés, si rapprochés les uns des autres, qu'ils sembloient se confondre. Ces Etres n'avoient qu'une demi-transparence; & on juge bien qu'on ne découvroit point entre les traits transversaux cette sorte de travail, qui se fait beaucoup remarquer dans cette Espece de *Tænia*, dont j'ai donné la description. On pourroit conjecturer avec quelque vraisemblance, que le *Tænia microscopique* se multiplie en se divisant *transversalement* ou par Anneaux.

J'ai dit, en parlant des *Tubiformes*, qu'ils se partagent sans *se contracter*. Mr. TREMBLEY a observé un autre Etre *microscopique*, qui multiplie en se partageant de la même maniere. Il ressemble assez à la *Navette* d'un Tisserand. Il est porté sur un *Pédicule* comme les *Cloches* d'un Polype *à Bouquet*. Il se divise par

---

m'ont paru propres à distinguer deux *Especes* de *Tænia*. Un de ces Caracteres consiste dans la longueur respective des anneaux. J'ai donc nommé une des Especes, le *Tænia à anneaux longs*; l'autre, le *Tænia à anneaux courts*.

le milieu, suivant sa longueur; ensorte qu'après cette division naturelle, on voit deux *Navettes* sur un même Pédicule. Chaque *Navette* abandonne ensuite le Pédicule & va s'établir ailleurs.

Tous ces Etres *microscopiques* sont d'une petitesse qui ne nous permet guere que de nous assurer de leur existence, & qui nous laisse dans de profondes ténebres sur leur véritable nature. Nous ne sommes un peu fondés à les juger des *Animalcules*, que sur l'*analogie* de leur *multiplication* avec celle des plus grands Polypes *à Bouquet*.

A propos des Polypes *à Bouquet*, Mr. TREMBLEY m'en a fait voir au Microscope, qui m'ont paru d'une petitesse prodigieuse : on pourroit les comparer à un amas de très-petits Grains de *Crystal*. Ils en ont tout l'éclat.

Quelle foule de Merveilles ne recélent donc point une Mare ou un Ruisseau, & combien l'*Echelle* des Etres organisés est-elle étendue ! Combien nos Connoissances, sur le *Regne animal*, & en général, sur le *Systême organique*, font-elles imparfaites ! Je ne l'ai pas dit encore affez. (*) Combien eft-il utile que nous nous pénétrions fortement du fentiment de notre ignorance, pour être plus réfervés à prononcer fur les Voies de l'AUTEUR de la Nature ! Mon Lecteur me permettra de le renvoyer ici à ces *Confidérations philofophiques au fujet des Polypes*, qui occupent les trois derniers Chapitres de la Partie VIII de ma *Contemplation de la Nature*, & qui font, comme je l'ai dit, une efpece de *Logique* à l'ufage du Naturalifte.

※

QUAND on n'a pas obfervé foi-même la Nature, on fe livre facilement aux premieres Idées qui s'offrent à l'Efprit, fur certaines Productions qui paroiffent s'éloigner beaucoup de celles qu'on connoît le plus. C'eft ainfi qu'un Phyficien, qui n'auroit jamais vu de *Polypes* ni aucun de ces Etres *microfcopiques* dont je viens de parler, admettroit aifément que ces Etres font fimplement *irritables*. Cette Hypothefe lui plairoit même d'autant plus,

(*) Voyez fur-tout la Partie XII de cette *Palingénéfie*.

qu'elle lui paroîtroit plus commode. Mais si ce Physicien venoit une fois à observer ces différens Etres & tous ceux qui leur sont analogues ; s'il les étudioit long-temps ; s'il suivoit avec soin les Procédés & les mouvemens divers, par lesquels ils semblent pourvoir à leur conservation ; je doute qu'il hésitât beaucoup à les ranger parmi les *Animaux*. (*)

(*) Les *Animalcules des Infusions* sont bien propres à confirmer ceci. Il faut lire dans l'excellente *Dissertation* Italienne de Mr. l'Abbé SPALLANZANI sur ces *Animalcules*, publiée en 1765, ce qu'il raconte de leur Structure, de leurs Mouvemens, de leur *Instinct*. Il en a découvert de plusieurs *Especes*, toutes assez caractérisées. La plupart ont une Figure arrondie & applatie. Ils ont une sorte de *Bec* plus ou moins allongé. Ils sont transparens, & leur transparence permet de découvrir dans leur Intérieur un amas de très-petits Globules, qui dans quelques-uns, semblent arrangés avec Art. D'autres *Animalcules* ont des Figures fort allongées, & qui tiennent plus ou moins de celle d'un très-petit Ver. On apperçoit dans leur Intérieur une sorte de *Canal*, qu'on soupçonneroit analogue à l'*Estomac* & aux Intestins.

A l'égard de leurs *Mouvemens* & de leur *Instinct*, je ne saurois mieux faire, que de transcrire ici ce que l'habile Observateur en rapporte lui-même dans son second Chapitre.

„ Le propre de ces Animaux étoit de s'élancer avec
„ avidité sur les petites parcelles qui se détachent
„ lentement des Semences dans les Infusions. Mais
„ on remarque outre cela une particularité qui n'est
„ pas à négliger : c'est que ces Animaux savent se dé-

Je ne prononcerai point néanmoins sur la *nature* de ces Etres microscopiques, & sur celle de quantité d'autres Etres qui paroissent s'en rapprocher plus ou moins. Le terme très général d'*Etres* par lequel je les désigne, indique assez que je ne veux point décider de ce qu'ils sont ou ne sont pas. Mais j'avouerai que j'aurois plus de penchant à les regarder comme de véritables *Animaux*.

» tourner avec beaucoup d'adresse des obstacles qu'ils
» rencontrent, & même s'éviter entr'eux. J'en ai vu
» des centaines, renfermés dans le plus petit espace,
» se mouvoir à l'ordinaire, & ne jamais se heurter
» l'un l'autre en marchant. Souvent même il leur ar-
» rivoit de changer brusquement de direction, ou
» d'en prendre une diamétralement opposée à celle
» qu'ils avoient prise d'abord ; cependant je ne me
» suis jamais apperçu, du moins d'une manière sensi-
» ble, qu'ils ayent été donner de la Tête contre les
» Corps qui se trouvoient sur leur route. J'ai plié la
» petite Lame de Verre qui soutient la goutte d'Eau
» de l'Infusion, afin de faire descendre la Liqueur dans
» cette courbure, & je les ai vu alors descendre vers
» le fond, mais sans être plus gênés dans leurs mou-
» vemens que les Poissons qui nagent contre le courant
» de l'Eau.

» . . . . Lorsque la Liqueur est sur le point de s'é-
» vaporer entièrement, on a beaucoup de plaisir à voir
» ces petits Etres, & sur-tout les plus robustes d'en-
» tr'eux, se tourmenter, faire des culbutes sur la tête,
» s'agiter en rond, rallentir leur agitation par degrés,
» & enfin, se trouvant à sec, s'arrêter sur le champ,
» & expirer.

Nous ne saurions aſſigner le *Point* précis où finit l'*Echelle de l'Animalité*. Nous avons vu dans la Partie IV de cette *Palingéneſie*, qu'il n'eſt point du tout démontré que les *Plantes* ſoient abſolument *inſenſibles* : ſi elles ne l'étoient point en effet, l'*Echelle de l'Animalité* ſe prolongeroit fort au-delà du Point où nous préſumions qu'elle finiſſoit. La Nature eſt comme cette *Image*, que préſente le *Priſme* : tout y eſt nuancé à l'indéfini. « Nous tra-

Le judicieux Auteur conclut de la maniere qui ſuit.
» On devroit, je crois, conclure de toutes les Ob-
» ſervations que j'ai faites juſqu'ici, que les mouve-
» mens ordinaires de nos Animalcules aquatiques ne
» ſont point purement méchaniques, mais vraiment ré-
» guliers, produits par un principe intérieur & ſpon-
» tané, & qu'il faut placer ces Etres dans la Claſſe
» des Animaux vivans, non pas aſſurément d'une ma-
» niere impropre & figurée, mais en parlant rigoureu-
» ſement & dans le vrai.

» En effet, cette maniere de s'obſerver avec l'Œil,
» de becqueter doucement les parcelles des Végétaux
» diſperſés dans l'Infuſion, de ſe réunir lorſque le fluide
» ſe deſſeche, de s'attrouper dans les endroits où l'é-
» vaporation eſt plus lente, de paſſer du repos à un
» mouvement rapide, ſans y être déterminés par au-
» cune impulſion étrangere, de nager contre l'effort du
» courant, de ſavoir adroitement éviter les obſtacles
» & s'éviter eux-mêmes en marchant ; enfin, cette
» faculté de changer bruſquement de direction, & d'en
» prendre même une toute oppoſée, ſont autant de
» ſignes évidens & inconteſtables d'un tel principe.

» çons des Lignes fur cette Image, di-
» fois-je, en terminant mon *Parallele*
» *des Plantes & des Animaux*; (*) &
» nous appellons cela faire des *Genres*
» & des *Claſſes*. Nous n'appercevons que
» les teintes dominantes, & les nuances
» délicates nous échappent. Les *Plantes*
» & les *Animaux* ne font que des *Mo-*
» *difications* de la Matiere *organiſée*. Ils
» participent tous à une même *eſſence*,
» & l'Attribut *diſtinctif* nous eſt incon-
» nu. »

En effet, pour que nous puſſions aſſigner le *Point* précis où l'Echelle de l'*Animalité* expire, il faudroit que nous puſſions *prouver*, qu'il éxiſte une *Organiſation*, qui répugne *eſſentiellement* à toute *Union* avec une *Ame* ou un Principe *immatériel* & *ſentant*. Et pour que nous puſſions *prouver* cela, il faudroit que nous connuſſions à fond toutes les *Modifications* de la Subſtance *matérielle organique*, & toutes celles de la Subſtance *immatérielle ſentante*. Je ne dis pas aſſez;

(*) *Contemplation de la Nature*, Partie x. On trouvera dans les Chapitres XVI, XVII, de la Partie VIII, beaucoup d'autres Réflexions fur l'*Echelle de l'Animalité*, qu'on fera bien de relire.

il faudroit encore que nous connuſſions la nature *intime* des deux *Subſtances*.

Suppoſons qu'un habile Naturaliſte prétende avoir découvert un Caractere *diſtinctif* de la Plante & de l'Animal : ſuppoſons que ce *Caractere* eſt très-marqué : ne reſteroit-il pas toujours la plus grande incertitude ſur ſon *Univerſalité*. Ne faudroit-il pas que ce Naturaliſte eût fait le dénombrement le plus exact de toutes les Eſpeces de *Plantes* & de toutes les Eſpeces d'*Animaux*, pour qu'il pût être ſûr de la *réalité* de ce *Caractere ?* Et où ſeroit le Naturaliſte auſſi ſage qu'inſtruit, qui oſeroit ſe flatter de connoître toutes les *Eſpeces* des *Etres organiſés ?*

※

Nous ne ſavons pas mieux où finit l'*Organiſation*, que nous ne ſavons où finit l'*Animalité*. Nous ne connoiſſons point la *limite* qui ſépare l'Accroiſſement *par intuſſuſception* de l'Accroiſſement *par appoſition*. Mais nous entrevoyons aſſez, qu'une ſorte d'*appoſition* intervient dans le premier, puiſqu'il réſulte eſſentiellement de l'*application* ſucceſſive de Matieres étrangeres à un Fond *primor-*

dial. (*) Ces deux manieres de *croître* ont donc quelque chose de commun : elles ne sont donc pas fort éloignées l'une de l'autre. Le *Végétal* paroissoit bien aussi éloigné de l'*Animal*, lorsque le *Polype* est venu les rapprocher. Est-il impossible qu'on découvre un jour quelque Production qui rapprochera de même le *Végétal* du *Minéral*, l'*Intussusception* de l'*Apposition* ?

Je ne veux ni *organiser* tout ni *animaliser* tout : mais je ne veux pas qu'on s'imagine que ce qui ne paroît point organisé, n'est point du tout *organisé*, & que ce qui ne paroît point Animal, n'est point du tout *Animal*.

※

Si donc nous ne découvrons aucune raison philosophique be borner l'Echelle de l'*Animalité* à telle ou telle Production ; s'il est très-raisonnable de ne prétendre point renfermer la Nature dans l'étroite capacité de notre Cervelet ; s'il est aussi satisfaisant que raisonnable de penser que les Etres *Sentans* ont été le plus multipliés qu'il étoit possible ; nous préférerons

* Consultez ici la Partie XI de cette *Palingénésie.*

d'admettre,

d'admettre, que tous ces Etres *mouvans*, qui peuplent le Monde *microscopique* sont doués de Vie & de Sentiment. Et si nous admettons encore, au moins comme probable, que la MAIN ADORABLE qui les a formés, les destine à une beaucoup plus grande Perfection, le Tableau de l'*Animalité* s'embellira de plus en plus, & nous offrira la Perspective la plus ravissante, & la mieux proportionnée aux Idées sublimes que nous devons nous former de la SUPRÊME BIENFAISANCE.

Comment un Philosophe, dont le Cœur est aussi bien fait que l'Esprit, ne se plairoit-il point à considérer ces nombreuses Familles d'Animaux répandues dans toutes les Parties de notre Globe, comme autant d'*ordres* différens d'*Intelligences subalternes*, déguisées pour un temps sous des Formes très-différentes de celles qu'elles revêtiront un jour, & sous lesquelles elles déploieront ces admirables Facultés, dont elles ne nous donnent à présent que de foibles indices? Le moindre des Etres *microscopiques* devient ainsi à mes yeux un Etre presque respectable: ma Raison se plaît à percer cette Ecorce qui cache sa véritable nature, & à contempler dans cet Etre, si chétif en apparence, les libéralités infinies de l'ETRE DES ETRES.

※—※

LORSQU'ON étudie la *Nature* de l'Homme, on ne tarde pas à découvrir, que cet Etre si excellent à des *Rapports* de divers genres avec tous les Etres qui l'environnent.

De ces *Rapports*, comme d'une Source féconde, découle l'importante Théorie des *Lois Naturelles* de l'Homme.

Les *Lois Naturelles* sont donc les *Résultats* des *Rapports* que l'Homme soutient avec les divers Etres : (*) Définition plus philosophique que celles de la plupart des Jurisconsultes & des Moralistes.

L'Homme parvient par sa *Raison* à la *Connoissance* de ces *Rapports* divers. C'est en étudiant sa propre *Nature* & celle des Etres qui l'environnent, qu'il démêle les *liaisons* qu'il a avec ces Etres & que ces Etres ont avec lui.

(*) *Essai Analytique sur les Facultés de l'Ame*; §. 40, 272. Part. VIII de cette *Palingénésie*.

Cette *Connoissance* est celle qu'il lui importe le plus d'acquérir, parce que c'est uniquement sur elle que repose son véritable *Bonheur*.

Ce seroit la chose la plus contraire à la Nature, que l'Homme pût être *véritablement* heureux, en violant les *Lois* du Monde qu'il habite. C'est que ce sont ces *Lois* mêmes qui peuvent seules *conserver & perfectionner* son Etre.

L'Homme assujetti à ces *Lois* par son CRÉATEUR, aspireroit-il donc, en insensé, au privilege d'être *intempérant* impunément, & prétendroit-il changer les *Rapports* établis entre son *Estomac* & les *Alimens* nécessaires à sa conservation ?

Il y a donc dans la Nature un *Ordre préétabli*, dont la *Fin* est le plus grand Bonheur *possible* des Etres *sentians* & des Etres *intelligens*.

L'Etre *intelligent & moral* connoît cet *Ordre* & s'y conforme. Il le connoît d'autant mieux, qu'il est plus *intelligent*. Il s'y conforme avec d'autant plus d'exactitude, qu'il est plus *moral*.

La *Moralité* consiste donc essentiellement dans la *conformité* des Jugemens & des Actions de l'Homme avec l'*Ordre établi*, ou ce qui revient au même, avec l'*Etat des Choses*.

L'*Etat des Choses* est proprement leur *Nature particuliere* & leurs *Relations*.

L'Homme *moral* en usera donc à l'égard de chaqu'Etre, relativement à la *Nature* propre de cet Etre & à ses *Rapports*.

L'Homme choqueroit donc la *Moralité* s'il traitoit un Etre *sentant* comme un Etre *insensible*, un *Animal* comme un *Caillou*.

Le *Droit Naturel*, qui est le Systême des *Lois de la Nature*, s'étend donc à tous les *Etres* avec lesquels l'Homme a des *Rapports*.

Ce *Droit* embrasse donc dans sa Sphere, les Substances *inanimées*, comme les Substances *animées*. Il ne laisse aucune *Action* de l'Homme dans une *indétermination* proprement dite. Il les *régit* toutes. Il ne regle pas moins la *Conduite* de l'Homme à l'égard d'un *Atome brut* ou d'un Atome *vivant*, qu'à l'égard de son *Semblable*.

L'Homme *vraiment moral* tâchera donc de ne rien faire dont il ne puisse se rendre raison à lui-même. Toutes ses *Actions* seront plus ou moins *réfléchies*. Moins l'Homme est *intelligent* & *moral*, & plus il produit de ces *Actions*, qu'il lui plaît de nommer *indifférentes*.

Concevons donc, que plus un Etre *intelligent* est *parfait*, & moins il produit de ces *Actions*, qu'on peut nommer *indifférentes*. Il y a sans doute, quelque part dans l'Univers, des Etres *intelligens* si *parfaits*, je dirai si *réfléchis*, que leurs moindres *Actions* ont un *But* & le *meilleur* But.

<hr />

Voila une foible Esquisse d'un *Droit de la Nature*, qui n'est pas précisément celui qu'on a coutume d'enseigner dans les Ecoles: mais pourquoi rester au-dessous de son Sujet, & limiter l'Etre de l'Homme, dont la Sphere enveloppe la Nature entiere?

Si ce *Droit* lie l'Homme aux moindres *Substances*, comme à lui-même & à ses semblables, quelle multitude de *liaisons*

H iij

n'établit-il point entre l'Homme & son CRÉATEUR! Combien ces liaisons annoncent-elles l'excellence de l'Homme & sa suprême élévation sur tous les Animaux! « Enveloppés des plus épaisses té-
» nebres, les Animaux ignorent la MAIN
» QUI les a formés. Ils jouissent de l'*exis-*
» *tence*, & ne sauroient remonter à l'AU-
» TEUR de la Vie. L'Homme seul s'éle-
» ve à ce DIVIN PRINCIPE, & prosterné
» aux pieds du Trône de DIEU, il adore
» dans les Sentimens de la vénération la
» plus profonde & de la plus vive grati-
» tude, la BONTÉ INEFFABLE qui l'a
» créé. (*)

L'Homme enrichi de la Connoissance de la Nature (†) & de celle de son DIVIN AUTEUR, puisera dans ces Connoissances sublimes des Principes invariables de Conduite, qui dirigeront toutes ses Actions au But le plus raisonnable & le plus noble.

(*) *Contemplation de la Nature*: Part. IV, Chap. IX.
(†) Ce que je dis ici de la *Connoissance de la Nature*, n'est point opposé à ce que j'ai dit dans les Parties XII & XIII, de l'*Imperfection* & des *Bornes* de cette Connoissance. J'ai montré à la fin de la Partie XIII, que notre Connoissance est proportionnée à nos *vrais* Besoins, & j'ai indiqué quels sont ces Besoins. Parce que nous ignorons beaucoup, il ne s'ensuit pas que nous n'en sachions point assez pour être *heureux*, c'est-à-dire *vertueux*.

L'Homme, appellé par la prééminence de ſes facultés, à dominer ſur tous les Etres Terreſtres, ne violera point les *Lois fondamentales* de ſon Empire. Il reſpectera les Droits & les Privileges de chaque Etre. Il fera du bien à tous, quand il ne ſera forcé de faire du mal à aucun. Il ne ſera jamais *Tyran*; il ſera toujours *Monarque*.

Le Sceptre du Dominateur des Etres terreſtres ſera donc un Sceptre de juſtice & d'équité. Il exercera *en Monarque* ſon Droit de Vie & de Mort ſur les Animaux. Il ne les fera point ſouffrir ſans raiſon, & abrégera leurs ſouffrances, lorſqu'il ſera obligé de les immoler à ſes Beſoins, à ſa Sureté ou à ſon Inſtruction. Humain & bienfaiſant par Principes, autant que par Sentiment, il adoucira leur Servitude, modérera leur travail, ſoulagera leurs maux, & n'endurcira jamais ſon Cœur à la Voix touchante de la Compaſſion. Il ne regardera point comme une Action purement *indifférente* d'écraſer un *Moucheron*, qui ne lui fait & ne peut lui faire aucun mal. Comme il ſait, que ce Moucheron eſt un Etre *ſenſible* qui goûte, à ſa maniere, les douceurs de l'exiſtence; il ne le privera point de la Vie par plaifir, par caprice ou fans réflexion: il refpectera en lui la MAIN QUI l'a formé, & n'abufera point de fa fupériorité fur un Etre que fon fouffle pourroit détruire.

※ ·※

JE l'ai dit; l'Homme *intelligent* & *moral* fe conforme à la *Nature* & aux *Relations* des Etres. Il ne les confond point, quand il peut les diftinguer, & il s'applique à les diftinguer. Ainfi, dès que l'Expérience & le Raifonnement lui rendent probable, que tel ou tel Etre eft doué de *Sentiment*, il en agit à l'égard de cet Etre, conformément aux *Rapports* naturels que la *Senfibilité* met entre l'Homme & tous les Etres qui participent, comme lui, à cette noble Prérogative. Il eft *Homme*; tout ce qui refpire peut intéreffer fon Humanité. Il eft un Etre *moral*, les Jugemens de fa Raifon éclairée font pour lui des *Lois*, parce qu'ils font les Réfultats de la Connoiffance qu'il a de l'*Ordre* établi. Il eft ainfi à lui-même fa propre *Loi* : & quand il n'auroit point de SUPÉRIEUR, il n'en demeureroit pas moins foumis aux Lois de la Raifon.

Je le difois encore : l'Homme *moral* ne fe permet que le moins d'Actions *indiffé-*

rentes ou *machinales* qu'il est possible. Il agit le plus souvent en vue de quelque *Motif*, & ce Motif est toujours assorti à la noblesse de son Etre. La plupart de ses Actions sont *réfléchies*, parce qu'il les compare sans cesse aux *Lois* de l'*Ordre*. Il ne se fait point une récréation de détruire des *Etres organisés* ; il n'arrache pas une Feuille, un brin d'Herbe sans quelque Motif que sa Raison approuve. C'est ainsi apparemment qu'en usoit cet Etre si moral, l'estimable DES BILLETTES.
» Le Bien Public, l'*Ordre*, dit son illustre
» Historien, (*) toujours sacrifiés sans
» scrupule, & même violés par une mau-
» vaise gloire, étoient pour lui des ob-
» jets d'une passion vive & délicate. Il la
» portoit à tel point, & en même temps
» cette sorte de passion est si rare, qu'il

―――――――――――――――――――――

(*) FONTENELLE ; Eloge de Mr. DES BILLETTES. Je ne puis laisser échapper cette occasion, de payer à l'illustre Historiographe de l'Académie, le tribut de reconnoissance que je lui dois, & que j'aime à lui devoir. Ses excellens *Eloges* sont peut-être ce qui a le plus contribué à développer chez moi le goût des bonnes Choses, & à m'inspirer un désir vif de bien faire. C'est que les Exemples disent plus que les Préceptes, & qu'ils disent bien davantage encore quand ils sont présentés par un Peintre qui sait embellir & animer tout, mettre chaque Objet à sa place, & rendre avec art sa forme & ses couleurs. Ces *Eloges* inimitables ont été la lecture favorite de ma jeunesse, & ils sont encore celle de mon âge viril.

» est peut-être dangereux d'exposer au
» Public, que quand il passoit sur les
» Marches du Pont-Neuf, il en prenoit
» les bouts qui étoient moins usés, afin
» que le milieu qui l'est toujours davan-
» tage, ne devînt pas trop tôt un glacis. »
Un tel Homme ne se jouoit point, sans
doute, de la Vie de l'innocent Moucheron. Combien ne seroit-il pas à souhaiter,
ajouterai-je avec l'Historien, que l'*Ordre*
ou le Bien général fût toujours aimé avec
la même superstition !

Les Animaux sont des Livres admirables où le GRAND ETRE a rassemblé
les Traits les plus frappans de sa SOU-
VERAINE INTELLIGENCE. L'Anatomiste doit ouvrir ces Livres pour les étudier & connoître mieux sa propre Structure : mais s'il est doué de cette Sensibilité délicate & raisonnée qui caractérise
l'Homme *moral*, il ne s'imaginera point
en les feuilletant qu'il feuillete une *Ar-
doise*. Jamais il ne multipliera les Victimes
malheureuses de son Instruction, & ne pro-
longera leurs souffrances au-delà du But
le plus raisonnable de ses recherches. Jamais il n'oubliera un instant, que tout ce
qui est doué de Vie & de Sensibilité a droit
à sa commisération.

Je proposerai ici pour Modele à tous les Anatomistes, ce célebre Scrutateur de la Nature à la Sagacité & au Burin duquel nous devons le merveilleux *Traité Anatomique* de la *Chenille;* (*) Ouvrage immortel dont nous n'avions pas même soupçonné la possibilité, & que je regarde comme la plus belle preuve de Fait de l'Existence d'une PREMIERE CAUSE INTELLIGENTE. Avec quel plaisir & quel étonnement ne lit-on point ces mots à la page XIII de la Préface! « Comme je ne
» me suis proposé de publier qu'un simple
» Traité d'Anatomie, l'on ne doit pas
» s'attendre à trouver ici de grands dé-
» tails Physiologiques; cette partie, si
» pleine d'incertitudes, pour être exposée
» comme il faut, auroit exigé nombre
» d'Expériences, que la répugnance que
» j'ai à faire souffrir les Animaux, ne
» m'a pas permis de tenter; répugnance,
» qui est même allée si loin, que j'ai usé
» de la plus grande épargne par rapport
» à mes Sujets, & que je ne crois point
» que tout ce Traité ait coûté la vie à
» plus de huit ou neuf Chenilles. Encore
» ai-je eu toujours soin de les noyer dans
» de l'Eau avant que de les ouvrir ».

(*) Voyez l'Art. XIV du *Tableau des Considérations.*

Si GELON *stipuloit pour l'Humanité* (*) quand il interdisoit aux Carthaginois vaincus, les Sacrifices humains; LYONET *stipuloit pour l'Animalité* quand il traçoit ainsi les devoirs de l'Anatomiste, en se peignant si naïvement lui-même.

※

CETTE Qualité de l'Ame, que nous nommons la *Sensibilité*, est un des plus puissans Ressorts de l'Etre *Social*. C'est elle qui rend à la Société *universelle* les Services les plus prompts, les plus sûrs, les plus nécessaires. Elle devance la *Réflexion*, toujours un peu tardive, & supplée à propos à la lenteur de celle-ci.

L'Homme, de tous les Etres terrestres le plus *social*, a donc un grand intérêt à cultiver la *Sensibilité*, puisqu'elle fait partie de ce bel Assortiment de Qualités, qui constitue l'Etre *moral*. Mais il ne permettra point qu'elle dégénere en foiblesse & qu'elle dégrade son Etre.

L'Homme risqueroit de corrompre bientôt ses Mœurs, s'il se familiarisoit trop

---

MONTESQUIEU, *Esprit des Lois*.

avec les Souffrances & le Sang des Animaux. Cette Vérité morale est si saillante, qu'il seroit superflu de la développer : ceux qui sont chargés par état de diriger les Hommes, ne la perdront jamais de vue. Je regarderois l'Opinion de l'*Automatisme* des Bêtes, comme une sorte d'Hérésie philosophique, qui deviendroit dangereuse pour la Société, si tous ses Membres en étoient fortement imbus. Mais il n'est pas à craindre qu'une Opinion qui fait violence au Sentiment, & qui contredit sans cesse la Voix de la Nature, puisse être généralement adoptée. CELUI QUI a fait l'Homme pour dominer sur les Animaux, semble avoir voulu prévenir par cette Voix secrette l'abus énorme de sa Puissance, & avoir ménagé aux malheureux Sujets un accès au Cœur du Monarque, lorsqu'il est sur le point de devenir Despote.

Si mon Hypothese est vraie, la SOUVERAINE BONTÉ auroit beaucoup plus fait encore pour ces innocentes Victimes des Besoins toujours renaissans d'un Maître souvent dur & ingrat. ELLE leur auroit réservé les plus grands dédommagemens dans cet *Etat Futur*, dont la probabilité paroît accroître à mesure qu'on approfondit les Considérations philosophiques sur lesquelles elle repose, & que je me suis plu à exposer en détail dans cet Ecrit. La Bienveuillance universelle me l'a dicté, & je m'estimerois heureux, si j'avois réussi, au gré de mes désirs, à inspirer à tous mes Lecteurs cette Bienveuillance.

Le 9 Décembre 1768.

SEIZIEME PARTIE.

IDÉES
SUR
L'ÉTAT FUTUR
DE
L'HOMME.

PRINCIPES
PRÉLIMINAIRES.

LA NATURE DE L'HOMME.

SI les Animaux paroissent appellés à jouir dans un autre Etat d'une Perfection plus relevée, quelle ne doit pas être celle qui est réservée dans une autre Vie à cet Être, qui n'est *Animal* que par son Corps, & qui par son Intelligence touche aux NATURES SUPÉRIEURES!

L'Homme est un *Etre-mixte* : il résulte de l'Union de deux Substances. L'Espece *particuliere* de ces deux Substances, & si l'on veut encore, la *maniere* dont elles sont unies, constituent la *Nature* propre de cet Etre, qui a reçu le nom d'*Homme*, & le distinguent de tous les autres Etres.

Les *Modifications* qui surviennent aux deux Substances, par une suite des diverses circonstances où l'Etre se trouve placé, constituent le *Caractere* propre de chaque *Individu* de l'Humanité.

L'Homme a donc son *Essence*, comme tout ce qui est ou peut être. Il étoit de toute Eternité dans les Idées de l'ENTENDEMENT DIVIN, ce qu'il a été, lorsque la VOLONTÉ EFFICACE l'a appellé de l'état de simple *Possible* à l'*Etre*.

Les *Essences* sont *immuables*. Chaque Chose est ce qu'elle est. Si elle changeoit *essentiellement*, elle ne seroit plus cette Chose : elle seroit une autre Chose essentiellement différente.

L'EN-

L'ENTENDEMENT DIVIN est la Religion éternelle des *Essences*. DIEU ne peut changer SES IDÉES, parce qu'IL ne peut changer SA NATURE. Si les *Essences* dépendoient de SA VOLONTÉ, la même Chose pourroit être cette Chose, & n'être pas cette Chose.

Tout ce qui est ou qui pouvoit être existoit donc d'une maniere *déterminée* dans l'ENTENDEMENT DIVIN. L'Action par laquelle DIEU a *actualisé* les *Possibles* ne pouvoit rien changer aux *Déterminations essentielles* & *idéales* des *Possibles*.

Il existoit donc de toute éternité dans l'ENTENDEMENT DIVIN un *certain* Etre *Possible*, dont les *Déterminations essentielles* constituoient ce que nous nommons la *Nature humaine*.

Si, dans les IDÉES de DIEU, cet Etre étoit appellé à *durer* ; si son Existence se prolongeoit à l'infini au-delà du Tombeau ; ce seroit toujours *essentiellement* le même Etre qui *dureroit*, ou cet Etre seroit détruit, & un autre lui succéderoit : ce qui seroit contre la supposition.

Afin donc que ce soit l'*Homme*, & non un autre Etre qui *dure* ; il faut que l'Homme *conserve* sa *propre Nature*, & tout ce qui le différencie *essentiellement* des autres *Etres-mixtes*.

Mais l'*Essence* de l'Homme est susceptible d'un nombre indéfini de *Modifications* diverses, & aucune de ces Modifications ne peut changer l'*Essence*. NEWTON encore Enfant étoit *essentiellement* le même Etre, qui calcula depuis la route des Planetes.

De tous les Etres terrestres, l'*Homme* est incontestablement le plus *perfectible*. L'Hottentot paroît une Brute, NEWTON, un ANGE. L'Hottentot participe pourtant à la même *Essence* que NEWTON ; & placé dans d'autres circonstances, l'Hottentot auroit pu devenir lui-même un Newton.

Si la considération des ATTRIBUTS DIVINS, & en particulier de la BONTÉ SUPRÊME, fournit des raisons plausibles en faveur de la *Conservation* & du *Perfectionnement* futurs des *Animaux*, (*) combien ces raisons acquierent-elles

---

(*) Consultez les trois premieres Parties de cette *Palingénésie*. Voyez encore la Partie xv.

plus de force, quand on les applique à l'*Homme*, cet Etre *intelligent*, dont les Facultés éminentes sont déjà si développées ici-bas, & susceptibles d'un si grand accroissement; à l'*Homme* enfin, cet Etre *moral* qui a reçu des *Lois*, qui peut les connoître, les observer ou les violer! (*)

Non-seulement nous puisons dans la contemplation des ATTRIBUTS DIVINS de fortes présomptions en faveur de la *Permanence* & du *Perfectionnement* des *Animaux*; mais nous en puisons encore dans la *Nature* même de ces *Etres mixtes*. Nous voyons évidemment qu'ils sont très-*perfectibles*, & nous entrevoyons les Moyens *naturels* qui peuvent les conserver & les perfectionner. Combien est-il donc vraisemblable, que l'*Homme*, le plus perfectible de tous les Animaux, sera *conservé* & *perfectionné*!

⁂

MAIS, puisque cet Etre qui paroît si manifestement appelé à durer & à accroître en Perfection, est *essentiellement* un *Etre-mixte*, il faut que son *Ame* de-

(*) Consultez la Partie VIII de cette *Palingénésie*.

meure unie à un *Corps* : si cela n'étoit point, ce ne seroit pas un *Etre-mixte*, ce ne seroit pas l'*Homme* qui *dureroit* & qui seroit *perfectionné*. La *Permanence* de l'*Ame* ne seroit pas la *Permanence* de l'Homme : l'Ame n'est pas *tout* l'Homme ; le Corps ne l'est pas non plus : l'*Homme* résulte essentiellement de l'*Union* d'une *certaine* Ame à un *certain* Corps.

L'Homme seroit-il *décomposé* à la *Mort*, pour être *recomposé* ensuite ? L'*Ame* se sépareroit-elle entiérement du Corps, pour être ensuite unie à un autre Corps ? Comment concilieroit-on cette Opinion commune avec le Dogme si philosophique & si sublime, qui suppose que la VOLONTÉ EFFICACE a *créé* tout & *conserve* tout par un Acte *unique ?* (*)

Si les Observations les plus sûres & les mieux faites, concourent à établir, que cette VOLONTÉ ADORABLE a *préformé* les Etres organisés ; si nous découvrons à l'Œil une *Préformation* dans plusieurs Espèces ; (†) n'est-il pas probable que l'*Homme* a été *préformé* de

---

(*) Consultez la Partie VI de cette *Palingénésie*.
(†) *Corps Organisés* ; Titre I, Chap. IX, X, XII.

maniere que la *Mort* ne détruit point son *Etre*, & que son *Ame* ne cesse point d'être *unie* à un *Corps organisé*?

Comment admettre en bonne Métaphysique, des Actes *successifs* dans la VOLONTÉ IMMUABLE? Comment supposer que cette VOLONTÉ QUI a pu *préordonner* tout par un *seul Acte*, intervient sans cesse & *immédiatement* dans l'Espace & dans le Temps? Crée-t-ELLE d'abord la *Chenille*, puis la *Chrysalide*, ensuite le *Papillon*? Crée-t-ELLE à chaque instant de nouveaux *Germes*? Infuse-t-ELLE à chaque instant de nouvelles *Ames* dans ces *Germes*? En un mot, la grande Machine du Monde ne va-t-elle qu'au Doigt & à l'Œil?

Si un Artiste nous paroît d'autant plus *intelligent*, qu'il a su faire une *Machine* qui se conserve & se meut plus longtemps par elle-même ou par les seules forces de sa Méchanique, pourquoi referions-nous à l'Ouvrage du SUPRÊME

Contemplation, Partie VII, Chap. VIII, IX, X, XI, XII, Partie IX, Chapitres I, II, VI, VII, X, XI, XII, XIV. Consultez encore les Parties X & XI de cette *Palingénésie*.

ARTISTE une prérogative qui annonceroit si hautement & SA PUISSANCE & SON INTELLIGENCE INFINIES ?

Combien est-il évident, que l'AUTEUR de l'Univers a pu exécuter un peu en grand pour l'*Homme*, ce qu'IL a exécuté si en petit pour le *Papillon* & pour une multitude d'autres Etres organisés, qu'IL a jugé à propos de faire passer par une suite de Métamorphoses *apparentes*, qui devoient les conduire à leur Etat de Perfection *terrestre* ?

Combien est-il manifeste que la SOUVERAINE PUISSANCE a pu *unir* dès le commencement l'*Ame humaine* à une Machine invisible, & indestructible par les Causes secondes, & *unir* cette *Machine* à ce *Corps grossier*, sur lequel seul la *Mort* exerce son Empire !

Si on ne peut refuser raisonnablement de reconnoître la *possibilité* d'une telle *Préordination*, je ne verrois pas pourquoi on préféreroit d'admettre que DIEU intervient *immédiatement* dans le temps qu'IL crée un nouveau Corps organisé, pour remplacer celui que la *Mort* détruit, &

conserver ainsi à l'*Homme* sa Nature d'*Etre-mixte*.

Il ne suffiroit pas même que DIEU créât un nouveau Corps ; il faudroit encore que le nouveau *Cerveau* qu'IL créeroit contînt les *mêmes Déterminations* qui constituoient dans l'ancien le *Siege* de la *Personnalité* ; autrement ce ne seroit plus le *même* Etre qui seroit *conservé* ou *restitué*.

La *Personnalité* tient essentiellement à la *Mémoire* : celle-ci tient au *Cerveau* ou à certaines *Déterminations* que les *Fibres sensibles* contractent, & qu'elles conservent. Je crois l'avoir assez prouvé dans mon *Essai Analytique*, (*) & dans l'*Analyse abrégée* (†) de l'Ouvrage. Qu'on prenne la peine de réfléchir un peu sur ces Preuves, & je me persuade qu'on les trouvera solides. On peut même se borner à relire le peu que j'ai dit là-dessus dans la Partie 11 de cette *Palingénésie*, page 189. Je dois être dispensé de reproduire sans cesse les mêmes Preuves ;

(*) Chapitre VII, §. 57. Chapitre XXII, §. 625, 626, 627 & suivans.

(†) Articles IX, X, XI, XV, XVI, XVII, XVIII.

je puis supposer que mes Lecteurs ne les ont pas totalement oubliées.

Puis donc que la *Mémoire* tient au *Cerveau*, & que sans elle il n'y auroit point pour l'Homme de *Personnalité*, il est très-évident, qu'afin que l'Homme conserve sa propre *Personnalité* ou le *Souvenir* de ses *Etats passés*, il faut, comme je le disois dans mon *Essai Analytique*, §. 730, qu'il intervienne l'un ou l'autre de ces trois *Moyens* :

« ou une Action *immédiate* de DIEU
» sur l'*Ame* ; je veux dire, une *Révéla-*
» *tion intérieure* :

» ou la *Création* d'un nouveau Corps,
» dont le *Cerveau* contiendroit des *Fibres*
» propres à retracer à l'*Ame* le *Souvenir*
» dont il s'agit :

» ou une telle *Préordination*, que le
» Cerveau *actuel* en contînt un autre,
» sur lequel le premier fît des impressions
» durables, & qui fût destiné à se déve-
» lopper dans une autre vie.

Je laisse au Lecteur philosophe à choisir

entre ces trois *Moyens* : je m'assure, qu'il n'hésitera pas à préférer le dernier, parce qu'il lui paroîtra plus conforme à la marche de la Nature, qui prépare de loin toutes ses Productions, & les amene par un *Développement* plus ou moins accéléré à leur Etat de *Perfection*.

※

L'Ame *humaine*, *unie* à un Corps *organisé*, devoit recevoir par l'*intervention* ou à l'*occasion* de ce *Corps*, une multitude d'*Impressions* diverses. Elle devoit surtout être avertie par quelque Sentiment intérieur, de ce qui se passeroit dans différentes Parties de son Corps : comment auroit-elle pu autrement pourvoir à la conservation de celui-ci ?

Il falloit donc qu'il y eût dans les différentes Parties du Corps, des *Organes* très-déliés & très-*sensibles*, qui allassent rayonner dans le *Cerveau*, où l'Ame devoit être *présente* à sa *maniere*, & qui l'avertissent de ce qui surviendroit à la Partie à laquelle ils appartiendroient.

Les *Nerfs* sont ces Organes : on connoît leur délicatesse & leur sensibilité. On sait qu'ils tirent leur *Origine* du *Cerveau*.

Il y a donc quelque part dans le *Cerveau* un Organe *universel*, qui réunit en quelque sorte toutes les *Impressions* des différentes Parties du Corps, & par le ministere duquel l'Ame *agit* ou *paroît* agir sur différentes Parties du Corps.

Cet Organe *universel* est donc proprement le *Siege de l'Ame*.

Il est indifférent au Sujet qui nous occupe, que le *Siege* de l'Ame soit dans le *Corps calleux*, dans la *Moëlle allongée* ou dans toute autre Partie du *Cerveau*. Je le faisois remarquer dans l'*Essai Analytique*, (*) & dans la *Contemplation de la Nature*. (**) J'y ai insisté encore dans l'Ecrit *sur le Rappel des Idées par les Mots*: (†) j'ai dit dans cet *Ecrit* : « Quoi qu'il
» en soit de cette Question sur le *Siege*

(*) §. 29.
(**) Partie IV, Chapitre XIII, dans la *Note*.
(†) Voyez dans ces *Opuscules* l'Ecrit intitulé : *Essai d'Application des Principes Psychologiques de l'Auteur*, & lisez depuis la page 129, jusqu'à la page 133.

» *de l'Ame :* il est bien évident que tout
» le Cerveau n'est pas plus le Siege du
» *Sentiment*, que tout l'Œil n'est le Siege
» de la Vision..... Il importe fort peu à
» mes Principes, de déterminer précisé-
» ment quelle est la Partie du Cerveau
» qui constitue proprement le *Siege de*
» *l'Ame*. Il suffit d'admettre avec moi
» qu'il est dans le Cerveau un lieu où
» l'Ame reçoit les impressions de tous les
» *Sens*, & où elle déploie son Activité.

Quelle que soit donc la Partie du Cerveau que l'Anatomie envisage comme le *Siege* de l'Ame, il demeurera toujours très-probable que cette Partie qu'on peut voir & toucher, n'est que l'Extérieur, l'Ecorce ou l'*Enveloppe* du *véritable Siege* de l'Ame. Les dernieres *Extrémités* des *Filets nerveux*, la maniere dont ces *Filets* sont disposés, & dont ils agissent dans cet *Organe universel*, ne sont pas des Choses qui puissent tomber sous les Sens de l'Anatomiste, & devenir l'Objet de ses Observations ou de ses Expériences.

Ainsi, cette Partie du Cerveau que l'Anatomie regarde comme le *Siege* de l'Ame, elle ne la connoît à peu près point, & il n'y a pas la moindre apparence qu'elle la connoiffe jamais ici-bas. C'eſt cette *Partie*, qui pourroit renfermer le *Germe* de ce nouveau Corps, deſtiné dès l'Origine des Choſes, à perfectionner toutes les Facultés de l'*Homme* dans une autre Vie. C'eſt ce *Germe*, enveloppé dans des Tégumens périſſables, qui ſeroit le *véritable Siege* de l'Ame humaine, & qui conſtitueroit proprement ce qu'on peut nommer la *Perſonne* de l'Homme. Ce Corps groſſier & terreſtre que nous voyons & que nous palpons, n'en ſeroit que l'Etui, l'*Enveloppe* ou la Dépouille.

Ce *Germe*, préformé pour un *Etat Futur*, ſeroit *impériſſable* ou indeſtructible par les *Cauſes* qui operent la diſſolution du Corps *terreſtre*. Par combien de *Moyens* divers & *naturels*, l'AUTEUR de l'*Homme* n'a-t-IL pas pu rendre *impériſſable* ce *Germe* de Vie ? N'entrevoyons-nous pas aſſez clairement, que la *Matiere* dont ce *Germe* a pu être formé, & l'*Art* infini avec lequel elle a pu être *organiſée*, ſont des Cauſes *naturelles* & *ſuffiſantes* de conſervation ?

La célérité prodigieuſe des Penſées & des Mouvemens de l'*Ame*; la célérité des Mouvemens correſpondans des Organes

& des Membres, paroissent indiquer que l'Instrument *immédiat* de la Pensée & de l'Action, est composé d'une *Matiere*, dont la subtilité & la mobilité égalent tout ce que nous connoissons ou que nous concevons de plus subtil & de plus actif dans la Nature.

Nous ne connoissons ou nous ne concevons rien de plus subtil ni de plus actif que l'*Ether*, le *Feu élémentaire* ou la *Lumiere*. Etoit-il impossible à l'AUTEUR de l'*Homme*, de construire une Machine *organique* avec les *Elémens* de l'*Ether* ou de la *Lumiere*, & d'*unir* pour toujours à cette *Machine* une *Ame humaine*? Assurément aucun Philosophe ne sauroit disconvenir de la *possibilité* de la Chose : sa probabilité repose principalement, comme je viens de le dire, sur la *célérité* prodigieuse des *Opérations* de l'*Ame*, & sur celle des *Mouvemens* correspondans du *Corps*.

Les Impressions des Objets se propagent en un instant indivisible des Extrémités du Corps au Cerveau par le ministere des *Nerfs*. On a cru pendant long-temps, que les *Nerfs vibroient* comme les *Cordes* d'un Instrument de Musique,

& on expliquoit par ces *Vibrations* la propagation inſtantanée des Impreſſions. Mais l'aptitude à *vibrer* ſuppoſe l'*Elaſticité*, & on a reconnu que les *Nerfs* ne ſont point *élaſtiques*. Il y a plus ; il eſt prouvé, que tous les Corps *organiſés* ſont *gélatineux* avant que d'être ſolides : les Arbres les plus durs, les Os les plus pierreux, n'ont été d'abord qu'un peu de *gelée* épaiſſie : on conçoit même un temps où ils pouvoient être preſque *fluides*. Quantité d'Animaux reſtent purement *gélatineux* pendant toute leur Vie : les *Polypes* de différentes Claſſes en ſont des exemples, & tous ces *Polypes* ſont d'une *Senſibilité* exquiſe. Comment admettre des *Cordes élaſtiques* dans des Animaux ſi mols ?

Puis donc que les *Nerfs* ne ſont point *élaſtiques*, & qu'il eſt des Animaux qui ſont toujours d'une molleſſe extrême, il faut que la propagation *inſtantanée* des Impreſſions s'opere par l'intervention d'un *Fluide* extrêmement ſubtil & actif, qui réſide dans les *Nerfs*, & qui concoure avec eux à la production de tous les Phénomenes de la *Senſibilité* & de l'*Activité* de l'Animal.

C'est ce *Fluide* qui a reçu le nom de *Fluide nerveux*, ou d'*Esprits-animaux*, & que le Cerveau est-destiné à séparer de la Masse des Humeurs.

Je le disois d'après mon Illustre Ami le PLINE (*) de la Suisse : « Le Cerveau
» du *Poulet* n'est le huitieme jour qu'une
» Eau transparente, & sans doute orga-
» nisée. Cependant le Fœtus gouverne
» déjà ses Membres ; preuve nouvelle
» & bien sensible de l'existence des *Es-*
» *prits-animaux ;* car comment supposer
» des Cordes élastiques dans une Eau
» transparente ?

Divers *Phénomenes* de l'Homme & des Animaux ont paru indiquer que les *Esprits-animaux* avoient quelque analogie avec le *Fluide électrique* ou la *Lumiere* : c'est au moins l'Opinion d'habiles Physiciens. Ils ont cru appercevoir dans l'Homme & dans plusieurs Animaux des particularités remarquables, qu'ils ont regardées comme des signes non équivoques de l'*Analogie* des *Esprits-animaux* avec la Matiere *électrique*.

(*) M. de HALLER, *Considérations sur les Corps Organisés*, Article 143.

Je n'entrerai pas dans cette Discussion ; elle seroit assez inutile, & me conduiroit trop loin. Il doit me suffire d'avoir indiqué les raisons principales, qui rendent très-probables l'existence, la subtilité & l'énergie des *Esprits-animaux*. Ce sont ces *Esprits* qui établissent un Commerce continuel & réciproque entre le *Siege* de l'Ame & les différentes Parties du Corps.

Les *Nerfs* eux-mêmes interviennent sans doute dans ce *Commerce*. Nous ne savons point comment ils se terminent dans le *Cerveau*. Nous ne connoissons point comment sont faites leurs extrémités les plus *ténues* : la Matiere dont elles sont formées pourroit être d'une subtilité dont nous n'avons point d'Idées, & proportionnée à celle de cette Matiere dont je suppose que le *véritable Siege* de l'Ame est composé.

✦

Quoi qu'il en soit, il demeure toujours certain, que nous n'avons des Idées *sensibles* que par l'intervention des *Sens*, & que la *Faculté* qui *conserve* ces *Idées* & qui les *retrace* à l'Ame, tient essentiellement

lement à l'*Organifation* du Cerveau ; puifque lorfque cette Organifation s'altere, ces Idées ne fe retracent plus, ou ne fe retracent qu'imparfaitement.

Si donc l'*Homme* doit conferver fa *Perfonnalité* dans un autre *Etat* ; fi cette *Perfonnalité* dépend effentiellement de la *Mémoire* ; fi celle-ci ne dépend pas moins des *Déterminations* que les *Objets* impriment aux Fibres *fenfibles*, & qu'elles retiennent ; il faut que les *Fibres* qui compofent le *véritable Siege* de l'Ame participent à ces *Déterminations*, qu'elles y foient *durables*, & qu'elles lient l'*Etat futur* de l'Homme à fon *Etat paffé*.

Si l'on n'admet pas cette Suppofition philofophique, il faudra admettre, comme je le remarquois, que DIEU *créera* un *nouveau Corps* pour conferver à l'Homme fa propre *Perfonnalité*, ou qu'il fe *révélera* immédiatement à l'*Ame*. Je renvoie ici à ce que je difois de mon *Hypothefe*, pag. 302 & 303 de ces *Opufcules.*

※

TELS font très en raccourci les Principes & les Conjectures que la Raifon peut fournir fur l'*Etat futur* de l'Homme, &

sur la *liaison* de cet Etat avec celui qui le précede. Mais ce ne sont là encore que de simples probabilités, ou tout au plus de grandes vraisemblances : peut-on présumer qu'un jour la Raison poussera beaucoup plus loin, & qu'elle parviendra enfin par ses seules Forces à s'assurer de la *Certitude* de cet *Etat Futur*, réservé au premier des Etres Terrestres ?

Nous avons deux *Manieres naturelles* de connoître ; l'*intuitive* & la *réfléchie*.

La Connoissance *intuitive* est celle que nous acquérons par les *Sens*, (*) & par les divers *Instrumens* qui suppléent à la foiblesse de nos Sens.

La Connoissance *réfléchie* est celle que nous acquérons par les *comparaisons* que nous formons entre nos Idées *sensibles*, & par les *Résultats* que nous déduisons de ces comparaisons. (†)

Pour que notre Connoissance *intuitive* pût nous conduire à la *Certitude* sur cet *Etat Futur* réservé à l'Homme, il faudroit que nos *Sens* ou nos *Instrumens* nous

---

(*) *Essai Analytique sur l'ame*, Chap. XIV.
(†) *Ibid.* Chap. XV & XVI.

démontrassent dans le *Cerveau* une *Préorganisation* manifestement & directement *relative* à cet *Etat* : il faudroit que nous pussions contempler dans le *Cerveau* de l'Homme le *Germe* d'un nouveau Corps, comme le Naturaliste contemple dans la Chenille le *Germe* du Papillon.

Mais si ce *Germe* du Corps *Futur* existe déjà dans le Corps *visible* ; si ce *Germe* est destiné à soustraire la *véritable Personne* de l'Homme à l'action des Causes qui en détruisent l'*Enveloppe* ou le *Masque* ; il est bien évident que ce *Germe* doit être formé d'une Matiere prodigieusement déliée, & telle à peu près que celle de l'*Ether* ou de la *Lumiere*.

Or est-il le moins du monde probable que nos Instrumens seront un jour assez perfectionnés pour mettre sous nos yeux un Corps organisé formé des *Elémens* de l'*Ether* ou de ceux de la *Lumiere* ? Je prie mon Lecteur de se rappeller ici ce que j'ai exposé sur l'*Imperfection & les Bornes naturelles de nos Connoissances*, dans les Parties XII & XIII de cette *Palingénésie*.

Notre Connoissance *réfléchie* dérive

essentiellement de notre Connoissance *intuitive* : c'est toujours sur des Idées purement *sensibles* que notre Esprit opere lorsqu'il s'éleve aux *Notions* les plus *abstraites*. Je l'ai montré très en détail dans les Chapitres XV & XVI de mon *Essai Analytique*. Si donc notre Connoissance *intuitive* ne peut nous conduire à la *Certitude* sur l'*État Futur* de l'Homme ; comment notre Connoissance *réfléchie* nous y conduiroit-elle ? La Raison tireroit-elle une *Conclusion certaine* de *Prémisses probables* ?

※

Si nous faisons abstraction du Corps, pour nous en tenir à l'*Ame* seule, la Chose n'en demeurera pas moins évidente : une Substance *simple* pourroit-elle jamais devenir l'*Objet immédiat* de notre Connoissance *intuitive* ? L'*Ame* peut-elle *se voir* & *se palper* elle-même ? Le Sentiment *intime* qu'elle a de son *Moi*, n'est pas une Connoissance *intuitive* ou *directe* qu'elle ait d'elle-même ou de son *Moi* : elle n'acquiert la *Conscience métaphysique* ou l'*Apperception* de son Etre, que par ce retour qu'elle fait sur elle-même lorsqu'elle éprouve quelque Perception, &

c'est ainsi qu'elle fait qu'elle *existe*. Je le disois art 1. de mon *Analyse abrégée* :
« Comment acquérons-nous le sentiment
» de notre propre existence ? N'est-ce
» pas en réfléchissant sur nos propres Sen-
» sations ? Ou du moins nos premieres
» Sensations ne sont-elles pas liées essen-
» tiellement à ce Sentiment qu'a toujours
» notre Ame, que c'est elle qui les éprou-
» ve, & ce Sentiment est-il autre chose
» que celui de son Existence ?

Notre Connoissance *réfléchie* nous démontre très-bien, qu'une Substance *simple* ne peut périr comme une Substance *composée*, ou plutôt elle nous démontre, que ce que nous nommons *Substance composée*, n'est point une vraie *Substance*, & qu'il n'y a de vraies Substances que les Etres *simples* dont les *Composés* sont formés. (*) Mais notre Connoissance *réfléchie* peut-elle nous démontrer rigoureusement que l'*Ame* ne périsse point à la *Mort*, ou qu'il n'y ait point pour l'*Ame* une maniere de cesser d'être ou de sentir, qui lui soit propre ? Une pareille démonstration n'exigeroit-elle pas une Connoissance *parfaite* de la Nature *intime* de l'Ame & de ses *Rapports* à l'*Union* ?

(*) Consultez ici la Partie XIII de cet Ecrit.

Notre Connoissance *réfléchie* nous montre très-clairement, que l'exercice & le développement de toutes les Facultés de l'*Ame humaine* dépendent plus ou moins de l'*Organisation*, (*) & cette Vérité *psychologique* est encore, à divers égards, du ressort de notre Connoissance *intuitive* : car nos Sens & nos Instrumens nous découvrent beaucoup de Choses purement *physiques*, qui ont une grande influence sur les *Opérations* de l'Ame.

Nous ne savons point du tout ce que l'Ame humaine est *en soi*, ou ce qu'elle est en qualité d'*Esprit pur*. Nous ne la connoissons un peu que par les principaux *Effets* de son *Union* avec le Corps. C'est plutôt l'*Homme* que nous observons, que l'*Ame humaine*. Mais nous déduisons légitimement de l'Observation des *Phénomenes* de l'Homme, l'existence de la Substance *spirituelle* qui concourt avec la Substance *matérielle* à la production de ces Phénomenes. (†)

(*) *Essai Analytique*, Chap. IV, V, XIV, XV, XVI, &c. &c. *Analyse abrégée*, IV, V, VI, VII, VIII, IX, XI, XV, XVI, XVII, XVIII.
 (†) *Essai Analytique sur l'Ame*; Préface, pages XIII,

Ainsi, l'Ame humaine est, en quelque sorte, un *Etre relatif* à un autre *Etre* auquel elle devoit être *unie*. Cette *Union*, incompréhensible pour nous, a ses *Lois*, & n'est point *arbitraire*. Si ces *Lois* n'avoient pas eu leur *fondement* dans la *Nature* des deux *Substances*, comment la SOUVERAINE LIBERTÉ auroit-ELLE pu intervenir dans la Création de l'*Homme*? Je prie mon Lecteur de lire & de méditer le Paragraphe 119 de mon *Essai Analytique*.

Notre Connoissance *intuitive* & notre Connoissance *réfléchie* ne peuvent donc nous fournir aucune Preuve démonstrative de la *Certitude* d'un *Etat Futur* réservé à l'Homme. Je parle de Preuves tirées de la *Nature* même de cet Etre. Mais la Raison qui fait apprécier les vraisemblances, en trouve ici, qu'elle juge d'une grande force, & sur lesquelles elle aime à insister.

Si la Raison essayoit de déduire de la considération des PERFECTIONS de DIEU, & en particulier de SA JUSTICE

XIV & suivantes. §. 2, 9. *Analyse abrégée*; IV, XVIII, XIX. Voyez encore la Part. XIV de cette *Palingénésie*.

& de sa BONTÉ, des Conséquences en faveur d'un *État Futur* de l'Homme ; je dis, que ces Conséquences ne seroient encore que *probables*. C'est que la Raison ne peut embrasser le *Systême entier* de l'Univers, & qu'il seroit *possible* que ce *Systême* renfermât des Choses qui s'opposassent à la *Permanence* de l'Homme. C'est encore que la Raison ne peut être *parfaitement* sure de connoître *exactement* ce que la JUSTICE & la BONTÉ font dans l'ÊTRE SUPRÊME.

Je ne développerai pas actuellement ces Propositions : ceux qui ont réfléchi mûrement sur cet important Sujet, & qui savent juger de ce que la Lumiere *naturelle* peut ou ne peut pas, me comprennent assez, & c'est à eux seuls que je m'adresse.

※

ON se tromperoit néanmoins beaucoup, & on me feroit le plus grand tort, si l'on pensoit, que j'ai dessein d'affoiblir ici les Preuves que la Raison nous donne de l'existence d'une autre Vie. Je veux simplement faire sentir fortement, que ces Preuves, quoique très-forte, ne fauroient nous conduire dans cette Matiere, à ce qu'on nomme en bonne Logique, la *Certitude morale*. Qui est plus disposé que je le suis à saisir & à faire valoir ces belles Preuves, moi qui ai osé en employer quelques-unes pour essayer de montrer qu'il n'est pas improbable, que les *Animaux* mêmes soient appellés à une autre Economie!

Je dirai plus; ces présomptions en faveur d'une Economie Future des Animaux, rendent plus frappantes encore les Preuves que la Raison nous donne d'un *Etat Futur* de l'Homme. Si le Plan de la SAGESSE DIVINE embrasse jusqu'à la Restitution & au Perfectionnement futurs du *Vermisseau*, & peut-être encore jusqu'à celui du *Lychen*; (*) que ne doit-il point renfermer pour cet Etre qui domine avec tant de supériorité & de grandeur sur tous les Animaux!

Supposons qu'il nous fût permis de voir jusqu'au fond dans la Tête d'un *Animal*, & d'y démêler nettement les Elémens de ce *nouveau Corps* dont nous concevons si clairement la *possibilité*: supposons que

(*) Voyez la Part. IV de cet Ecrit.

nous découvrissions distinctement dans ce *nouveau Corps* bien des Choses qui ne nous parussent point du tout *relatives* à l'*Economie Préfente* de l'Animal ni à l'*Etat Préfent* de notre Globe ; ne serions-nous pas très-fondés à en déduire la *Certitude* ou au moins la très-grande Probabilité d'un *Etat Futur* de l'Animal ? & ce grand accroissement de Probabilité à l'égard de l'*Animal*, n'en feroit-il pas un plus confidérable encore en faveur de l'*Etat Futur* de l'*Homme* ?

Nous aurions donc ou à peu près cette *Certitude morale* qui nous manque, & que nous défirons ; si notre Connoissance *intuitive* pouvoit percer le fond de l'*Organisation* de notre Etre, & nous manifester clairement ses *Rapports* divers à un *Etat Futur*. Mais n'est-il pas évident, que dans l'Etat préfent des Choses, notre Connoissance *intuitive* ne sauroit pénétrer jusques-là ? Afin donc que notre maniere *naturelle* de connoître *par intuition* pût nous dévoiler ce grand Myftere, il feroit nécessaire que nous acquissions de nouveaux *Organes* ou de nouvelles *Facultés*. Et si notre Connoissance *intuitive* changeoit à un tel point, nous ne serions plus précisément ces *mêmes Hommes* que DIEU a voulu placer fur la Terre; nous ferions des Etres fort fupérieurs, & nous ceſſerions d'être *en rapport* avec l'Etat *actuel* de notre Globe. Je fuis encore obligé de renvoyer ici à ce que j'ai dit des *Bornes naturelles de nos Connoiſſances* dans la Partie XIII de cette *Palingénéſie*.

L'AUTEUR de notre Etre ne pouvoit-IL donc nous donner cette *Certitude morale*, le grand Objet de nos plus chers défirs, fans changer notre Conſtitution *préſente?* La SUPRÊME SAGESSE auroit-ELLE manqué de *Moyens* pour nous apprendre ce que nous avons tant d'intérêt à favoir, & à favoir avec Certitude? Je conçois facilement, qu'ELLE a pu laiſſer ignorer aux *Animaux* leur *Deſtination Future*: ils n'auroient plus été des *Animaux*, s'ils avoient connu ou fimplement foupçonné cette *Deſtination*: ils auroient été des Etres d'un Ordre plus relevé, & le Plan de la SAGESSE exigeoit qu'il y eût fur la Terre des Etres vivans, qui fuſſent bornés aux pures Senfations, & qui ne puſſent s'élever aux *Notions abſtraites*.

Mais l'*Homme*, cet Etre *intelligent* & *moral*, étoit fait pour porter fes regards au-delà du Temps, pour s'élever jusqu'à l'ETRE DES ETRES & y puiser les plus hautes espérances. La SAGESSE ne pouvoit-ELLE SE prêter aux efforts & aux désirs les plus nobles de la Raison humaine, & suppléer par quelque *Moyen* à la foiblesse de ses Lumieres? Ne pouvoit-ELLE faire tomber sur l'Homme mortel un Rayon de cette LUMIERE CELESTE qui éclaire les INTELLIGENCES SUPÉRIEURES?

Cette belle Recherche, la plus importante de toutes celles qui peuvent occuper un Philosophe, sera l'Objet de la Partie suivante.

Le 27 de Décembre 1768.

DIX-SEPTIEME PARTIE.

SUITE DES IDÉES
SUR
L'ÉTAT FUTUR
DE L'HOMME.

ESQUISSE
DES
RECHERCHES PHILOSOPHIQUES
DE L'AUTEUR
SUR LA RÉVÉLATION.
LES MIRACLES.

IL me semble que j'ai assez prouvé dans la Partie précédente, que notre Connoissance *naturelle* ne sauroit nous conduire à la *Certitude morale* sur l'*Etat Futur* de l'Homme. C'est toujours en vertu du *Rapport* ou de la Proportion d'un Objet avec nos Facultés, que nous parvenons à saisir cet Objet, & à opérer sur les Idées qu'il fait naître. Si cette Proportion n'existe point, l'Objet est hors de la Sphere de nos Facultés, & il ne sauroit parvenir *naturellement* à notre Connoissance. Si l'Objet ne soutient avec nos Facultés que des Rapports éloignés ou indirects, nous ne saurions acquérir de cet Objet qu'une Connoissance plus ou moins *probable* : elle sera d'autant plus *probable* que les *Rapports* seront moins éloignés ou moins indirects. Il faut toujours pour appercevoir un Objet, qu'il y ait une certaine proportion entre la Lumiere qu'il réfléchit, & l'Œil qui rassemble cette Lumiere.

※※※

Maintenant, je me demande à moi-même, si sans changer les *Facultés* de l'Homme, il étoit *impossible* à l'AUTEUR de l'Homme, de lui donner une *Certitude morale* de sa Destination *Future?*

Je reconnois d'abord, que je serois de la plus absurde témérité, si je décidois de l'impoſſibilité de la Choſe ; car il ſeroit de la plus grande abſurdité qu'un Etre auſſi borné, auſſi chétif que je le ſuis, osât prononcer ſur ce que la PUISSANCE ABSOLUE peut ou ne peut pas.

Portant enſuite mes regards ſur cet Aſſemblage de Choſes, que je nomme la *Nature*, je découvre que cet Aſſemblage eſt un Syſtême admirable de *Rapports* divers. Je vois ces *Rapports* ſe multiplier, ſe diverſifier, s'étendre à meſure que je multiplie mes Obſervations. Je m'aſſure bientôt que tout ſe paſſe dans la *Nature* conformément à des *Lois* conſtantes, qui ne ſont que les *Réſultats naturels* de ces *Rapports* qui enchaînent tous les Etres & les dirigent à une *Fin* commune. (*)

Il eſt vrai que je n'apperçois point de liaiſon *néceſſaire* entre un Moment & le Moment qui le ſuit, entre l'Action d'un Etre & celle d'un autre Etre, entre l'état actuel d'un Etre & l'état qui lui ſuccédera immédiatement, &c. Mais je ſuis fait de maniere, que ce que j'ai vu arriver toujours, & que ceux qui m'ont précédé

(*) *Eſſai Analytique ſur l'Ame ;* §. 40, 856. *Tableau des Conſidérations ;* V.

ont vu arriver toujours, me paroît d'une *Certitude morale.* Ainſi, il ne me vient pas dans l'Eſprit de douter, que le Soleil ne ſe leve demain, que les Boutons des Arbres ne s'épanouiſſent au Printemps, que le Feu ne réduiſe le Bois en Cendres, &c.

Je conviens que mon *Jugement* eſt ici purement *analogique*; (*) puiſqu'il eſt très-évident que le *Contraire* de ce que je penſe qui arrivera, eſt toujours *poſſible*. Mais cette ſimple *Poſſibilité* ne ſauroit le moins du monde contrebalancer dans mon Eſprit ce nombre ſi conſidérable d'*Expériences* conſtantes qui fondent ici ma *Croyance analogique*.

Il me ſemble que je choquerois le *Sens commun*, ſi je refuſois de prendre l'*Analogie* pour Guide dans des Choſes de cette

---

(*) Lorſque j'ai *examiné* en détail un certain nombre de Choſes, & que j'ai trouvé *conſtamment* dans *toutes* les *mêmes* Propriétés *eſſentielles*, je crois être fondé à en *inférer*, que les *Choſes* qui me paroiſſent *préciſément ſemblables* à celles-là, mais que je n'ai pas examinées dans le même détail, ſont auſſi douées des mêmes *Propriétés*.

Cette *maniere* de *juger* eſt ce que les Logiciens nomment l'*Analogie*.

nature.

nature. Je menerois la Vie la plus misérable ; je ne pourrois même pourvoir à ma Conservation : car si ce que je connois des *Alimens* dont je me suis toujours nourri, ne suffisoit point pour fonder la *Certitude* où je suis que ces *Alimens* ne se convertiront pas tout d'un coup & à propos de rien, en véritables *Poisons ;* comment pourrois-je hasarder d'en manger encore ?

Je suis donc dans l'obligation très-raisonnable d'admettre, qu'il est dans la Nature un certain *Ordre constant*, sur lequel je puis établir des *Jugemens*, qui sans être des *Démonstrations*, sont d'une telle *Probabilité* qu'elle suffit à mes *Besoins*.

Mes *Sens* me manifestent cet *Ordre* : ma Faculté de *réfléchir* m'en découvre les *Résultats* les plus essentiels.

L'*Ordre de la Nature* est donc, à mes yeux, le *Résultat général* des *Rapports* que j'apperçois entre les Etres.

Je regarde ces *Rapports* comme *invariables*, parce que je ne les ai jamais vu & qu'on ne les a jamais vu varier *naturellement*.

Tome II. L

Je déduis raisonnablement de la Contemplation de ces *Rapports* l'*Existence* d'une PREMIERE CAUSE INTELLIGENTE : c'est que plus il y a dans un *Tout*, de *Parties* & de *Parties variées* qui concourent à une *Fin* commune, & plus il est *probable* que ce *Tout* n'est point l'Ouvrage d'une Cause *aveugle*.

❦

JE ne déduis pas moins raisonnablement de la *Progression* des Etres *successifs* la *Nécessité* d'une PREMIERE CAUSE : c'est que je n'ignore pas, que dans une *Série* quelconque, il doit toujours y avoir un *premier Terme*, & qu'un nombre actuellement *infini* est une contradiction : c'est encore que chaqu'Etre successif ayant sa *Raison* dans celui qui le précede ; ce dernier, dans un autre encore, &c. il faut que la Chaîne entiere, qui n'est que l'*Assemblage* de tous ces *Etres successifs*, ait hors d'elle une *Raison* de son *existence*.

Ce n'est pas que j'apperçoive une *liaison nécessaire* entre ce que je nomme une *Cause* & ce que je nomme un *Effet* : mais je suis obligé de reconnoître que je suis fait de maniere, que je ne puis admettre qu'une Chose *est*, sans qu'il y ait une *Raison* pourquoi elle est, & pourquoi elle est *comme elle est* & non *autrement*.

※──※

Je tiens pour *Nécessaire* tout *ce qui est & qui ne pouvoit pas ne pas être ni être autrement*. Or, je vois clairement que l'Etat *actuel* de chaque Chose n'est pas *nécessaire*; puisque j'observe qu'il *varie* suivant certaines *Lois*. Je conçois donc clairement, que chaque chose pourroit être *autrement* qu'elle n'est; je nomme cela *Contingence*, & je dis, que dans ma *maniere de concevoir*, chaque Chose est *contingente* de sa nature.

Je crois pouvoir inférer encore de cette *Contingence*, qu'il est une RAISON ÉTERNELLE QUI a *déterminé*, dès le commencement, les Etats *passés*, l'Etat *actuel*, & les Etats *futurs* de chaque Chose.

Mais quand je parle de *Contingence*, c'est suivant ma maniere très-imparfaite de *voir* & de *concevoir* les Choses. Il me paroît bien clair, que si je pouvois embrasser l'*Univers* entier ou la *Totalité* des Choses, je connoîtrois pourquoi chaque Chose est

L ij

comme elle est & non autrement : j'en jugerois alors par ses *Rapports* au *Tout*, de la même maniere précisément qu'un Méchanicien juge de chaque Piece d'une *Machine*. Je conclurois donc, que l'*Univers* lui-même est comme il est, parce que sa CAUSE ne pouvoit être *autrement*.

Cependant il n'en demeureroit pas moins vrai, que chaque *Piece* de l'Univers, chaqu'Etre *particulier*, considéré *en lui-même*, auroit pu être *autrement*. La raison que j'en découvre, est que chaque Etre *particulier* n'étoit point *déterminé* en tout sens par sa *propre Nature*. Toutes ses *Déterminations* n'étoient pas *nécessaires*, au sens que j'ai attaché à ce Mot. Il étoit susceptible d'une multitude de *Modifications* diverses, & j'en observe plusieurs qui se succedent dans tel ou tel Etre *particulier*.

Il n'en est pas de même, à mes yeux, des *Vérités* que je nomme *nécessaires* : je ne puis pas dire de ces *Vérités* ce que je viens de dire des Etres *particuliers*. Les Vérités *nécessaires* sont *déterminées* par leur *propre nature* : elles ne peuvent être que d'une seule maniere : c'est dans ce sens métaphysique, que les *Vérités géométri-*

ques font *néceffaires*, & qu'elles excluent toute *Contingence*. Elles étoient *telles* de toute Eternité dans cette INTELLIGENCE NÉCESSAIRE, qui étoit la *Région* de toute *Vérité*. (*)

※─※

Si les *Lois de la Nature* réfultent effentiellement des *Rapports* qui font entre les Etres ; fi ces *Rapports*, confidérés *en euxmêmes*, ne font pas *néceffaires;* il me paroît que je puis en déduire légitimement, que la *Nature* a un LÉGISLATEUR. La *Lumiere* ne s'eft pas donné à elle-même fes *Propriétés*, & les *Lois* de fa *Réfraction* & de fa *Réflexion* réfultent des *Rapports* qu'elle foutient avec différens Corps foit *liquides*, foit *folides*.

Je m'exprimerois donc d'une maniere fort peu exacte, fi je difois, *que les Lois de la Nature ont approprié les Moyens à la Fin* : c'eft que les *Lois de la Nature* ne font que de *fimples Effets*, & que dans mes Idées, des *Effets* fuppofent une *Caufe*, ou pour m'exprimer en d'autres

(*) Confultez ici les *Principes Préliminaires* que j'ai mis à la tête de la Part. XVI de cet Ecrit.

termes, l'exiſtence *actuelle* d'une Choſe, ſuppoſe l'exiſtence *relative* d'une autre Choſe, que je regarde comme la *Raiſon* de *l'actualité* de la premiere.

Si la Nature a reçu des *Lois*, CELUI QUI les lui a impoſées, a ſans doute le Pouvoir de les ſuſpendre, de les modifier ou de les diriger comme IL LUI plaît.

Mais ſi le LÉGISLATEUR de la Nature eſt auſſi SAGE que PUISSANT, IL ne *ſuſpendra* ou ne *modifiera* ſes *Lois*, que lorſqu'elles ne pourront ſuffire, *par elles-mêmes*, à remplir les vues de SA SAGESSE. C'eſt que la *Sageſſe* ne conſiſte pas moins à ne pas multiplier ſans néceſſité les *Moyens*, qu'à choiſir toujours les *meilleurs* Moyens, pour parvenir à la *meilleure* Fin.

Je ne puis douter de la SAGESSE du LÉGISLATEUR de la Nature, parce que je ne puis douter de l'INTELLIGENCE de ce LÉGISLATEUR. J'obſerve que plus les Lumieres de l'Homme s'accroiſſent, & plus il découvre dans l'Univers de Traits d'une INTELLIGENCE FORMATRICE. Je remarque même avec étonnement, que cette INTELLIGENCE ne brille pas avec moins d'éclat dans la Structure du Pou ou du Ver de terre, que dans celle de l'Homme ou dans la disposition & les mouvemens des Corps célestes.

Je conçois donc que l'INTELLIGENCE QUI a été capable de former le Plan immense de l'Univers, est au moins la plus PARFAITE des INTELLIGENCES.

Mais cette INTELLIGENCE réside dans un ETRE NÉCESSAIRE : un Etre *nécessaire* est non seulement celui *qui ne peut pas ne pas être*; il est encore celui *qui ne peut pas être autrement*. Or, un Etre dont les *Perfections* seroient *susceptibles* d'accroissement, ne seroit pas un *Etre Nécessaire*, puisqu'il *pourroit être autrement*. J'infere donc de ce Raisonnement, que les PERFECTIONS de l'ETRE NÉCESSAIRE ne sont pas *susceptibles* d'accroissement, & qu'ELLES sont *absolument* ce qu'ELLES sont. Je dis *absolument*, parce que je ne puis concevoir des *Degrés* dans les PERFECTIONS de l'ETRE NÉCESSAIRE. Je vois très-clairement, qu'un Etre *borné* peut être *déter-*

miné *de plusieurs manieres*, puisque je conçois très-clairement la *mutation possible* de ses *Bornes*.

Si l'ETRE NÉCESSAIRE possede une INTELLIGENCE *sans bornes*, IL possédera aussi une SAGESSE *sans bornes*; car la *Sagesse* n'est proprement ici que l'*Intelligence* elle-même, en tant qu'elle se propose une *Fin* & des *Moyens* relatifs à cette Fin.

L'INTELLIGENCE CRÉATRICE n'aura donc rien fait qu'avec *Sagesse* : ELLE SE sera proposé dans la Création de chaqu'Etre la *meilleure* Fin *possible*, & aura prédéterminé les *meilleurs* Moyens pour parvenir à cette Fin.

※

JE suis un Etre *sentant* & *intelligent* : il est dans la Nature de tout Etre sentant & intelligent de vouloir sentir ou exister *agréablement*, & vouloir cela, c'est *s'aimer* soi-même. L'*Amour de soi-même*, ne differe donc pas de l'*Amour du Bonheur*. Je ne puis me dissimuler, que l'*Amour du Bonheur* ne soit le Principe *universel* de mes Actions.

Le *Bonheur* est donc la grande *Fin* de mon Etre. Je ne me suis pas fait moi-même; je ne me suis pas donné à moi-même ce Principe universel d'action : l'AUTEUR de mon Etre QUI a mis en moi ce puissant Ressort, m'a donc créé pour le *Bonheur*.

J'entends en général par le *Bonheur*, tout ce qui peut contribuer à la *Conservation* & au *Perfectionnement* de mon Etre.

Parce que les Objets *sensibles* font sur moi une forte impression, & que mon Intelligence est très-bornée, il m'arrive fréquemment de me méprendre sur le *Bonheur*, & de préférer un Bonheur *apparent* à un Bonheur *réel*. Mon Expérience journaliere, & les Réflexions qu'elle me fait naître, me découvrent mes méprises. Je reconnois donc évidemment, que pour obtenir la Fin de mon Etre, je suis dans l'Obligation étroite d'observer les *Lois* de mon Etre.

Je regarde donc ces *Lois*, comme les *Moyens naturels* que l'AUTEUR de mon Etre a choisi pour me conduire au *Bonheur*. (*) Comme elles résultent essentiel-

---

(*) Consultez la Partie VIII de cet Ecrit, & l'endroit de la Part. XV ou j'ai esquissé l'*Homme moral*.

lement des *Rapports* que je foutiens avec différens Etres, & que je ne fuis point le Maître de changer ces *Rapports* ; je vois manifeftement que je ne puis violer plus ou moins les *Loix* de ma Nature *particuliere*, fans m'éloigner plus ou moins de ma véritable *Fin*.

L'Expérience me démontre, que toutes mes Facultés font renfermées dans certaines *Limites* naturelles, & qu'il eft un *Terme* où finit le *Plaifir* & où commence la *Douleur*. J'apprens ainfi de l'Expérience, que je dois régler l'*Exercice* de toutes mes Facultés, fur leur *Portée* naturelle.

Je fuis donc dans l'obligation philofophique de reconnoître, qu'il eft une *Sanction naturelle* des Loix de mon Etre ; puifque j'éprouve un *mal* lorfque je les *viole*.

Parce que je m'aime moi-même, & que je ne puis pas ne point *défirer* d'être *heureux* ; je ne puis pas ne point *défirer* de continuer d'être. Je retrouve ces *Défirs* dans mes Semblables ; & fi quelques-uns paroiffent fouhaiter la ceffation de leur Etre, c'eft plutôt le changement de leur Etre, que l'*Anéantissement*, qu'ils souhaitent.

Ma raison me rend au moins très-probable, que la *Mort* ne sera pas le *Terme* de la Durée de mon Etre. Elle me fait entrevoir des Moyens *physiques préordonnés*, qui peuvent prolonger mon *Humanité* au-delà du Tombeau. Elle m'assure que je suis un Etre *perfectible* à l'indéfini: elle me fait juger par les progrès continuels que je puis faire vers le Bon & le Vrai dans mon Etat *présent*, de ceux que je pourrois faire dans un autre État où toutes mes Facultés seroient perfectionnées. Enfin, elle puise dans les Notions les plus philosophiques qu'elle se forme des ATTRIBUTS DIVINS & des *Lois naturelles*, de nouvelles Considérations qui accroissent beaucoup ces différentes Probabilités. (*)

Mais ma Raison me découvre en même temps, qu'il n'est point du tout dans l'Ordre de mes Facultés *actuelles*, que

---

(*) Consultez les Parties VIII & XVI de cet Ecrit. Consultez encore la Partie VII.

j'aye fur la *Survivance* de mon Etre, plus que de fimples *Probabilités*. (*)

Cependant ma Raifon elle-même me fait fentir fortement, combien il importeroit à mon Bonheur, que j'euffe fur mon *Etat Futur* plus que de *fimples Probabilités* ou au moins une Somme de Probabilités telle qu'elle fût équivalente à ce que je nomme la *Certitude morale*.

Ma Raifon me fournit les meilleures Preuves de la SOUVERAINE INTELLIGENCE de l'AUTEUR de mon Etre: elle déduit très-légitimement de cette INTELLIGENCE, la SOUVERAINE SAGESSE du GRAND ÊTRE. (†) SA BONTÉ fera cette SAGESSE ELLE-MÊME occupée à procurer le plus grand Bien de tous les Etres *fentans*, & de tous les Etres *intelligens*.

Cette SAGESSE ADORABLE ayant fait entrer dans SON Plan le Syftême de

---

(*) Voyez ce que j'ai dit là-deffus dans la Partie XVI de cet Ecrit.
(†) Voyez ci-deffus dans cette Partie XVII ce que j'ai expofé fur ce fujet.

l'*Humanité*, a voulu, sans doute, tout ce qui pouvoit contribuer à la plus grande *Perfection* de ce *Systême*.

Rien n'étoit assurément plus propre à procurer la plus grande Perfection de ce Systême, que de donner aux Etres qui le composent, une *Certitude morale* de leur *Etat Futur*, & de leur faire envisager le *Bonheur* dont ils jouiront dans cet *Etat*, comme la Suite ou la Conséquence de la *Perfection morale* qu'ils auront tâché d'acquérir dans l'*Etat Présent*.

Et puisque l'Etat *actuel* de l'*Humanité* ne comportoit point, qu'elle pût parvenir à se convaincre par les *seules forces* de la Raison, de la *Certitude* d'un *Etat Futur*, il étoit, sans contredit, dans l'Ordre de la SAGESSE, de lui donner par quelqu'autre Voie une *assurance* si nécessaire à la *Perfection* du *Systême moral*.

Mais parce que le Plan de la SAGESSE exigeoit apparemment, qu'il y eût sur la Terre des Etres intelligens, mais très-bornés, tels que les *Hommes* ; ELLE ne pouvoit pas *changer* les *Facultés* de ces Etres pour leur donner une *Certitude* suffisante de leur *Destination Future*.

Il falloit donc que la SAGESSE employât dans cette Vue un *Moyen*, tel que fans être renfermé dans la Sphere *actuelle* des Facultés de l'Homme, il fût cependant fi bien approprié à la *Nature* & à l'*Exercice* le plus raifonnable de fes Facultés, que l'Homme pût acquérir par ce *Moyen nouveau* le *Degré* de Certitude qui lui manquoit, & qu'il défiroit fi vivement.

❧❧

L'Homme ne pouvoit donc tenir cette *Certitude* fi défirable, que de la MAIN même de l'AUTEUR de fon Etre. Mais par quelle *Voie* particuliere la SAGESSE pouvoit-ELLE convaincre l'Homme *raifonnable* des grandes Vues qu'ELLE avoit formées fur lui ? A quel *Signe* l'Homme *raifonnable* pouvoit-il s'affuter que la SAGESSE ELLE-MÊME *parloit ?*

J'ai reconnu que la Nature a un LÉGISLATEUR ; & reconnoître cela, c'eft reconnoître en même temps que ce LÉGISLATEUR peut fufpendre ou *modifier* à SON gré les *Lois* qu'IL a données à la Nature.

Ces *Lois* font donc, en quelque forte, le *Langage* de l'AUTEUR de la Nature, ou l'Expreſſion *phyſique* de SA VOLONTÉ.

Je conçois donc facilement que l'AUTEUR de la Nature a pu ſe ſervir de ce *Langage*, pour faire connoître aux Hommes avec *Certitude* ce qu'il leur importoit le plus de ſavoir, & de ſavoir bien, & que la Raiſon ſeule ne faiſoit guere que leur indiquer.

Ainſi, parce que je vois évidemment qu'il n'y a que le LÉGISLATEUR de la Nature, QUI puiſſe en *modifier* les *Lois*; je me crois fondé raiſonnablement à admettre qu'IL *a parlé*; lorſque je puis m'aſſurer raiſonnablement que certaines *Modifications* frappantes de ces *Lois* ont eu lieu, & que je puis découvrir avec évidence le But de ces *Modifications*.

Ces *Modifications* ſeront donc pour moi des *Signes particuliers* de la *Volonté* de l'AUTEUR de la Nature à l'égard de l'*Homme*.

Je puis donner un *Nom* à ces ſortes de

Modifications, ne fût-ce que pour indiquer les *Changemens* qu'elles ont apportés à la Marche *ordinaire* de la Nature : je puis les nommer des *Miracles*, & rechercher enfuite quelles Idées je dois me faire des *Miracles*.

❧⚜❧

Je fais affez qu'on a coutume de regarder un *Miracle* comme l'*Effet* d'un Acte *immédiat* de la TOUTE-PUISSANCE, opéré dans le *Temps*, & relativement à un certain *But moral*.

Je fais encore qu'on recourt communément à cette Intervention *immédiate* de la TOUTE-PUISSANCE, parce qu'on ne juge pas qu'un *Miracle* puiffe être renfermé dans la *Sphere* des *Lois* de la *Nature*.

Mais s'il eft dans la *Nature* de la *Sageffe*, de ne point *multiplier* les *Actes* fans *néceffité* ; fi la VOLONTÉ EFFICACE a pu produire ou *préordonner* par un Acte *unique* toutes ces *Modifications* des Lois de la Nature, que je nomme des *Miracles*, ne fera-t-il pas au moins très-probable qu'ELLE l'aura fait ?

Si

Si la SAGESSE ÉTERNELLE QUI n'a aucune *Relation* au *Temps*, a pu produire *hors du Temps l'Univerſalité* des Choſes, eſt-il à préſumer qu'ELLE ſe ſoit réſervé d'agir dans le *Temps*, & de mettre la MAIN à la Machine comme l'Ouvrier le plus *borné*? (*)

Parce que je ne découvre point *comment* un *Miracle* peut être renfermé dans la *Sphere* des Lois de la Nature, ſerois-je bien fondé à en conclure, qu'il n'y eſt point du tout renfermé? Puis-je me perſuader un inſtant que je connoiſſe à fond les *Lois de la Nature*? Ne vois-je pas évidemment que je ne connois qu'une très-petite Partie de ces *Lois*, & que même cette *Partie* ſi petite, je ne la connois qu'*imparfaitement*? (†)

Comment donc oſerois-je prononcer ſur ce que les *Lois* de la Nature *ont pu* ou *n'ont pas pu* opérer dans la MAIN du LÉGISLATEUR?

Il me ſemble que je puis, ſans témérité, aller un peu plus loin : quoique je

---

(*) Conſultez ici la Partie VI de cette *Palingénéſie*.
(†) Voyez les Parties XII & XIII de cet Écrit.

fois un Etre extrêmement borné, je ne laisse pas d'entrevoir ici la *Possibilité* d'une *Préordination* relative à ce que je nomme des *Miracles*.

Des Méditations assez profondes sur les *Facultés* de mon *Ame*, m'ont convaincu que l'exercice de toutes ces Facultés dépend plus ou moins de l'état & du jeu des *Organes*. Il est même peu de Vérités qui soient plus généralement reconnues. J'ai assez prouvé que les *Perceptions*, l'*Attention*, l'*Imagination*, la *Mémoire*, &c. tiennent essentiellement aux Mouvemens des *Fibres sensibles*, & aux *Déterminations* particulieres que l'action des Objets leur impriment, qu'elles conservent pendant un temps plus ou moins long, & en vertu desquelles ces *Fibres* peuvent retracer à l'*Ame* les *Idées* ou les *Images* des Objets. (*)

C'est une Loi *fondamentale* de l'*Union* de l'Ame & du Corps, que lorsque *certaines* Fibres *sensibles* sont ébranlées, l'Ame éprouve *certaines* Sensations : rien au

(*) Consultez l'*Essai Analytique*; Chap. IV, VII, IX, XI, XIV, XXII, ou l'*Analyse Abrégée*, & en particulier les Articles I, VII, VIII, IX, X, XI, XV, XVI, XVIII.

monde n'est plus constant, plus invariable que cet Effet. Il a toujours lieu, soit que l'ébranlement des *Fibres* provienne de l'*action* même des Objets, soit qu'il provienne de quelque mouvement qui s'opere dans la *Partie* du Cerveau qui est le Siege de toutes les Opérations de l'Ame.

Si une foule d'Expériences démontre que l'*Imagination* & la *Mémoire* dépendent de l'*Organisation* du Cerveau, il est par cela même démontré, que la *Reproduction* ou le *Rappel* de telle ou de telle Idée, dépend de la *Reproduction* des Mouvemens dans les Fibres *sensibles* appropriées à ces *Idées*. (*)

Nous *représentons* toutes nos *Idées* par des *Signes d'Institution*, qui affectent l'*Œil* ou l'*Oreille*. Ces *Signes* sont des *Caracteres* ou des *Mots*. Ces *Mots* sont *lus* ou *prononcés* : ils s'impriment donc dans le *Cerveau* par des *Fibres* de la *Vue* ou par des *Fibres* de l'*Ouie*. Ainsi, soit que le Mouvement se reproduise dans des Fibres de la Vue ou dans des Fibres

---

(*) Le Lecteur est prié de consulter ici le Chapitre VIII de l'*Essai Analytique sur l'Ame*; ou l'Art. VI de l'*Analyse Abrégée*.

de l'Ouie, les *Mots* attachés au jeu de ces Fibres feront également rappellés à l'*Ame*, & par ces Mots, les *Idées* qu'ils font deſtinés à *repréſenter*.

Je ne puis raiſonnablement préſuppoſer que tous mes Lecteurs poſſedent, auſſi bien que moi, mes Principes *pſychologiques*; je ſuis donc obligé de renvoyer ceux qui ne les poſſedent pas aſſez, aux endroits de mes Ouvrages que je citois il n'y a qu'un moment. Ils feront bien ſurtout de relire avec attention mon Ecrit *ſur le Rappel des Idées par les Mots, & ſur l'Aſſociation des Idées en général*, que j'ai inſéré dans ces *Opuſcules*.

Dès que je me ſuis une fois convaincu par l'Expérience & par le Raiſonnement, que la *Production* & la *Reproduction* de toutes mes Idées tiennent au *Jeu* ſecret de certaines *Fibres* de mon Cerveau; je conçois avec la plus grande facilité, que la SAGESSE SUPRÊME a pu *préorganiſer*, au commencement des Choſes, *certains Cerveaux*, de maniere qu'il s'y trouveroit des *Fibres*, dont des *Déterminations* & les *Mouvemens* particuliers répondroient, dans un temps marqué, aux Vues de cette SAGESSE ADORABLE.

Qui pourroit douter un instant, que si nous étions les maîtres d'ébranler à notre gré *certaines Fibres* du Cerveau de nos Semblables ; par exemple, les Fibres *appropriées aux Mots*, nous ne rappellassions, à volonté, dans leur Ame, telle ou telle *Suite* de Mots, & par cette Suite une *Suite* correspondante d'*Idées ?* Répéterai-je encore que la *Mémoire des Mots* tient au Cerveau, & que mille Accidens, qui ne peuvent affecter que le Cerveau, affoiblissent & détruisent même en entier la *Mémoire des Mots ?* Rappellerai-je ce Vieillard vénérable, dont j'ai parlé dans mon *Essai Analytique*, §. 676, qui avoit, en pleine veille, des *Suites* nombreuses & variées de *Visions*, absolument *indépendantes* de sa *Volonté*, & qui ne *troubloient* jamais sa *Raison ?* Répéterai-je, que le *Cerveau* de ce Vieillard étoit une sorte de *Machine d'Optique*, qui exécutoit d'elle-même sous les Yeux de l'Ame, toutes sortes de Décorations & de Perspectives ?

On ne s'avisera pas non plus de douter, que DIEU ne puisse ébranler au gré de SA VOLONTÉ, les *Fibres* de tel ou de tel Cerveau, de maniere qu'elles traceront, à point nommé, à l'Ame une *Suite* déterminée d'*Idées* ou de *Mots*, & une telle *Combinaison* des unes & des autres, que cette *Combinaison* repréfentera plus ou moins figurément une fuite d'*Evénemens* cachés encore dans l'*Abyme* de l'*Avenir*?

Ce que l'on conçoit fi clairement que DIEU pourroit exécuter par son Action *immédiate* fur un *Cerveau* particulier, n'auroit-il pu le *prédéterminer* dès le commencement ? Ne conçoit-on pas à peu près aufli clairement, que DIEU a pu préordonner dans tel ou tel Cerveau, & hors de ce Cerveau, des *Caufes* purement *phyfiques*, qui déployant leur action dans un temps marqué par la SAGESSE, produiront précifément les mêmes Effets, que produiroit l'Action *immédiate* du PREMIER MOTEUR?

C'étoit ce que j'avois voulu donner à entendre en terminant ce Paragraphe 676 de mon *Effai Analytique*, auquel je viens de renvoyer : mais je doute qu'on ait fait attention à cet endroit de l'Ouvrage. « Si » les Vifions *Prophétiques*, difois-je dans » cet endroit, ont une Caufe *matérielle*,

» l'on en trouveroit ici une explication bien simple, & qui ne supposeroit aucun Miracle : (*) l'on conçoit assez que DIEU a pu préparer de loin dans le Cerveau des *Prophetes* des Causes physiques propres à en ébranler, dans un temps déterminé, les Fibres sensibles suivant un *Ordre* relatif aux événemens futurs qu'il s'agissoit de représenter à leur Esprit ?

L'Auteur de l'*Essai de Psychologie*, (†) qui n'a pas été mieux lu ni mieux entendu que moi, par la plupart des Lecteurs, & qui a tâché de renfermer dans un assez petit Volume tant de Principes, & de grands Principes, a eu la même Idée que j'expose ici. Dans le Chapitre XXI de la Partie VII de ses *Principes philosophiques*, il s'exprime ainsi :

« Soit que DIEU agisse *immédiatement* sur les Fibres *représentatrices* des Objets, & qu'IL leur imprime des *Mou-*

___

(*) Je prenois ici le Mot de *Miracle* dans le sens qu'on attache communément à ce Mot.

(†) *Essai de Psychologie ou Considérations sur les Opérations de l'Ame, sur l'Habitude & sur l'Education &c.* Londres 1755.

» *vemens* propres à *exprimer*, ou à *repré-*
» *senter* à l'Ame une *suite* d'Evénemens
» *futurs* : soit que DIEU ait *créé* dès le
» commencement des *Cerveaux* dont les
» *Fibres* exécuteront *par elles-mêmes* dans
» un temps *déterminé* de semblables *Re-*
» *préfentations* ; l'Ame tira dans l'*Avenir* :
» ce sera un ESAIE, un JÉRÉMIE, un
» DANIEL ».

Les *Signes d'institution* par lesquels nous représentons nos *Idées* de tout Genre, sont des Objets qui tombent sous les *Sens*, & qui, comme je le disois, frappent l'*Œil* ou l'*Oreille*, & par eux, le *Cerveau*. La *Mémoire* se charge du Dépôt des *Mots*, & la *Réflexion* les combine. (*) On est étonné, quand on songe au nombre considérable de Langues *mortes* & de Langues *vivantes* qu'un même Homme peut apprendre & parler. Il est pourtant une *Mémoire* purement *organique* où les *Mots* de toutes ces *Langues* vont s'imprimer, & qui les présente à l'Ame au besoin, avec autant de célérité, que de précision & d'abondance. On n'est pas moins étonné, quand on pense à d'autres prodiges que nous offre la

---

(*) *Essai Analytique*; Chap. XVI, XXVI.

Mémoire & l'*Imagination*. SCALIGER apprit par cœur tout HOMERE en vingt-un jours, & dans quatre mois tous les Poétes Grecs. WALLIS extraifoit de Tête la *Racine quarrée* d'un Nombre de cinquante-trois Figures. (*) Combien d'autres Faits de même Genre ne pourrois-je pas indiquer! Qu'on prenne la peine de réfléchir fur les grandes Idées que ces Phénomenes merveilleux de la *Mémoire* nous donnent de l'*Organifation* de cette *Partie* du Cerveau qui eft le *Siege de l'Ame* & l'Inftrument *immédiat* de toutes fes Opérations; & l'on conviendra, je m'affure, que cet *Inftrument*, le Chef-d'œuvre de la Création terreftre, eft d'une Structure fort fupérieure à tout ce qu'il nous eft permis d'imaginer ou de concevoir.

Ce qu'un Savant exécute fur fon *Cerveau* par un travail plus ou moins long, & par [une *Méthode* appropriée, (†) DIEU pourroit, fans doute, l'exécuter par un Acte *immédiat* de SA PUIS-

_____

(*) M. de HALLER, *Phyfiologie*; Tome v, Liv. XVII, Art. VI.

(†) Voyez dans le Chapitre XXII de l'*Effai Analytique*, le Développement & l'Application de cette *Méthode*, & les *Idées* qu'elle m'a fait naître fur la *Méchanique* de la *Mémoire*.

SANCE. Mais IL pourroit auſſi avoir établi, dès le commencement, dans un certain *Cerveau*, une telle *Préorganiſation* que ce Cerveau ſe trouveroit, dans un temps prédéterminé, monté à peu près comme celui du Savant, & capable des mêmes *Opérations* & d'Opérations plus étonnantes encore.

Suppoſons donc, que DIEU eût créé, au commencement, un certain nombre de *Germes humains*, dont IL eût *préorganiſé* les *Cerveaux* de maniere, qu'à un certain jour marqué, ils devoient fournir à l'Ame l'Aſſortiment complet des *Mots* d'une multitude de *Langues* diverſes; les Hommes auxquels de pareils *Cerveaux* auront appartenu, ſe ſeront trouvés ainſi transformés, preſque tout d'un coup, en *Polyglottes* vivantes.

Je prie ceux de mes Lecteurs qui ne comprendront pas bien ceci, de relire attentivement les Articles XIV, XV, XVI, XVII, XVIII, de mon *Analyſe Abrégée*, & les endroits relatifs de l'*Eſſai Analytique*. Les Idées que je préſente dans cette *Palingéneſie*, ſont ſi éloignées de celles qu'on s'étoit faites juſqu'ici ſur les Sujets qui m'occupent, que je ne puis revenir trop souvent à prier mon Lecteur de ne me juger qu'après m'avoir bien saisi & bien médité. Je n'espere pas d'obtenir la grace que je demande : je sais que le nombre des bons Lecteurs est fort petit, & que celui des vraies Philosophes l'est encore davantage. Mais s'il arrive qu'on m'entende mal, je n'aurai au moins rien négligé pour prévenir les méprises de mes Juges.

Au reste ; il n'y a pas la moindre difficulté à concevoir que ces *Germes préordonnés*, qui devoient être un jour des *Polyglottes* vivantes, avoient été placés dans l'*Ordre* des Générations *succeſſives*, suivant un *rapport* direct à ce *Temps* précis marqué par la SAGESSE.

Il n'y a pas plus de difficulté à concevoir dans certains *Cerveaux*, la *Poſſibilité* d'une *Préorganisation* telle, que les *Fibres* appropriées aux *Mots* de diverses *Langues*, ne devoient déployer leur action, que lorsqu'une certaine *Circonstance concomitante* surviendroit.

J'ENTREVOIS donc par cet Exemple si frappant, ce qu'il feroit *possible* que fussent ces Evénemens extraordinaires, que je nomme des *Miracles*. Je commence ainsi à comprendre, que la *Sphere* des *Lois de la Nature* peut s'étendre beaucoup plus loin qu'on ne l'imagine. Je vois assez clairement, que ce qu'on prend communément pour une *Suspension* de ces *Lois*, pourroit n'être qu'une *Dispensation* ou une *Direction particuliere* de ces mêmes *Lois*.

Ceci est d'une vraisemblance qui me frappe. Je *pense* & je *parle* à l'aide des *Mots* dont je revêts mes *Idées*. Ces *Mots* sont des *Signes* purement *matériels*. Ils sont attachés au *Jeu* de certaines *Fibres* de mon *Cerveau*. Ces *Fibres* ne peuvent être ébranlées que mon Ame n'ait aussi-tôt les Perceptions de ces *Mots*, & par eux les *Idées* qu'ils *représentent*.

Voilà les *Lois de la Nature* relatives à mon Etre *particulier*. Il me seroit impossible de former aucune *Notion générale* sans le secours de quelques *Signes* d'*Institution* : il n'y a que ceux qui n'ont jamais médité sur l'*Economie* de l'*Homme*, qui puissent douter de cette Vérité *psychologique*.

Je découvre donc que les *Lois de la Nature* relatives à la *Formation* des Idées dans l'*Homme*, à la *Représentation*, au *Rappel* & à la *Combinaison* de ces Idées par des *Signes arbitraires*, ont pu être *modifiées* d'une infinité de manieres *particulieres*, & produire ainsi, dans un *certain Temps*, des Evénemens si *extraordinaires*, qu'on ne les juge point renfermés dans la *Sphere d'Activité* de ces *Lois de la Nature*.

J'apperçois ainsi, que le GRAND OUVRIER pourroit avoir caché, dès le commencement, dans la Machine de notre Monde, certaines *Pieces* & certains *Ressorts*, qui ne devoient jouer qu'au moment que certaines *Circonstances correspondantes* l'exigeroient. Je reconnois donc, qu'il seroit *possible*, que ceux qui excluent les *Miracles* de la *Sphere* des *Lois de la Nature*, fussent dans le Cas d'un Ignorant en *Méchanique*, qui ne pouvant deviner la Raison de certains Jeux d'une belle Machine recourroit pour les expliquer, à une forte de *Magie*, ou à des Moyens *furnaturels*.

Un autre Exemple très-frappant m'affermit dans ma Penfée : j'ai vu affez diftinctement, qu'il feroit *poffible* que cet *Etat Futur* de l'Homme que ma Raifon me rend fi probable, fût la Suite *naturelle* d'une *Préordination phyfique* auffi ancienne que l'Homme. (*) J'ai même entrevu qu'il feroit *poffible* encore, qu'une *Préordination* analogue s'étendît à tous les Etres fentans de notre Globe. (†)

Je fuis ainfi conduit par une marche qui me paroît très-philofophique, à admettre qu'il eft deux *Syftémes* des *Lois de la Nature*, que je puis diftinguer exactement.

Le premier de ces *Syftémes* eft celui qui *détermine* ce que je nomme le *Cours ordinaire* de la Nature.

Le fecond *Syftéme* eft celui qui donne

(*) *Effai Analytique*; Chap. xxiv, §. 726, 727, &c. *Contemplation de la Nature*, Part. iv, Chap. xiii. *Palingénéfie Philofophique*, Part. xvi.
(†) Part. i, ii, iii, iv, v, vi de cette *Palingénéfie*.

naissance à ces Evénemens *extraordinaires* que je nomme des *Miracles*.

Mais parce que les *Lois de la Nature* ont toujours pour premier fondement les *Propriétés essentielles* des *Corps*, & que si l'*Essence* des *Choses changeoit*, les *Choses* seroient *détruites* ; je suis obligé de supposer comme *certain*, qu'il n'y a rien dans le *second Systême* qui *choque* les *Propriétés essentielles* des *Corps*. Et ce que je dis ici des *Corps* doit s'entendre encore des *Ames* qui leur sont *unies*. J'ai appris d'une Philosophie sublime, que les *Essences* des *Choses* sont *immuables* & *indépendantes* de la VOLONTÉ CRÉATRICE. (*)

Ce ne sont donc que les *Modes* ou les Qualités *variables* des *Corps* & des *Ames* qui ont pu entrer dans la Composition du *Systême* dont je parle, & produire cette *Combinaison particuliere* de *Choses*, d'où peuvent naître les Evénemens *miraculeux*.

Par exemple ; je conçois facilement,

(*) Méditez le §. 119 de l'*Essai Analytique*, & le commencement de la Partie XVI de cette *Palingénésie*.

qu'en vertu d'une certaine *Prédétermination physique*, la *Densité* de tel ou de tel Corps a pu *augmenter* ou *diminuer* prodigieusement dans un *temps* marqué ; la *Pesanteur* n'agir plus sur un autre Corps ; (*) la Matiere *électrique* s'accumuler extraordinairement autour d'une certaine Personne & la *transfigurer*; (**) les Mouvemens *vitaux* renaître dans un Corps où ils étoient éteints & le rappeller à la Vie ; (†) des Obstructions *particulieres* de l'Organe de la *Vue* se dissiper & laisser un libre passage à la Lumiere, &c. &c.

(*) Je suppose ici, comme l'on voit, que la *Pesanteur* n'est pas *essentielle* à la *Matiere*, & qu'elle dépend d'une Cause *Physique* secrete, qui pousse les Corps vers un *Centre commun*. Cette supposition n'est point gratuite : les Propriétés *essentielles* ne *varient* point, & la *Pesanteur varie*, &c. Il est donc *possible* qu'il y ait eu une *Prédétermination physique* relative à l'action de la *Pesanteur* sur un *certain* Corps & dans un *certain* Temps.

(**) On connoît ces *Couronnes lumineuses* qui paroissent sur les Personnes qu'on *électrise* par certains Procédés, & l'on n'ignore pas non plus bien d'autres Prodiges que l'*Electricité* a offerts à notre Siecle.

(†) Il est aujourd'hui bien démontré, que le grand Principe des Mouvemens *vitaux* est dans l'*Irritabilité*. Une *Prédétermination physique* qui accroîtroit beaucoup l'*Irritabilité* dans un Corps *mort*, pourroit donc y faire renaître les mouvements *vitaux* & le rappeller à la Vie. Il peut y avoir bien d'autres Moyens *physiques prédéterminés* propres à concourir au même Effet, & qui me sont inconnus. Je me borne à indiquer celui que je connois un peu.

Et

Et fi parmi les Evénemens *miraculeux* qui s'offriroient à ma Méditation, il en étoit, où je n'entreviffe aucune Caufe *phyfique* capable de les produire ; je me garderois bien de prononcer fur *l'impoffibilité* abfolue d'une *Prédétermination* correfpondante à ces *Evénemens*. Je n'oublierois point que je fuis un Etre dont toutes les Facultés font extrêmement bornées, & que la Nature ne m'eft tant foit peu connue que par quelques *Effets*. Je fongerois en même temps, à d'autres Evénemens de *même genre* où j'entrevois des Caufes *phyfiques préordonnées* capables de les opérer.

Quand je cherche à me faire les plus hautes Idées du GRAND AUTEUR de l'*Univers*, je ne conçois rien de plus fublime & de plus digne de cet ETRE ADORABLE, que de penfer qu'IL a tout *préordonné* par un Acte *unique* de SA VOLONTÉ, & qu'il n'eft proprement qu'un feul *Miracle*, qui a enveloppé la Suite immenfe des Chofes *ordinaires*, & la Suite beaucoup moins nombreufe des Chofes *extraordinaires* : ce grand *Miracle*, ce *Miracle* incompréhenfible peut-être pour toutes les INTELLIGENCES finies, eft celui de la *Création*. DIEU a *voulu*,

& l'*Universalité* des Choses a reçu l'Etre. Les Choses *successives* soit *ordinaires*, soit *extraordinaires*, préexistoient donc dès le commencement à leur *apparition*, & toutes celles qui apparoîtront dans toute la Durée des Siecles & dans l'Eternité même, existent déjà dans cette *Prédétermination universelle* qui embrasse le *Temps* & l'*Eternité*.

※

Mais ce seroit en vain que la SOUVERAINE SAGESSE auroit *prédéterminé physiquement* des Evénemens *extraordinaires* destinés à donner à l'*Homme* de plus fortes Preuves de cet *Etat Futur*, le plus cher Objet de ses désirs; si cette SAGESSE n'avoit, en même temps, *prédéterminé* la venue d'un Personnage extraordinaire, instruit par elle-même du secret de Ses vues, & dont les *Actions* & les *Discours* correspondissent exactement à la *Prédétermination* dont les Miracles devoient sortir.

Il ne faut que du Bon-sens pour appercevoir qu'un *Miracle*, qui seroit absolument *isolé*, ou qui ne seroit accompagné d'aucune *Circonstance relative* propre à en déterminer le *But*, ne pourroit être pour l'Homme *raisonnable* une *Preuve* de sa Destination *Future*.

Mais le *But* du *Miracle* sera exactement déterminé, si immédiatement avant qu'il s'opere, le PERSONNAGE respectable que je suppose, s'écrie en s'adressant au MAITRE de la Nature: *Je* TE *rends graces de ce que* TU *m'as exaucé: je savois bien que* TU *m'exauces toujours; mais je dis ceci pour ce Peuple qui est autour de moi, afin qu'il croye que c'est* TOI QUI *m'as envoyé.*

Le *Miracle* deviendra donc ainsi la *Lettre de Créance* de l'ENVOYÉ, & le *But* de la Mission de cet ENVOYÉ sera de *mettre en évidence la Vie & l'Immortalité.*

Si, comme je le disois, les *Lois de la Nature* sont le *Langage* du SUPRÊME LÉGISLATEUR, l'ENVOYÉ dont je parle, sera auprès du Genre-Humain l'*Interprete* de ce Langage. Il aura été chargé par le LÉGISLATEUR d'interpréter au Genre-Humain les *Signes* de ce Langage divin, qui renfermoient les assurances d'une heureuse *Immortalité.* (*)

(*) J'ajouterai ici un mot, pour achever de développer ma Pensée sur les *Miracles.*

Il étoit absolument indifférent à la *Mission* de cet ENVOYÉ, qu'il opérât lui-même les *Miracles*, ou qu'il ne fît que *s'accommoder* à leur *But* en le *déterminant* précisément par ses *Discours* & par ses *Actions*. L'Obéissance parfaite & constante de la Nature à la Voix de l'ENVOYÉ, n'en devenoit pas moins propre à *autoriser* & à *caractériser* sa *Mission*.

La *Naissance extraordinaire* de l'ENVOYÉ

Il seroit *possible*, que plusieurs des Sujets sur lesquels je suppose que des Guérisons *miraculeuses* on été opérées, eussent été eux-mêmes *préordonnés* dans un *Rapport* direct à ces *Guérisons*.

Il seroit *possible*, par exemple, que le *Germe* d'un *certain* Aveugle-né eût été placé dans l'Ordre des Générations, de maniere que cet *Aveugle* étoit lié à la *Mission* de l'ENVOYÉ, dès le commencement des Choses, & qu'en coïncidant ainsi avec cette Mission, il eût pour *Fin* de concourir à l'*autoriser* par le *Miracle* dont il devoit être le *Sujet*. La Réponse si remarquable de l'ENVOYÉ sur cet Aveugle, sembleroit confirmer mon Idée, & indiquer la *Préordination* dont je parle. *Cet Homme n'est point né Aveugle parce qu'il a péché, ni ceux qui l'ont mis au monde ; mais c'est* AFIN QUE LES ŒUVRES DE DIEU PAROISSENT EN LUI.

Je conçois donc, que les *Yeux* de cet Aveugle, avoient été *préorganisés*, dès le commencement, dans un *Rapport* déterminé à l'action des Causes *physiques* & secretes, qui devoient les ouvir dans un certain Temps, & dans un certain Lieu. Je me plais à contempler le *Germe* de cet Aveugle, caché depuis quatre mille ans dans la *grande Chaîne*, & préparé de si loin pour les *Besoins* de l'Humanité.

pouvoit encore relever sa Mission auprès des Hommes, & il étoit *possible* que cette *Naissance* fût enveloppée comme tous les autres Evénemens *miraculeux* dans cette Dispensation *particuliere* des *Lois de la Nature*, qui devoit les produire. Combien de moyens *physiques préordonnés*, très-différens du Moyen *ordinaire*, pouvoient faire développer un *Germe* humain dans le Sein d'une Vierge !

※

Si cette *Economie particuliere* des Lois de la Nature étoit destinée par la SAGESSE à fournir à l'Homme *raisonnable* une *Preuve de Fait* de la Certitude de son *Etat Futur*, cette Preuve a dû être revêtue de *Caracteres* qui ne permissent pas à la Raison d'en méconnoître la *Nature* & la *Fin*.

J'observe d'abord, que les *Faits* renfermés dans cette Economie, comme dans leur Principe *physique préordonné*, ont dû être tels, qu'il parût *manifestement* qu'ils ne ressortoient pas de l'Economie *ordinaire* des Lois de la Nature : s'il y avoit eu sur ce Point quelque *équivoque*, comment auroit-il été *manifeste* que le LÉGISLATEUR *parloit* ?

Il n'y aura point eu d'*équivoque* s'il a été *manifeste*, qu'il n'y avoit point de *Proportion* ou d'*Analogie* entre les *Faits* dont il s'agit & les *Causes apparentes* de ces Faits. Le *Sens commun* apprend assez qu'un *Aveugle-né* ne recouvre point la Vue, par un attouchement *extérieur* & *momentané*; qu'un *Mort* ne *ressuscite* point à la seule Parole d'un Homme, &c. De pareils Faits sont aisés à distinguer de ces *Prodiges* de la Physique, qui supposent toujours des *Préparations* ou des *Instrumens*. Dans ces sortes de *Prodiges*, l'Esprit peut toujours découvrir une certaine *Proportion*, une certaine *Analogie* entre l'*Effet* & la *Cause*; & lors même qu'il ne la découvre pas *intuitivement*, il peut au moins la *concevoir*. Or, le moyen de *concevoir* quelqu'*Analogie* entre la *Prononciation* de certains *Mots* & la *Résurrection* d'un *Mort*? La Prononciation de ces Mots ne sera donc ici qu'une Circonstance *concomitante*, absolument *étrangere* à la Cause *secrete* du Fait; mais propre à rendre les Spectateurs plus attentifs, l'obéissance de la Nature plus frappante, & la Mission de l'Envoyé plus authentique. Lazare, *sors dehors! & il sortit.*

Au reste ; je ne ferois pas entrer dans l'*Essence* du *Miracle* son Opération *instantanée*. Si un *certain* Miracle offroit des *Gradations* sensibles, il ne m'en paroîtroit pas moins un *Miracle*, lorsque je découvrirois toujours une *disproportion évidente* entre l'Effet & sa Cause *apparente* ou *symbolique*. Ces Gradations me sembleroient même propres à indiquer à des Yeux philosophes, un Agent *physique*, & très-différent du *symbolique*. Les Gradations décelent toujours un *Ordre physique*, & elles sont susceptibles d'une accélération à l'indéfini.

❦

JE remarque en second lieu, que ce Langage *de Signes* a dû être *multiplié* & *varié*, & former, pour ainsi dire, un *Discours* suivi, dont toutes les Parties fussent *harmoniques* entr'elles, & s'appuyassent les unes les autres : car plus le LÉGISLATEUR aura développé SES Vues, multiplié & varié SES Expressions, & plus il aura été *certain* qu'IL *parloit*.

Mais S'IL a voulu *parler* à des Hommes de *tout Ordre*, aux Ignorans comme aux Savans, IL aura parlé aux *Sens*, & n'aura employé que les *Signes* les plus *palpables*, & que le simple *Bon sens* pût facilement saisir.

Et comme le *But* de ce Langage *de Signes* étoit de *confirmer* à la Raison la *Vérité* de ces grands *Principes* qu'elle s'étoit déjà formé sur les *Devoirs* & sur la *Destination Future* de l'Homme ; l'INTERPRETE de ce *Langage* a dû annoncer au Genre-Humain une *Doctrine* qui fût précisément conforme à ces Principes les plus épurés & les plus nobles de la Raison, & donner dans sa PERSONNE le *Modele* le plus accompli de la *Perfection humaine*.

D'un autre côté, si la *Mission* de l'ENVOYÉ avoit été *bornée* à *annoncer* au Genre-Humain cette *Doctrine* sublime ; si en même temps qu'il l'annonçoit, le MAITRE de la Nature n'avoit point *parlé* aux *Sens* ce *Langage* nouveau si propre à les frapper ; il est de la plus grande évidence, que la *Doctrine* n'auroit pu accroître assez par elle-même la *Probabilité* de cet *Etat Futur* qu'il s'agissoit de *confirmer* aux Hommes. C'est qu'on ne sauroit dire précisément ce que la Raison humaine *peut ou ne peut pas* en matiere de *Doctrine* ;

comme on peut dire ce que le *Cours ordinaire* de la Nature *peut ou ne peut pas* relativement à *certains* Faits palpables, nombreux, divers. (*)

(*) On voit assez, que cet Argument repose sur cette Vérité si évidente, que la Raison humaine est susceptible d'un *accroissement* à l'indéfini. SOCRATE avoit *entrevu* la Théorie de l'*Homme moral,* & l'*Immortalité* de l'Ame. Si dix à douze Socrates avoient succédé au premier dans la durée des Ages, qui sait si le dernier, aidé des lumieres de ses Prédécesseurs & des siennes propres, ne se seroit point élevé enfin jusqu'à la sublime *Morale* dont il s'agit ? On conviendra du moins que l'impossibilité de la Chose n'est point du tout *démontrée.*

Ici l'Esprit découvre toujours une *certaine proportion* entre les Vérités *acquises* & celles qu'on *peut* acquérir par de nouvelles Méditations : il est, en effet, très-manifeste, que les Vérités *morales* sont *enveloppées* les unes dans les autres, & que la Méditation parvient tôt ou tard à les *extraire* les unes des autres.

Il n'en va pas de même des Faits *miraculeux.* Le simple Bon-sens suffit pour s'assurer, qu'un *Aveugle-né* ne peut recouvrer la Vue, presque subitement, par un attouchement extérieur & momentané ; qu'un Homme réellement *mort* ne *ressuscite point* à la simple parole d'un autre Homme ; qu'une Troupe d'*Ignorans* ne vient pas tout d'un coup à parler des *Langues étrangeres*, &c.

Ici l'Esprit ne découvre *aucune proportion* entre les *Effets* & les *Causes apparentes*, aucune *analogie* entre ce qui *précede* & ce qui *suit.* Il voit d'abord que ces *Effets* ne résultent point du *Cours ordinaire* de la Nature, &c.

Ce seroit donc choquer les *Regles* d'une saine Logique, que de réduire à la *seule Doctrine* toutes les *Preuves* de la *Mission* de l'ENVOYÉ.

Le 16 Janvier, 1769.

DIX-HUITIEME PARTIE.

SUITE DES IDÉES
SUR L'ÉTAT FUTUR DE L'HOMME.

SUITE DE L'ESQUISSE
DES
RECHERCHES PHILOSOPHIQUES
DE L'AUTEUR
SUR LA RÉVÉLATION.
LE TÉMOIGNAGE.

UNE grande Question s'offre ici à mon Examen : comment puis-je m'assurer *raisonnablement* que le LÉGISLATEUR de la Nature a *parlé* ?

Je ne demanderai pas, pourquoi le LÉGISLATEUR *ne m'a pas parlé à moi-*

même ? j'apperçois trop clairement, que tous les Individus de l'Humanité ayant un Droit égal à cette Faveur, il auroit fallu pour satisfaire aux désirs de tous, *multiplier & varier les Signes extraordinaires* dans une proportion relative à ces désirs. Mais par cette multiplication *excessive* des Signes *extraordinaires*, ils auroient perdu leur qualité de *Signes*, & ce qui dans l'Ordre de la sagesse devoit demeurer *extraordinaire* seroit devenu *ordinaire*.

Je suis obligé de reconnoître encore, que je suis fait pour être conduit par les *Sens* & par la *Réflexion* : une *Révélation intérieure* qui me donneroit sans cesse la plus forte persuasion de la *Certitude* d'un *Etat Futur*, ne seroit donc pas dans l'*Analogie* de mon Etre.

Je ne pouvois exister à la fois dans tous les *Temps* & dans tous les *Lieux*. Je ne pouvois palper, voir, entendre, examiner tout par mes propres *Sens*. Il est néanmoins une foule de Choses dont je suis intéressé à connoître la *Certitude* ou au moins la *Probabilité*, & qui se sont passées long-temps avant moi ou dans des Lieux fort éloignés.

L'Intention de l'AUTEUR de mon Etre, est donc que je m'en rapporte sur ces Choses à la *Déposition* de ceux qui en ont été les *Témoins*, & qui m'ont transmis leur *Témoignage* de *vive voix* ou *par écrit*.

Ma Conduite à l'égard de ces Choses, repose sur une considération qui me semble très-raisonnable : c'est que je dois supposer dans mes *Semblables* les mêmes *Facultés essentielles* que je découvre chez moi. Cette Supposition est, à la vérité, purement *Analogique;* mais il m'est facile de m'assurer, que l'*Analogie* a ici la même force que dans tous les Cas qui sont du ressort de l'Expérience la plus commune & la plus constante. Est-il besoin que j'examine à fond mes *Semblables* pour être *certain* qu'ils ont tous les *mêmes Sens* & les *mêmes Facultés* que je possede ?

Je tire donc de ceci une *Conséquence* que je juge très-légitime : c'est que ces Choses que j'aurois vues, ouies, palpées, examinées si j'avois été placé dans un certain *Temps* & dans un certain *Lieu*, ont pu l'être par ceux qui existoient dans ce *Temps* & dans ce *Lieu*.

Il faut bien que j'admette encore, quelles l'ont été en effet, si ces Choses étoient de nature à *intéresser* beaucoup ceux qui en étoient les *Spectateurs* : car je dois raisonnablement supposer, que des Etres, qui me sont *semblables*, se sont conduits dans certaines *Circonstances* importantes, comme j'aurois fait moi-même, si j'avois été placé dans les *mêmes* Circonstances, & qu'ils se sont *déterminés* par les mêmes *Motifs*, qui m'auroient déterminé en cas pareil.

Je choquerois, ce me semble, les *Regles* les plus sures de l'*Analogie* si je jugeois autrement. Remarquez, que je ne parle ici que de *Choses* qui n'exigent, pour être bien connues, que des Yeux, des Oreilles & un Jugement sain.

Parce que le *Témoignage* est fondé sur l'*Analogie*, il ne peut me donner comme elle qu'une *Certitude morale*. Il ne peut y avoir d'*enchaînement nécessaire* entre la maniere dont j'aurois été affecté ou dont j'aurois agi en telles ou telles Circonstances & celle dont des Etres que je crois m'être *semblables*, ont été affectés ou ont agi dans les mêmes Circonstances. Les *Circonstances* elles-mêmes ne peuvent jamais être parfaitement *semblables* ; les Sujets sont trop compliqués. Il y a plus ; le *Jugement* que je porte fur le Rapport de *fimilitude* de ces Etres avec moi, n'eft encore qu'*analogique*. Mais fi je me réfolvois à ne *croire* que les feules Chofes dont j'aurois été le *Témoin*, il faudroit en même temps me réfoudre à mener la Vie la plus trifte & me condamner moi-même à l'ignorance la plus profonde fur une infinité de Chofes qui intéreffent mon *Bonheur*. D'ailleurs, l'*Expérience* & la *Réflexion* me fourniffant des *Regles* pour juger fainement de la *validité* du Témoignage , j'apprends de l'une & de l'autre qu'il eft une foule de cas où je puis adhérer au *Témoignage* fans courir le rifque d'être *trompé*.

※

AINSI, les mêmes raifons qui me portent à admettre un *certain Ordre* dans le Monde *phyfique*, (*) doivent me porter à admettre auffi un *certain Ordre* dans le Monde *moral*. Cet Ordre *moral* réfulte effentiellement de la *Nature* des Facultés *humaines* & des *Rapports* qu'elles foutiennent avec les *Chofes* qui en *déterminent* l'exercice.

(*) Voyez le commencement de la Partie XVII de cette *Palingénéfie*.

Les *Jugemens* que je fonde sur l'*Ordre moral*, ne sauroient être d'une *parfaite Certitude* ; parce que dans chaque Détermination *particuliere* de la *Volonté*, le contraire est toujours *possible* ; puisque l'*Activité* de la Volonté peut s'étendre à un nombre indéfini de Cas.

Mais quand je suppose un Homme de *Bon-sens*, je suis obligé de supposer en même temps, qu'il ne se conduira pas comme un *Fol* dans tel ou tel Cas *particulier* ; quoiqu'il ait toujours le *Pouvoir* de le faire. Il n'est donc que *probable* qu'il ne le fera pas ; & je dois convenir que cette *Probabilité* est assez grande pour fonder un Jugement solide, & assorti aux *Besoins* de ma Condition *présente*.

Ces *Choses* que je n'ai pu palper, voir, entendre & examiner *par moi-même*, parce que l'éloignement des *Temps* ou des *Lieux* m'en séparoit, seront donc, pour moi, d'autant plus *probables*, qu'elles me seront attestées par un *plus grand* nombre de *Témoins*, & par des *Témoins plus dignes de foi*, & que leurs *Dépositions* seront plus *circonstanciées*, plus *harmoniques* entr'elles, sans être *identiques*.

Si j'envisage la *Certitude* comme un *Tout*, & si je divise par la Pensée ce Tout en *Parties* ou *Degrés*, ces Parties ou Degrés seront des Parties ou des Degrés de la *Certitude*.

Je nomme *Probabilités* ces divisions *idéales* de la Certitude. Je connoîtrai donc le *Degré* de la Certitude, quand je pourrai assigner le Rapport de la *Partie* au *Tout*.

Je ne dirai pas, que la *Probabilité* d'une chose *croît* précisément comme le *nombre* des *Témoins* qui me l'attestent : car si je suppose que le premier Témoin me donne $\frac{9}{10}$ de la Certitude ; le second Témoin que je veux supposer égal en mérite au premier, me donneroit donc aussi $\frac{9}{10}$; ce qui produiroit $\frac{18}{10}$; c'est-à-dire, huit dixiemes de plus que la *Certitude* ; ce qui est impossible.

Je découvre donc, qu'il y a ici une autre maniere de calculer le *Témoignage*, qui est la seule vraie, & que je tâche de saisir. Dans cette vue, je me représente la *Certitude* comme un *Espace* à parcourir. Je suppose que le premier *Témoin* me fait parcourir $\frac{9}{10}$ de cet *Espace* : le second *Témoin*, égal en mérite au premier, aura donc avec la *dixieme* qui reste, la même proportion que le premier Témoin soutient avec l'Espace

pace *entier*. Le second Témoin me fera donc parcourir les $\frac{9}{10}$ de cette dixieme : je parcourrai donc avec ces deux *Témoins* les $\frac{99}{100}$ de l'*Espace*, &c. (*)

(*) Depuis la publication de mon Livre, on m'a fait remarquer, que cette maniere de calculer le *Témoignage* n'est pas juste. Je ne m'en étois pas le moins du monde douté : elle étoit celle d'un habile Mathématicien, dont l'Autorité devoit naturellement écarter de mon Esprit tout soupçon d'erreur. Un exemple sensible, qu'on a mis sous mes yeux, m'a pourtant démontré rigoureusement la justesse d'une autre Méthode, qui ne donne au concours des deux Témoins que $\frac{81}{82}$ de *certitude*, au lieu de $\frac{99}{100}$. Je me bornerai à indiquer ici cet exemple : on sentira assez, que quelle que soit la maniere *d'estimer* le *Témoignage*, rien ne sauroit changer à l'égard des conséquences *logiques & morales* qui découlent *essentiellement* de tout ce que j'ai exposé sur la *Nature*, les *Caractéristiques* & les *effets* du *Témoignage*.

On suppose deux *Dés*, chacun à *dix* faces. Neuf de ces faces sont *blanches*; l'autre, *noire*. On demande dans combien de *cas* ces deux *Dés* pourront donner la même *Couleur*? On voit d'abord, qu'à l'égard de la Couleur *blanche*, chacune des *neuf* faces *blanches* du premier *Dé* peut répondre aux *neuf* faces blanches du second *Dé*. Il y aura donc 81 *cas* où les deux *Dés* concourront à donner la Couleur blanche : car 9 multiplié par 9 produit 81.

A l'égard de la Couleur *noire*, les Dés ne peuvent se rencontrer que dans un *seul* cas; puisqu'à l'unique face *noire* du premier *Dé* ne peut répondre que l'unique face *noire* du second Dé.

Il y aura donc 82 *cas* dans lesquels les deux *Dés* pourront se réunir à donner la *même* Couleur.

Mais il y aura 18 cas où ils donneront des Couleurs différentes ; car à chacune des *neuf* faces blanches du premier *Dé* peut répondre la face *noire* du second *Dé*, & réciproquement.

Je jugerai du *Mérite* des *Témoins* par deux *Conditions* générales & essentielles; par leur *Capacité* & par leur *Intégrité*.

L'*état* des Facultés *corporelles* & des Facultés *intellectuelles* déterminera la premiere de ces *Conditions* : le Degré de *Probité* & de *Désintéressement* déterminera la seconde.

L'*Expérience* ou cette *réitération d'Actes* & de *certains* Actes, par lesquels je parviens à connoître le *Caractere moral*; l'Expérience, dis-je, décidera en dernier ressort de tout cela.

J'appliquerai les mêmes *Principes* fondamentaux à la *Tradition orale* & à la Tra-

On a donc 100 *cas possibles* dans la supposition de ces deux *Dés* à *dix* faces chacun; & cela doit bien être ainsi, puisqu'à chacune des *dix* faces de l'un peut répondre chacune des *dix* faces de l'autre.

Et comme on n'a égard ici qu'aux *cas* où les *Dés* donnent la même Couleur, il est évident qu'on doit retrancher de ces 100 *cas possibles* les 18 *cas* où les Dés donnent des Couleurs *différentes*. Il reste donc 82 *cas*, dont 81 donnent la Couleur *blanche*, & 1 la Couleur *noire*. La Probabilité en faveur de la Couleur *blanche* est donc de $\frac{81}{82}$.

Cet exemple si sensible s'applique de lui-même au *cas* des deux Témoins que je suppose. On voit assez que les faces *blanches* des *Dés* représentent les *cas* où les Témoins disent la *Vérité*, & les faces *noires*, les cas où ils mentent, &c. On ne compte pas les 18 cas où l'un des Témoins dit *vrai* & l'autre *faux*, parce qu'on suppose ici que les deux *Témoignages* concourent à établir la même Chose.

dition *écrite*. Je verrai d'abord, que celle-ci a beaucoup plus de force que celle-là. Je verrai encore que cette force doit *accroître* par le *concours* de différentes *Copies* de la même *Déposition*. Je considérerai ces *différentes* Copies comme autant de *Chaînons* d'une même Chaîne. Et si j'apprends, qu'il existe plusieurs *Suites* différentes de *Copies*, je regarderai ces *différentes* Suites comme autant de *Chaînes collatérales*, qui accroîtront tellement la *Probabilité* de cette *Tradition écrite*, qu'elle approchera *indéfiniment* de la *Certitude*, & surpassera celle que peut donner le Témoignage de plusieurs Témoins *oculaires*.

DIEU est l'AUTEUR de l'*Ordre moral* comme IL est l'AUTEUR de l'*Ordre physique*. J'ai reconnu deux sortes de *Dispensations* dans l'Ordre *physique*. (*) La premiere est celle qui *détermine* ce que j'ai nommé le *Cours ordinaire* de la Nature. La seconde est celle qui *détermine* ces Evénemens *extraordinaires*, que j'ai nommés des *Miracles*.

La premiere *Dispensation* a pour *Fin* le *Bonheur* de tous les Etres *sentans* de notre Globe.

(*) Consultez la Partie XVII de cet Ecrit.

O ij

La seconde a pour *Fin* le *Bonheur* de l'*Homme* seul ; parce que l'*Homme* est le *seul* Etre sur la Terre, qui puisse *juger* de cette *Dispensation*, en reconnoître la *Fin*, se l'approprier, & *diriger* ses Actions relativement à cette Fin. (*)

Cette Dispensation *particuliere* a donc dû être calculée sur la *Nature* des *Facultés* de l'Homme, & sur les *différentes* manieres dont il peut les *exercer* ici-bas & *juger* des Choses.

C'est à l'*Homme* que le MAITRE du Monde a voulu *parler* : IL a donc approprié SON *Langage* à la Nature de cet Etre que SA BONTÉ vouloit instruire. Le Plan de SA SAGESSE ne comportoit pas qu'IL changeât la Nature de cet Etre, & qu'IL lui donnât sur la Terre les Facultés de l'ANGE. Mais la SAGESSE avoit *préordonné* des *Moyens*, qui sans faire de l'Homme un ANGE, devoient lui donner une Certitude *raisonnable* de ce qu'il lui importoit le plus de savoir.

L'Homme est enrichi de diverses Facultés *intellectuelles* : l'Ensemble de ces Facultés constitue ce qu'on nomme la *Rai-*

(*) Relisez la Partie VIII de cet Ecrit, & consultez encore ce que j'ai dit de l'*Homme moral* dans la Partie XV.

son. Si DIEU ne vouloit pas *forcer* l'Homme *à croire* : s'IL ne vouloit que *parler* à sa *Raison* ; IL en aura usé à l'égard de l'Homme, comme à l'égard d'un Être *intelligent*. IL lui aura fait entendre un *Langage* approprié à sa Raison, & IL aura voulu qu'il appliquât sa Raison à la *Recherche* de ce Langage, comme à la plus belle Recherche dont il put jamais s'occuper.

La *nature* de ce *Langage* étant telle, qu'il ne pouvoit s'adresser *directement* à chaque Individu de l'Humanité, (*) il falloit bien que le LÉGISLATEUR l'adaptât aux *Moyens naturels* par lesquels la Raison humaine parvient à se convaincre de la *Certitude morale* des Evénemens *passés*, & à s'assurer de l'*Ordre* ou de l'*Espece* de ces Evénemens.

Ces *Moyens naturels* sont ceux que renferme le *Témoignage* : mais le Témoignage suppose toujours des *Faits* : le *Langage* du LÉGISLATEUR a donc été un Langage de *Faits* & de *certains* Faits. Mais le Témoignage est soumis à des *Regles* que la Raison établit, & sur lesquelles elle juge : le *Langage* du LÉGISLATEUR a donc été subordonné à ces *Regles*.

(*) Voyez le commencement de cette Partie.

Le *Fondement* de la *Croyance* de l'Homme sur sa *Destination Future* a donc été réduit ainsi par le SAGE AUTEUR de l'Homme à des Preuves de *Fait*, à des Preuves *palpables*, & à la portée de l'Intelligence la plus bornée.

❦

Parce que le *Témoignage* suppose des *Faits*, il suppose des *Sens* qui apperçoivent ces Faits, & les transmettent à l'Ame sans *altération*.

Les *Sens* supposent eux-mêmes un *Entendement* qui *juge* des Faits; car les *Sens* purement *matériels* ne *jugent* point.

Je nomme Faits *palpables* ceux dont le simple *Bon-sens* peut *juger*, ou à l'égard desquels il peut s'assurer facilement qu'il n'y a point de *méprise*.

Le *Bon-sens* ou le *Sens-commun* sera donc ce *Degré* d'Intelligence qui suffit pour *juger* de *semblables* Faits.

Mais parce que les Faits les plus *palpables* peuvent être *altérés* ou *déguisés* par l'*Imposture* ou par l'*Intérêt*, le Témoignage suppose encore dans ceux qui *rapportent* ces Faits une *Probité* & un *Désintéressement* reconnus.

Et puisque la *Probabilité* de quelque *Fait* que ce soit, *accroît* par le *nombre* des *Déposans*, le Témoignage exige encore un *nombre* de *Déposans* tel, que la Raison l'estime *suffisant*.

Enfin, parce qu'un Fait n'est jamais *mieux connu*, que lorsqu'il est plus *circonstancié*; & qu'un *concert* secret entre les *Déposans* n'est jamais moins *présumable*, que lorsque les *Dépositions* embrassent les Circonstances *essentielles* du Fait sans *se ressembler* dans la *maniere* ni dans les *termes*, le Témoignage veut des Dépositions *circonstanciées*, *convergentes* entr'elles, & *variées* néanmoins dans la *Forme* & dans les *Expressions*.

S'il se trouvoit encore, que *certains* Faits qui me seroient attestés par divers *Témoins oculaires*, choquassent leurs *Préjugés* les plus anciens, les plus enracinés, les plus chéris; je serois d'autant plus assuré de la *fidélité* de leurs *Dépositions*, que je serois plus certain qu'ils étoient *fortement* imbus de ces *Préjugés*. C'est qu'il arrive facilement aux Hommes de croire *légérement* ce qui favorise leurs *Préjugés*, & qu'ils ne croient que difficilement ce qui détruit ces *Préjugés*.

S'il se rencontroit après cela, que ces mêmes *Témoins* réunissent aux *Conditions* les plus *essentielles* du *Témoignage*, des *Qualités transcendantes*, qu'on ne trouve point dans les Témoins *ordinaires*; si à un Sens droit & à des Mœurs irréprochables, ils joignoient des Vertus éminentes, une Bienveillance universelle, la plus soutenue, la plus active; si leurs Adversaires mêmes n'avoient jamais contredit tout cela; si la Nature obéissoit à la Voix de ces *Témoins* comme à celle de leur MAITRE; si enfin ils avoient persévéré avec une constance héroïque dans leur *Témoignage*, & l'avoient même scellé de leur Sang; il me paroîtroit que ce *Témoignage* auroit toute la *force* dont un Témoignage *humain* peut être susceptible.

Si donc les *Témoins* que l'ENVOYÉ auroit choisi, réunissoient dans leur Personne tant de Conditions *ordinaires* & *extraordinaires*, il me sembleroit que je ne pourrois rejeter leurs *Dépositions*, sans choquer la *Raison*.

※

ICI je me demande à moi-même, si un Témoignage *humain*, quelque *certain* & quelque *parfait* que je veuille le supposer, suffit pour établir la *Certitude*, ou au moins la *Probabilité* de *Faits* qui choquent eux-mêmes les *Lois ordinaires* de la Nature ?

J'apperçois au premier coup d'Œil, qu'un *Fait*, que je nomme *miraculeux*, n'en est pas moins un Fait *sensible, palpable*. Je reconnois même qu'il étoit dans l'Ordre de la SAGESSE, qu'il fût *très-sensible, très-palpable*. Un pareil *Fait* étoit donc du ressort des *Sens* : il pouvoit donc être l'Objet du *Témoignage*.

Je vois évidemment, qu'il ne faut que des *Sens* pour s'assurer si un certain Homme est *vivant* ; s'il est *tombé malade* ; si sa Maladie *augmente* ; s'il *se meurt* ; s'il *est mort* ; s'il rend une *odeur cadavéreuse*. Je vois encore, qu'il ne faut non plus que des *Sens*, pour s'assurer si cet Homme, qui *étoit mort*, est *ressuscité* ; s'il *marche, parle, mange, boit*, &c.

Tous ces Faits si *sensibles*, si *palpables*, peuvent donc être aussi bien l'Objet du *Témoignage*, que tout autre Fait de *Physique* ou d'*Histoire*.

Si donc les *Témoins* dont je parle, se bornent à m'attester ces *Faits*, je ne pourrai rejeter leurs *Dépositions*, sans choquer les *Regles* du Témoignage, que j'ai moi-même posées, & que la plus saine *Logique* prescrit.

Mais si ces *Témoins* ne se bornoient point à m'attester simplement ces *Faits*; s'ils prétendoient m'attester encore la *Maniere secrette* dont le *Miracle* a été *opéré*; s'ils m'assuroient qu'il a dépendu d'une *Prédétermination physique*; leur *Témoignage* sur ce Point de *Cosmologie* me paroîtroit perdre beaucoup de sa force.

Pourquoi cela? C'est que cette *Prédétermination* que ces Témoins m'atteste-roient, n'étant pas du *ressort des Sens*, ne pourroit être l'Objet *direct* de leur *Témoignage*. Je crois l'avoir prouvé dans la Partie XVI de cet Ecrit.

Ces Témoins pourroient, à la vérité, m'attester qu'elle leur a été *révélée* par le LÉGISLATEUR LUI-même; mais afin que je pusse être *moralement certain* qu'ils auroient eu une telle *Révélation*, il me faudroit toujours des *Miracles*; c'est-à-dire des Faits qui ne ressortiroient point du *Cours ordinaire* de la Nature, & qui tomberoient sous les *Sens*. (*).

Je découvre donc, qu'il y a dans un

(*) Consultez la Partie XVII.

Miracle deux Choses essentiellement *différentes*, & que je dois soigneusement distinguer ; le *Fait* & la *Maniere* du Fait.

La premiere de ces Choses a un *Rapport direct* aux *Facultés* de l'Homme : la seconde n'est en *Rapport direct* qu'avec les *Facultés* de ces INTELLIGENCES dont je parlois dans les Parties XII & XIII de cet Ecrit, & qui connoissent le *Secret* de l'Economie de notre Monde.

Si toutefois les Témoins rapportoient à l'action de DIEU, les Faits *extraordinaires* qu'ils m'attesteroient ; ce jugement particulier des Témoins, n'infirmeroit point à mes Yeux leur *Témoignage ;* parce qu'il seroit fort naturel qu'ils rapportassent à l'intervention *immédiate* de la TOUTE PUISSANCE, des *Faits* dont la Cause *prochaine* & *efficiente* leur seroit voilée, ou ne leur auroit pas été révélée.

※ ※

MAIS la premiere *Condition* du *Témoignage*, est, sans doute, que les *Faits* attestés ne soient pas *physiquement impossibles ;* je veux dire, qu'ils ne soient pas *contraires* aux *Lois de la Nature*.

C'est l'*Expérience* qui nous découvre ces *Lois*, & le *Raisonnement* en déduit des Conséquences *théorétiques* & *pratiques*, dont la Collection *systématique* constitue la *Science humaine*.

Or l'*Expérience* la plus constante de tous les Temps & de tous les Lieux dépose contre la *Possibilité physique* de la *Résurrection* d'un *Mort*.

Cependant des *Témoins*, que je suppose les plus dignes de foi, m'attestent qu'un *Mort* est *ressuscité*; ils sont *unanimes* dans leur *Déposition*, & cette Déposition est très-claire & très-*circonstanciée*.

Me voilà donc placé entre deux *Témoignages* directement *opposés*, & si je les supposois d'*égale* force, je demeurerois en équilibre, & je suspendrois mon jugement.

Je ne le suspendrois pas apparemment, si l'*Athéisme* étoit *démontré* vrai: la Nature n'auroit point alors de LÉGISLATEUR: elle seroit à elle-même son propre *Législateur* & l'*Expérience* la plus constante de tous les Temps & de tous les Lieux, seroit son meilleur *Interprete*.

Mais s'il est *prouvé* que la Nature a un LÉGISLATEUR, il est *prouvé* par cela même, que ce LÉGISLATEUR *peut en modifier* les *Lois*. (*)

Si ces *Modifications* sont des *Faits palpables*, elles pourront être l'Objet *direct* du *Témoignage*.

Si ce *Témoignage* réunit au plus haut degré toutes les *Conditions* que la Raison exige pour la *validité* de quélque Témoignage que ce soit ; si même il en réunit que la Raison n'exige pas dans les Témoignages *ordinaires* ; il sera, ce me semble, *moralement certain* que le LÉGISLATEUR aura *parlé*.

Cette *Certitude morale* me paroîtra accroître si je puis découvrir avec évidence le *But* que le LÉGISLATEUR s'est proposé en *modifiant* ainsi les *Lois de la Nature*. (†)

※

MON *Scepticisme* ne doit pas en demeurer là : les Faits que je nomme *miraculeux* sont une *Violation* de l'*Ordre physique* : l'*Imposture* est une *Violation* de l'*Ordre*

(*) Consultez la Partie XVII de cet Ecrit.
(†) Consultez encore la Partie XVII de cette *Palingénésie*.

moral, quand elle a lieu dans des *Témoins* qui paroissent réunir au plus haut point toutes les *Conditions* essentielles au *Témoignage*.

Seroit il donc *moins probable*, que de *pareils* Témoins attestassent des Faits *faux*, qu'il ne l'est qu'un *Mort* soit *ressuscité* ?

Je rappelle ici à mon Esprit, ce que j'ai exposé sur l'*Ordre physique* dans la Partie précédente. Si j'ai reconnu assez clairement, que les *Miracles* ont pu ressortir d'une *Prédétermination physique* ; ils ne seront pas des *Violations* de l'Ordre *physique* ; mais ils seront des Dispensations *particulieres* de cet *Ordre*, renfermées dans cette grande *Chaîne*, qui lie le Passé au Présent ; le Présent à l'Avenir ; l'Avenir à l'Eternité.

Il n'en est donc pas de l'*Ordre physique*, précisément comme de l'*Ordre moral*. Le premier tient aux *Modifications possibles* des *Corps* : le second tient aux *Modifications possibles* de l'*Ame*.

L'*Ensemble* de *certaines* Modifications de l'*Ame*, constitue ce que je nomme un *Caractere moral*.

L'espece, la multiplicité & la variété des *Actes* par lesquels un *Caractere moral* se fait connoître à moi, fondent le *Jugement* que je porte de ce *Caractere*. (*)

Mon *Jugement* approchera donc d'autant plus de la *Certitude*, que je connoîtrai un *plus grand* nombre de ces *Actes* & qu'ils seront *plus divers*.

Si ces *Actes* étoient marqués au coin de la plus solide Vertu; s'ils convergeoient vers un *But* commun; si ce But étoit le plus grand Bonheur des Hommes; ce *Caractere moral* me paroîtroit éminemment *vertueux*.

Il me paroît donc, qu'il est *moins probable*, qu'un Témoin *éminemment vertueux* atteste *pour vrai* un Fait *extraordinaire* qu'il sauroit être *faux*, qu'il ne l'est qu'un Corps subisse une *Modification* contraire au *Cours ordinaire* de la Nature.

C'est que je découvre clairement une PREMIERE CAUSE & un *But* de cette *Modification* : c'est que je ne découvre

---

(*) Voyez ce que j'ai dit là-dessus, pag. 210.

aucune *contradiction* entre cette Modification, & ce que je nomme l'*Essence* du Corps : c'est que loin de découvrir aucune *raison suffisante* pourquoi un tel *Témoin* me *tromperoit*, je découvre, au contraire, divers Motifs très-puissans qui pourroient l'engager à taire le *Fait*, si l'*Amour de la Vérité* n'étoit chez lui *prédominant*.

Et si plusieurs *Témoins* de cet *Ordre*, concourent à attester le même Fait miraculeux ; s'ils persévèrent *constamment* dans leurs *Dépositions* ; si en y persévérant, ils s'exposent *évidemment* aux plus grandes calamités & à la Mort même ; je dirois, que l'*Imposture* de pareils *Témoins* seroit une *violation* de l'Ordre *moral*, que je ne pourrois présumer sans choquer les Notions du *Sens-commun*.

Il me semble que je choquerois encore ces *Notions*, si je présumois que ces *Témoins* se sont eux-mêmes *trompés* : car j'ai supposé qu'ils attestoient un Fait *très-palpable*, dont les *Sens* pouvoient aussi bien juger que de tout autre Fait ; un *Fait* enfin, dont les Témoins étoient fortement intéressés à s'assurer.

Une

Une chose au moins que je ne puis contester, c'est que ce *Fait* m'auroit paru indubitable, si j'en avois été le *Témoin*. Cependant il ne m'en auroit pas paru moins *opposé* à l'*Expérience* ou au *Cours ordinaire* de la Nature. Or, ce que j'aurois pu *voir* & *palper* si j'avois été dans le Temps & dans le Lieu où le Fait s'est passé; nierai-je qu'il ait pu être *vu* & *palpé*, par des Hommes qui possédoient les *mêmes Facultés* que moi ? (*)

Il me paroît donc, que je suis *raisonnablement* obligé de reconnoître, que la *Peuve* que je tirois de l'*Ordre physique*, ne sauroit être *opposée* à celle que me fournit l'*Ordre moral* : 1°. parce que ces *Preuves* sont d'un Genre *très-différent*, & que la Certitude *morale* n'est pas la Certitude *physique* : 2°. parce que je n'ai pas même ici une Certitude *physique* que je puisse légitimement *opposer* à la *Certitude morale* ; puisque j'ai admis que l'*Ordre physique* étoit soumis à une INTELLIGENCE QUI a pu le *modifier* dans un

---

(*) Consultez ce que j'ai dit sur ce point en posant les Fondemens *analogiques* du Témoignage, au commencement de cette Partie.

Tome II.

Rapport direct à un *certain But*, & que j'apperçois distinctement ce *But*. (*)

Ainsi, je ne saurois tirer en bonne Logique, une Conclusion *générale* de l'*Expérience* ou de l'*Ordre physique* contre le *Témoignage* : cette *Conclusion* s'étendroit au-delà des *Prémisses*. Je puis bien tirer cette Conclusion *particuliere* ; *que suivant le Cours ordinaire de la Nature les Morts ne ressuscitent point* : mais je ne saurois affirmer *logiquement*, qu'il n'y a aucune *Dispensation* secrete de l'*Ordre physique*, dont la *Résurrection* des Morts puisse *résulter*. Je choquerois bien plus encore la saine Logique, si j'affirmois en *général*, l'*impossibilité* de la Résurrection des Morts.

※

Au reste ; quand il seroit *démontré*, que les *Miracles* ne peuvent ressortir que d'une Action *immédiate* de la TOUTE PUISSANCE, ils n'en seroient pas plus une *Violation* de l'Ordre *physique*. C'est que le LÉGISLATEUR de la Nature ne *viole* point ses *Lois* lorsqu'IL les *suspend* ou les *modifie*. IL ne le fait pas même

(*) Consultez les Parties XVI & XVII de cette *Palingénésie*.

par une *nouvelle Volonté:* SON INTEL-
LIGENCE découvroit d'un coup d'Œil
toute la *Suite* des Chofes, & les *Mira-
cles* entroient de toute Eternité dans cette
Suite, comme *Condition* du plus grand
Bien.

L'Auteur Anonyme de l'*Effai de Pfychologie* (*) a rendu ceci avec fa conci-
fion ordinaire, & l'on auroit fans doute,
donné plus d'attention à fes Principes,
s'ils avoient été publiés par un Ecrivain
plus connu & plus facile à entendre. On
n'aime pas les Livres qu'il faut trop étudier.

» Lorfque le *Cours* de la Nature, dit-
» il, paroît tout à coup changé, ou in-
» terrompu, on nomme cela un *Miracle*,
» & on croit qu'il eft l'Effet de l'Action
» *immédiate* de DIEU. Ce jugement peut
» être faux & le Miracle reffortir encore
» des Caufes fecondes ou d'un *Arrange-
» ment préétabli.* La grandeur du *Bien*
» qui devoit en réfulter, exigeoit cet Ar-
» rangement, ou cette *exception* aux

(*) *Effai de Pfychologie, ou Confidérations fur les
Opérations de l'Ame, fur l'Habitude & fur l'Education
&c. Principes philofophiques,* Part. III, Chap. III.

» Lois *ordinaires*. Mais s'il est des Mi-
» racles qui dépendent de l'Action immé-
» diate de DIEU, cette Action entroit
» dans le *Plan* comme moyen *nécessaire*
» du Bonheur. Dans l'un & dans l'autre
» cas, l'effet est le même pour la Foi.

※

J'AI supposé, que les *Témoins* dont il s'agit, ne pouvoient ni *tromper* ni *être trompés*. La premiere supposition m'a paru fondée principalement sur leur *Intégrité*; le seconde, sur la *palpabilité* des Faits.

La *Probabilité* de la premiere suppo-sition, me sembleroit accroître beau-coup, si les *Faits* attestés étoient de na-ture à ne pouvoir être crus par des Hom-mes de Bon-sens, si ces *Faits* n'avoient été *vrais*.

Je conçois à merveille, qu'une *fausse* Doctrine peut facilement s'accréditer. C'est à l'*Entendement* à juger d'une Doc-trine, & l'entendement n'est pas toujours pourvu des *Notions* qui peuvent aider à discerner le *Faux* en certains Genres.

Mais, s'il est question de *Choses* qui

tombent fous tous les Sens, de Chofes de *notoriété publique*, de Chofes qui fe paſſent dans un *Temps* & dans un *Lieu* féconds en Contradicteurs; ſi enfin ces Chofes combattent des *Préjugés nationaux*, des Préjugés *politiques* & *religieux*; comment des *Impoſteurs* qui n'auront pas tout-à-fait perdu le Sens, pourront-ils fe flatter un inſtant d'accréditer de *pareilles Chofes* ?

Au moins ne s'aviſeront-ils pas de vouloir perſuader à leurs Compatriotes & à leurs Contemporains, qu'un Homme, connu de tout le Monde, & qui eſt mort *en public*, eſt *reſſuſcité*; qu'à la Mort de cet Homme, il y a eu pendant pluſieurs heures, des *Ténebres* fur tout le Pays, que la Terre *a tremblé*, &c. Si ces *Impoſteurs* font des Gens *fans Lettres* & du plus bas Ordre, ils s'aviſeront bien moins encore de prétendre *parler* des Langues *étrangeres*, & n'iront pas faire à une *Société* entiere & nombreuſe le reproche abſurde qu'elle abuſe de ce même Don *extraordinaire*, qu'elle n'auroit pourtant point reçu.

Je ne fais fi je me trompe; mais il me ſemble, que de *pareils Faits* n'auroient jamais pu être admis, s'ils avoient été *faux*. Ceci me paroîtroit plus *improbable* encore, si ceux qui faisoient profession *publique* de croire ces Faits & qui les répandoient, s'exposoient volontairement à tout ce que les Hommes redoutent le plus, & si néanmoins je n'appercevois dans leurs *Dépositions* aucune trace de *Fanatisme*.

Enfin, l'*improbabilité* de la Chose, me sembleroit augmenter bien davantage, si le Témoignage *public* rendu à de *pareils Faits*, avoit produit dans le Monde, une *Révolution* beaucoup plus étonnante que celles que les plus fameux Conquérans y ont jamais produit.

Que les *Témoins* dont je parle, n'ayent pu *être trompés*; c'est ce qui m'a paru se déduire légitimement de la *palpabilité* des Faits. Comment pourrois-je mettre en doute, si les *Sens* suffisent pour s'assurer qu'un Paralytique *marche*, qu'un Aveugle *voit*, qu'un Mort *ressuscite*, &c.

S'il s'agissoit, en particulier, de la *Résurrection* d'un Homme avec lequel les

Témoins eussent vécu familiérement pendant plusieurs années : si cet Homme avoit été condamné à mort par un Jugement souverain : s'il avoit expiré en public par un Supplice très-douloureux : si ce Supplice avoit laissé sur son Corps des *Cicatrices* : si après sa *Résurrection* cet Homme s'étoit montré plusieurs fois à ces mêmes *Témoins* : s'ils avoient conversé & mangé plus d'une fois avec lui : s'ils avoient reconnu ou visité ses *Cicatrices* : si enfin ils avoient fortement *douté* de cette *Résurrection* : s'ils ne s'étoient rendus qu'aux témoignages réitérés & réunis de leurs *Yeux*, de leurs *Oreilles*, de leur *Toucher* : si, dis-je, tous ces *Faits* étoient supposés vrais, je n'imaginerois point comment les *Témoins* auroient pu *être trompés*.

Mais si encore les *Miracles* attestés formoient, comme je le disois, (*) une *Chaîne* continue, dont tous les Anneaux fussent étroitement liés les uns aux autres ; si ces *Miracles* composoient, pour ainsi dire, un *Discours* suivi, dont toutes les Parties fussent *dépendantes* les unes des autres, & s'étayassent les unes les autres ; si le *Don* de parler des Langues *étrangeres* supposoit nécessairement la *Résurrec*-

(*) Consultez la Partie XVII.

tion d'un *certain* HOMME & son *Ascension* dans le Ciel ; si les *Miracles* que cet HOMME auroit prétendu faire avant sa Mort, & qui me seroient attestés par les Témoins *oculaires*, tenoient indissolublement à ceux-là ; si ces Miracles étoient très-*nombreux* & très-*diversifiés* ; s'ils avoient été opérés pendant *plusieurs années* ; si, dis-je, tout cela étoit vrai, comme je le suppose, il me seroit impossible de comprendre que les *Témoins* dont il s'agit, eussent pu *être trompés* sur tant de Faits si *palpables*, si simples, si divers.

Il me semble au moins, que s'il avoit été *possible* qu'ils se fussent *trompés* sur quelques-uns de ces Faits *extraordinaires*, il auroit été *physiquement* impossible, qu'ils se fussent trompés sur *tous*.

Comment concevrois-je sur-tout, que ces *Témoins* pussent *s'être trompés* sur les *Miracles* ni moins nombreux ni moins divers, que je suppose qu'ils croyoient opérer *eux-mêmes* ?

※

JE ne me jetterai pas ici dans des Discussions de la plus subtile *Métaphysique* sur la *Réalité* des Objets de nos Sensations, sur les *Illusions* des Sens, sur l'*existence* des Corps. Ces Subtilités métaphysiques n'entreroient pas essentiellement dans l'Examen de mon Sujet. Je n'ai point refusé de les discuter dans plusieurs de mes Ecrits précédens, & j'ai dit là-dessus tout ce que la meilleure Philosophie m'avoit enseigné.

Je sais aussi bien que personne, que les *Objets* de nos Sensations ne sauroient être *en eux-mêmes* ce qu'ils nous *paroissent* être. Je vois des *Objets* que je nomme *matériels*: je déduis des Propriétés *essentielles* de ces Objets, la Notion *générale* de la *Matiere*. « Je n'affirmerai pas, di-
» sois-je dans la Préface de mon *Essai*
» *Analytique*, (*) que les Attributs, par
» lesquels la Matiere m'est connue, soient
» en effet ce qu'ils me paroissent être.
» C'est mon Ame qui les apperçoit: ils
» ont donc du rapport avec la maniere
» dont mon Ame apperçoit: ils peuvent
» donc n'être pas précisément ce qu'ils
» me paroissent être. Mais assurément, ce
» qu'ils me paroissent être, résulte nécessairement de ce qu'ils sont en eux-mê-

(*) Page xv de l'Edition *in* 4°.

» mes, & de ce que je suis par rapport
» à eux. Comme donc je puis affirmer
» du Cercle l'égalité de ses Rayons, je
» puis affirmer de la Matiere qu'elle est
» étendue & solide; ou pour parler plus
» exactement, qu'il est hors de moi quel-
» que chose qui me donne l'Idée de l'E-
» tendue solide. Les Attributs à moi con-
» nus de la Matiere sont donc des effets;
» j'observe ces Effets, & j'en ignore les
» Causes. Il peut y avoir bien d'autres
» Effets dont je ne soupçonne pas le moins
» du monde l'existence; un Aveugle
» soupçonne-t-il l'usage d'un Prisme?
» Mais je suis au moins très-assuré que
» ces Effets qui me sont inconnus, ne
» sont point opposés à ceux que je con-
» nois.

J'ai assez fait entrevoir dans la Partie XIII de cette *Palingénésie*, (*) que les Objets *matériels* ne sont aux Yeux d'une Philosophie *transcendante*, que de purs *Phénomenes*, de simples *Apparences*, fondées en partie, sur notre maniere de *voir* & de *concevoir*: mais ces *Phénomenes* n'en sont pas moins *réels*, moins *permanens*, moins *invariables*. Ils n'en résul-

(*) Pages 32, 33, 34, 35.

tent pas moins des *Loix immuables* de notre Etre. Ils n'en fourniſſent donc pas un *Fondement* moins ſolide à nos Raiſonnemens.

Ainſi parce que les *Objets* de nos Senſations ne ſont point *en eux-mêmes* ce qu'ils nous *paroiſſent* être, il ne s'enſuit point du tout, que nous ne puiſſions pas raiſonner ſur ces Objets comme s'ils étoient *réellement* ce qu'ils nous *ſemblent* être. Il doit nous ſuffire que les *Apparences* ne changent jamais.

Je pourrois dire beaucoup plus : quand le pur *Idéaliſme* ſeroit rigoureuſement démontré, rien ne changeroit encore dans l'*Ordre* de nos Idées *ſenſibles* & dans les *Jugemens* que nous portons ſur ces Idées. L'*Univers*, devenu purement *idéal*, n'en exiſteroit pas moins pour chaqu'Ame *individuelle* : il n'offriroit pas moins à chaqu'Ame, les mêmes Choſes, les mêmes Combinaiſons & les mêmes Succeſſions de Choſes, que nous contemplons à préſent. On n'ignore pas que le pieux & ſavant Prélat, qui s'étoit déclaré ſi ouvertement & ſi vivement le Défenſeur de ce Syſtême ſingulier, ſoutenoit, qu'il étoit de tous les Syſtêmes le plus favorable à cette Religion, à laquelle il avoit consacré ses Travaux & ses Biens.

Si donc je prétendois, que notre ignorance sur la Nature *particuliere* des Objets de nos Sensations, pût infirmer le *Témoignage* rendu aux Faits *miraculeux;* il faudroit nécessairement me résoudre à *douter* de *tous* les Faits de la *Physique*, de l'*Histoire Naturelle*, & en général, de tous les Faits *historiques.* Un *Pyrrhonisme* si universel seroit-il bien conforme à la *Raison?* je devrois dire seulement, au *Sens commun.*

Je ne dirai rien des *Illusions* des *Sens;* parce que j'ai supposé, que les Faits *miraculeux* étoient *palpables*, nombreux, divers; tels, en un mot, que leur *Certitude* ne pouvoit être douteuse. Il seroit d'ailleurs fort peu raisonnable, que j'argumentasse des *Illusions* des *Sens*, lorsqu'il s'agit de *Faits*, qui ont pu être examinés par *plusieurs* Sens, & que je suppose l'avoir été en effet.

※

Mais, n'ai-je point trop donné au *Té-*

moignage? Ne s'est-il point glissé d'erreur dans mes raisonnemens? Ai-je assez *douté?*

Je ne suis assuré de la *Véracité* des Hommes, que par la *Connoissance* que j'ai des Hommes: cette Connoissance repose elle-même sur l'*Expérience*, & c'est l'*Expérience* elle-même qui dépose contre la Possibilité *physique* des *Miracles*.

Voilà donc l'Expérience en conflict avec l'Expérience: comment décider entre deux Expériences si opposées?

J'apperçois ici des distinctions qui naissent du fond du Sujet, & que je veux essayer de me développer un peu à moi-même.

Précisément parce que je ne pouvois coéxister à tous les Temps & à tous les Lieux, mon Expérience *personnelle* est nécessairement très-resserrée, & il en est de même de celle de mes *Semblables*.

Toute *Expérience* que je n'ai pu faire moi-même, ne sauroit donc m'être connue que par le *Témoignage*.

Quand je dis, que l'*Expérience* de tous les Temps & de tous les Lieux dépose, *que les Morts ne ressuscitent point;* je ne dis autre chose sinon, que le *Témoignage* de tous les Temps & de tous les Lieux atteste, *que les Morts ne ressuscitent point.*

Si donc il se trouve des *Témoignages*, que je suppose *très-valides*, qui attestent, *que des Morts sont ressuscités*, il y aura *conflict* entre les *Témoignages.*

Je dis, que ces *Témoignages* ne seront point proprement *contradictoires* : c'est que les *Témoignages* qui attestent que les Morts ne *ressuscitent point*, n'attestent pas qu'il est *impossible* que les Morts *ressuscitent.*

Les *Témoignages* qui paroissent ici en opposition, sont donc simplement *différens.*

Or, si les *Témoins* qui attestent, que des Morts sont *ressuscités*, ont toutes les Qualités requises pour mériter mon *assentiment*, je ne pourrai raisonnablement le leur refuser :

1°. Parce que les *Témoignages différens*

ne peuvent prouver l'impossibilité de cette *Résurrection* :

2°. Parce que je n'ai aucune *Preuve* que l'*Ordre physique* ne renferme point des *Dispensations secrettes*, dont cette *Résurrection* ait pu *résulter* :

3°. Parce qu'en même temps que les *Témoins* m'attestent cette *Résurrection*, je découvre évidemment le *But moral* du *Miracle*.

Ainsi, il n'y a point proprement de *contradiction* entre les *Expériences* ; mais il y a *diversité* entre les *Témoignages*.

C'est bien l'*Expérience* qui me fait connoître l'*Ordre physique* : c'est bien encore l'*Expérience*, qui me fait connoître l'*Ordre moral* : mais ces deux *Expériences* ne sont pas précisément du *même Genre*, & ne sauroient être *balancées* l'une par l'autre.

Je puis déduire légitimement de l'*Expérience* du *premier Genre*, que suivant le *Cours ordinaire* de la Nature, les Morts *ne ressuscitent point* : mais je ne puis en déduire légitimement, qu'il eft *phyfiquement impoffible* que les Morts *reffufcitent.*

Je puis déduire légitimement de l'Expérience du *fecond Genre*, que des Hommes, qui poffedent les *mêmes Facultés* que moi, ont pu *voir* & *palper* des *Chofes*, que j'aurois *vues* & *palpées* moi-même, fi j'avois été placé dans le *même Temps* & dans le *même Lieu.*

Je puis déduire encore de cette forte d'*Expérience*, que ces Hommes ont *vu* & *palpé* ces *Chofes*, fi j'ai des Preuves morales *fuffifantes* de la *validité* de leur Témoignage.

L'Indien qui *décide* qu'il eft phyfiquement *impoffible* que l'*Eau* devienne un *Corps dur*, n'eft pas *Logicien* : fa *Conclufion* va plus loin que fes *Prémiffes*. Il devroit fe borner à dire, qu'il n'a jamais vu & qu'on n'a jamais vu l'*Eau* devenir dans fon Pays un *Corps dur.* Et parce que cet Indien n'auroit jamais vu cela, & qu'il feroit très-sûr que fes Compatriotes ne l'auroient jamais vu ; il feroit très-jufte qu'il fe rendît fort difficile fur les *Témoignages* qui lui feroient rendus de ce *Fait.*

Si

Si je ne devois partir en Physique que des *seuls* Faits *connus*, il auroit fallu que j'eusse rejeté, *sans examen*, les Merveilles de l'*Électricité*, les prodiges des *Polypes*, & une multitude d'autres Faits de même Genre : car quelle *Analogie* pouvois-je découvrir entre ces *Prodiges* & ce qui m'étoit *connu ?*

Je les ai cru néanmoins, ces *Prodiges* : 1°. parce que les *Témoignages* m'ont paru *suffisans* : 2°. parce qu'en bonne *Logique*, mon ignorance des secrets de la Nature ne pouvoit être un Titre *suffisant* à opposer à des Témoignages *valides ?*

Mais comme il faut un plus grand nombre de *Preuves morales* pour rendre *probable* un Fait *miraculeux*, que pour rendre *probable* un *Prodige* de *Physique ;* je crois découvrir aussi dans les *Témoignages* qui déposent en faveur des Faits *miraculeux*, des *Caracteres* proportionnés à la *nature* de ces *Faits.*

J'ai indiqué dans la Partie XVII, ce qui m'a paru *différencier* le *Miracle* du *Prodige.* Je n'ai pas nommé les *Miracles* des Faits *surnaturels ;* j'avois assez entrevu qu'ils *pouvoient ressortir* d'un Arrangement *préétabli* : je les ai donc nommés simplement des Faits *extraordinaires*, par opposition aux *Faits* renfermés dans le Cours *ordinaire* de la Nature.

Afin donc qu'il y eût ici une contradiction *réelle* entre les *Témoignages*, il faudroit que ces *Témoins* qui m'attestent la *Résurrection* d'un Mort, m'attestassent en même temps qu'elle s'est opérée suivant le Cours *ordinaire* de la Nature. Or, je sais très-bien, que loin d'attester cela, ils ont toujours rapporté le *Miracle* à l'*intervention* de la TOUTE-PUISSANCE.

Ainsi, je ne puis argumenter *logiquement* de l'*Uniformité* du Cours de la Nature, contre le *Témoignage* qui atteste que cette *Uniformité* n'est pas *constante*. Car, encore une fois, l'*Expérience* qui atteste l'*Uniformité* du Cours de la Nature, ne prouve point du tout que ce *Cours* ne puisse être changé ou *modifié*.

⁂

JE reconnois donc de plus en plus, que je ne dois pas confondre la *Certitude morale*

(*) Consultez la Trad. Franç. de l'*Ecrit* de M. CAMPBELL, sur les *Miracles*, & sur-tout les notes du Trad.

avec la *Certitude physique*. Celle-ci peut être ramenée à un *Calcul* exact, lorsque tous les Cas *possibles* sont *connus*, comme dans les *Jeux de Hasard*, &c. ou à des *Approximations*, lorsque tous les Cas *possibles* ne sont pas *connus*, ou que les *Expériences* n'ont pas été assez *multipliées*, comme dans les Choses qui concernent la *Durée* & les *Accidens* de la Vie *humaine*, &c.

Mais les Choses qu'on nomme *morales* ne sauroient être ramenées au *Calcul*. Ici le nombre des *inconnues* est trop grand proportionnellement au nombre des *connues*. Le *Moral* est fondu avec le *Physique* dans la *Composition* de l'Homme : de là naît une beaucoup plus grande complication. L'*Homme* est de tous les Etres terrestres le plus compliqué. Comment donc donner l'*Expression algébrique* d'un *Caractere moral !* Connoît-on assez l'*Ame ?* Connoît-on assez le *Corps ?* Connoît-on le Mystere de leur *Union ?* Peut-on *évaluer* avec quelque précision les *Effets* divers de tant de *Circonstances* qui agissent sans cesse sur cet Etre si *composé ?* Peut-on..... mais il vaut mieux que je prie mon Lecteur de relire ce que j'ai dit de l'*Imperfection* de notre *Morale*, dans la Partie XIII de cette *Palingénésie*.

Q ij

Conclurai-je néanmoins de tout cela, qu'il n'y a point de *Certitude morale ?* Parce que j'ignore le *Secret* de la Composition de l'Homme, en déduirai-je, que je ne connois rien du tout de l'*Homme ?* Parce que je ne sais point *comment* l'ébranlement de quelques *Fibres* du Cerveau est accompagné de *certaines Idées*, nierai-je l'*existence* de ces Idées ? Ce seroit nier l'existence de mes *propres* Idées : parce que je ne *vois* point ces Fibres infiniment déliées, dont les jeux divers influent fur l'*exercice* de l'Entendement & de la Volonté, mettrai-je en doute, s'il est un *Entendement* & une *Volonté ?* Ce seroit douter si j'ai un *Entendement* & une *Volonté*, &c. &c.

Je connois très-bien certains *Résultats* généraux de la *Constitution* de l'Homme, & je vois clairement que c'est sur ces Résultats que la *Certitude morale* est fondée. Je sais assez ce que les *Sens* peuvent ou ne peuvent pas en matière de *Faits*, pour être très-sûr que *certains* Faits ont pu être *vus & palpés*. Je connois assez les *Facultés* & les *Affections* de l'Homme, pour être *moralement* certain que dans telles ou telles *Circonstances* données, des *Témoins* auront attesté la *Vérité*.

Je suis même forcé d'avouer, que si je refusois d'adhérer à ces Principes, je renoncerois aux *Maximes* les plus communes de la Raison, & je m'éleverois contre l'Ordre *civil* de tous les Siecles & de toutes les Nations.

Si donc je cherche la Vérité de bonne foi, je ne subtiliserai point une Question assez simple & de la plus haute importance : je tâcherai de la ramener à ses véritables termes : je conviendrai que le *Témoignage* peut prouver les *Miracles* ; mais j'examinerai avec soin, si ce *Témoignage* réunit des *Conditions* telles qu'elles suffisent pour établir de *pareils Faits* ou du moins pour les rendre très-probables.

※

J'AI fait entrer dans les *Caractéristiques* des *Miracles* une Condition qui m'a paru *essentielle* ; c'est qu'ils soient toujours accompagnés de *Circonstances* propres par elles-mêmes à en déterminer évidemment le *But*. (*)

Ces *Circonstances* peuvent être fort *étrangeres* à la Cause secrette & *efficiente* du

---

(*) Consultez la Partie XVII.

Q iij

Miracle. Quelques *mots* qu'un Homme profere à haute Voix, ne font pas la Caufe *efficiente* de la *Réfurrection* d'un Mort: mais fi la Nature obéit à l'inftant à cette Voix, il fera vrai que le MAITRE de la Nature aura *parlé*.

Il fuit donc des Principes que j'ai cherché à me faire fur les *Miracles*, qu'ils fe feroient opérés, lors même qu'il n'y auroit eu ni ENVOYÉ ni *Témoins* qui paruffent *commander* à la *Nature*. Les *Miracles* tenoient, dans mes Principes, à cet *Enchaînement univerfel*, qui *prédétermine* le *Temps* & la *Maniere* de l'Apparition des Chofes.

Je conçois qu'il peut en être ici des *Miracles*, comme de l'*Harmonie préétablie*. Le *Corps*, féparé de l'*Ame*, exécuteroit les mêmes Mouvemens, & la même Suite de Mouvemens, que nous lui voyons exécuter dans le Syftême de l'*Union*. (*)

Mais s'il n'y avoit eu ni ENVOYÉ ni *Témoins* qui *interprétaffent* aux Hommes cette Difpenfation *extraordinaire*, & en

---

(*) Confultez la Part. VII de cet Ecrit, pag. 291, 292, 293.

développassent le *But*, elle seroit demeurée stérile, & n'auroit qu'un Objet de pure curiosité & de vaines Spéculations.

Les *Miracles* auroient pu paroître alors rentrer dans le Cours *ordinaire* de la Nature, ou dépendre de quelques Circonstances très-rares, &c. Ils n'auroient plus été que de simples *Prodiges*, sur lesquels les Savans auroient enfanté bien des Systêmes, & que les Ignorans auroient attribués à quelque Puissance invisible, &c.

Plusieurs de ces *Miracles* n'auroient pu même s'opérer, parce que leur exécution tenoit à des Circonstances *extérieures* qui devoient être préparées par l'ENVOYÉ ou par ses Ministres.

Mais dans le Plan de la SAGESSE tout étoit enchaîné & *harmonique*. Les *Miracles* étoient en rapport avec un certain Point de la Durée & de l'Espace: leur Apparition étoit liée à celle de ces Personnages, qui devoient signifier à la Nature les Ordres du LÉGISLATEUR, & aux Hommes les Desseins de SA BONTÉ.

Ce seroit donc principalement ici, que je chercherois ce *Parallélisme* de la *Nature* & de la *Grace*, si propre à annoncer aux Etres Pensans cette SUPRÊME INTELLIGENCE QUI a tout préordonné par un *seul* Acte. (*)

Si l'ENVOYÉ & ses Ministres ont *prié* pour obtenir des Guérisons *extraordinaires* ou d'autres Evénemens *miraculeux*, leurs *Prieres* entroient, comme tout le reste, dans la *grande Chaîne* : elles avoient été *prévues* de toute éternité par CELUI QUI tient la *Chaîne* dans SA MAIN, & IL avoit *coordonné* les Causes de tel ou tel *Miracle* à telles ou telles *Prieres*.

❦

IL me reste un doute sur le *Témoignage*, qui mérite de m'occuper quelques momens.

J'ai admis au moins comme très-probable que ces *Témoins* qui m'attestent des Faits *miraculeux*, n'avoient été ni *trompeurs* ni *trompés* : mais seroit-il *moralement impossible* qu'ils eussent été des *Imposteurs*

(*) Consultez en particulier ce que j'ai dit dans les Part. VI, XVI, XVII sur cette *Préordination universelle*.

d'une *Espece* très-nouvelle & d'un *Ordre* fort relevé ? Je m'explique.

Je suppose des Hommes pleins de l'Amour le plus ardent pour le Genre-humain, & qui connoissant la *Beauté* & l'*Utilité* d'une Doctrine, qu'ils auroient désiré passionnément d'accréditer, auroient très-bien compris que des *Miracles* étoient absolument nécessaires à leur But. Je suppose, que ces Hommes auroient en conséquence feint des *Miracles* & se seroient produits ainsi comme des Envoyés du TRÈS-HAUT. Je suppose enfin, qu'inspirés & soutenus par un genre d'*Héroïsme* si nouveau, ils se seroient dévoués volontairement aux souffrances & à la mort pour soutenir une *Imposture*, qu'ils auroient jugée si utile au *Bonheur* du Genre-humain.

Voilà déjà un grand entassement de *Suppositions*, toutes très-singulieres. Là-dessus, je me demande d'abord à moi-même, si un pareil *Héroïsme* est bien dans l'*Analogie*, de l'*Ordre moral* ? Je dois éviter sur-tout de choquer le *Sens commun*.

Des Hommes simples & illettrés, inventeront-ils une semblable *Doctrine*? Formeront-ils un tel *Projet*? Le mettront-ils en exécution? Le consommeront-ils?

Des Hommes qui font profession de Cœur & d'Esprit de croire une Vie à venir, & un DIEU vengeur de l'*Imposture*, espéreront-ils d'aller à la Félicité par la route de l'*Imposture*?

Des Hommes qui, loin d'être assurés que DIEU approuvera leur Imposture, ont au contraire, des raisons très-fortes de craindre qu'il ne la condamne, s'exposeront-ils aux plus grandes calamités, aux plus grands périls, à la mort, pour défendre & propager cette *Imposture*?

Des Hommes qui aspirent au glorieux Titre de Bienfaicteurs du Genre-humain, exposeront-ils leurs Semblables aux plus cruelles épreuves, sans avoir aucune Certitude des dédommagemens qu'ils leur promettent?

Des Hommes qui se réunissent pour exécuter un *Projet* si étrange, si composé, si dangereux, seront-ils bien sûrs les uns des autres? Se flatteront-ils de n'être jamais trahis ? Ne le feront-ils jamais en effet ?

Des Hommes qui n'entreprennent pas feulement de perfuader à leurs Contemporains la Vérité & l'Utilité d'une *certaine* Doctrine ; mais qui entreprennent encore de leur perfuader la réalité de *Faits* incroyables de leur nature, de Faits publics, nombreux, divers, circonftanciés, récens, efpéreront-ils d'obtenir la moindre créance, fi tous ces Faits font de pures inventions ? Pourront-ils fe flatter raifonnablement de n'être jamais confondus ? Ne le feront-ils en effet jamais ?

Des Hommes . . . . . je fuis accablé fous le poids des Objections, & je fuis forcé d'abandonner des *Suppofitions* qui choquent fi fortement toutes les Notions du *Sens commun*. A peine pourrois-je concevoir, qu'un *Héroïfme* fi fingulier eût pu fe glifler dans une feule Tête : comment concevrois-je qu'il fe fût emparé de plufieurs Têtes, & qu'il eût agi dans toutes avec la même force, la même conftance, la même unité ?

Et ce qui me paroît fi improbable à

l'égard de ce Genre d'*Héroïsme*, ne me le paroîtroit pas moins, quand il ne s'agiroit que de l'Amour de la *Gloire* ou de la *Renommée*.

Si des considérations solides m'ont convaincu qu'il est un *Ordre moral* ; (*) si les *jugemens* que je porte des *Hommes*, reposent essentiellement sur cet *Ordre moral* ; je ne saurois raisonnablement admettre des *Suppositions*, qui n'ont aucune *analogie* avec cet *Ordre*, & qui me paroissent même lui être directement *opposées*.

Ici un doute en engendre promptement un autre. Le Sujet que je manie, est aussi composé qu'important. Il présente une multitude de faces : je ne pouvois entreprendre de les considérer toutes : j'aurai au moins fixé les principales.

Les Annales religieuses de presque tous les Peuples sont pleines d'Apparitions, de Miracles, de Prodiges, &c. Il n'est presqu'aucune Opinion religieuse, qui ne produise en sa faveur des *Miracles*, & même des *Martyrs*.

(*) Voyez le commencement de cette Partie.

L'Esprit-humain se plaît au *Merveilleux* : il a une sorte de Goût inné pour tout ce qui est extraordinaire ou nouveau : on le frappe toujours en lui racontant des Prodiges : il leur prête au moins une Oreille attentive, & il les croit souvent sans examen. Il semble même n'être pas trop fait pour *douter* : il aime plus à *croire* : le doute *philosophique* suppose des efforts qui, pour l'ordinaire, lui coûtent trop.

Ces Dispositions naturelles de l'Esprit humain sont très-propres à accroître la défiance d'un Philosophe sur tout ce qui a l'air de *Miracle*, & doivent l'engager à se rendre très-difficile sur les *Preuves* qu'on lui produit en ce Genre.

Mais, les Visions de l'*Alchimie* porteront-elles un Philosophe à rejetter les Vérités de la *Chimie* ? Parce que quantité de Livres de Physique & d'Histoire fourmillent d'Observations trompeuses & de Faits controuvés ou hasardés, un Philosophe, qui saura douter, en tirera-t-il une Conclusion *générale* contre tous les Livres de *Physique* & d'*Histoire* ? Etendra-t-il sa *Conclusion* indistinctement à *toutes* les Observations, à *tous* les Faits ?

Si beaucoup d'Opinions religieuses ont emprunté l'appui des *Miracles*, cela même me paroîtroit prouver, que dans tous les Temps & dans tous les Lieux, les *Miracles* ont été regardés comme le *Langage* le plus expressif que la DIVINITÉ pût adresser aux Hommes, & comme le Sceau le plus *caractéristique* qu'ELLE pût apposer à la *Mission* de SES Envoyés.

Je descends ensuite dans le détail : je compare les *Faits* aux *Faits*, les *Miracles* aux *Miracles* : j'oppose les *Témoignages* aux *Témoignages* ; & je suis frappé d'étonnement à la vue de l'énorme différence que je découvre entre les *Miracles* que m'attestent les *Témoins* dont j'ai parlé, & les *Faits* qu'on me produit en faveur de certaines Opinions religieuses. Les premiers me paroissent si supérieurs, soit à l'égard de l'espece, du nombre, de la diversité, de l'enchaînement, de la durée, de la publicité, de l'utilité directe ou particuliere ; (*) soit sur-tout à l'égard de l'*importance* du But général, de la

---

(*) Ces *Miracles* ne sont point fastueux : ils ne sont point une vaine ostentation de Puissance : ils sont la plupart des Œuvres de Miséricorde, des Actes de Bienfaisance.

grandeur des Suites, de la *Force* des *Témoignages* ; que je ne puis raisonnablement ne les pas admettre au moins comme très-probables ; tandis que je ne puis pas raisonnablement ne point rejeter les autres comme des *Inventions* aussi ridicules en elles-mêmes, qu'indignes de la SAGESSE & de la MAJESTÉ du MAITRE du Monde.

Hésiterai-je donc à prononcer entre les prestiges, les tours d'adresse d'un ALEXANDRE du Pont ou d'un APOLLONIUS de Thyane, & les Miracles qui me sont attestés par les *Témoins* dont il s'agit ? Demeurerai-je en suspens entre l'Autorité d'un PHILOSTRATE & celle de ces Témoins ? Péserai-je dans la même Balance la Fable & l'Histoire ? (*)

Si un Historien (†) d'un grand poids me rapporte qu'un Empereur Romain a rendu la vue à un Aveugle & guéri un

---

(*) On sent assez que la nature de cet Ecrit ne me permet point d'entrer dans des détails *historiques* & *critiques*, qui contrasteroient trop avec une simple *Esquisse*. On les trouvera, ces détails, dans presque tous les Livres qui ont été publiés en faveur de la *Vérité* qui m'occupe. On peut se borner à consulter les savantes *Notes* de l'estimable M. SEIGNEUX DE CORREVON sur l'Ouvrage du célebre ADDISSON.

(†) TACITE sur VESPASIEN.

Boiteux; j'examinerai si cet Historien, que je sais très-bien n'être point crédule, se donne pour le *Témoin oculaire* de ces Faits. Si je lis dans ses *Annales*, qu'il ne les rapporte que comme un *Bruit populaire* : (*) s'il insinue lui-même assez clairement que c'étoit là une petite Invention destinée à favoriser la cause de l'Empereur : (†) s'il parle de cette Invention comme d'une flatterie ; (**) je ne pourrai inférer du récit de cet Historien, que la *réalité* d'un *Bruit populaire*.

Si dans le Siecle le plus éclairé qui fut jamais, & dans la Capitale d'un grand Royaume, on a prétendu que des *Miracles* s'opéroient par des *Convulsions* ; si un Homme en Place a consigné ces prétendus Miracles dans un gros Livre ; s'il a tâché de les étayer de divers Témoignages ; si une Société nombreuse a donné ces *Faits* comme des Preuves de la vérité de son Opinion sur un Passage d'un Traité de Théologie ; je ne verrai dans tout cela qu'une Invention burlesque, & j'y con-

---

(*) *Utrumque pro Concione tentavit, nec eventus defuit.*

(†) *Queis cœlestis favor, & quædam in Vespasianum inclinatio numinum ostenderetur.*

(**) *Vocibus adulantium in spem induci*

templerai

templerai à regret les monstrueux écarts de la Raison humaine. (*)

Parce que l'Erreur a eu ses *Martyrs* comme la Vérité, je ne puis point regarder les *Martyrs* comme des Preuves *de Fait* de la *Vérité* d'une Opinion. Mais si des Hommes vertueux & d'un Sens droit souffrent le *Martyre* en faveur d'une Opinion, j'en conclurai légitimement qu'ils étoient au moins très-persuadés de la *Vérité* de cette Opinion. Je rechercherai donc les *Fondemens* de leur Opinion, & si je vois que ce sont des *Faits* si *palpables*, si nombreux, si divers, si enchaînés les uns aux autres, si liés à la plus importante Fin, qu'il ait été *moralement* impossible que ces Hommes se soient trompés

---

(*) Le Lecteur judicieux me dispense sans doute de m'étendre davantage sur un Événement qui fait si peu d'honneur à notre Siecle. Je serois même tenté de reprocher à quelques Écrivains célebres, le temps qu'ils ont consumé à discuter de pareils Faits, si je ne connoissois les motifs très-louables qui les ont portés à y insister avec tant de force. Combien la *Vérité* qu'ils défendoient étoit-elle à l'abri de ces foibles traits qu'ils s'efforçoient de repousser ! Le MAITRE de la Nature en suspendra-t-IL les *Loix* pour décider la ridicule Question, si quelques Mots sont ou ne sont pas dans un certain Livre, ou pour fixer le sens de quelques paroles d'un vieux Docteur ?

sur ces *Faits*; je regarderai leur *Martyre* comme le dernier *Sceau* de leur *Témoignage*.

※

Si après avoir oui ces *Témoins*, qui ont scellé de leur Sang le *Témoignage* qu'ils ont rendu à des Faits *miraculeux*, j'apprends que leurs Ennemis les plus déclarés, leurs propres Compatriotes & leurs Contemporains, ont attribué la plupart de ces *Faits* à la *Magie*; cette accusation de *Magie* me paroîtra un aveu indirect de la *réalité* de ces Faits.

Cet Aveu me semblera acquérir une grande force, si ces Ennemis des *Témoins* sont en même temps leurs *Supérieurs* naturels, & légitimes, & si ayant en main tous les *Moyens* que la Puissance & l'Autorité peuvent donner pour constater une Imposture présumée, ils ne l'ont jamais constatée.

Que penserai-je donc, si j'apprends encore, que ces Témoins que leurs propres Magistrats n'ont pu confondre, ont persévéré constamment à charger leurs Magiſtrats du plus grand des Crimes, & qu'ils ont même oſé déférer une pareille accuſation à ces Magiſtrats eux-mêmes?

Si je viens enſuite à découvrir, que d'autres Ennemis des *Témoins*, ont auſſi attribué aux Arts *magiques*, les Faits *miraculeux* que ces derniers atteſtoient; ſi je puis m'aſſurer que ces Ennemis étoient auſſi éclairés que le Siecle le permettoit; auſſi adroits, auſſi ſubtils, auſſi vigilans qu'acharnés; ſi je ſais que la plupart vivoient dans des Temps peu éloignés de ceux des *Témoins*; ſi je ſais enfin, qu'un de ces Ennemis le plus ſubtil, le plus adroit, le plus obſtiné de tous, & aſſis ſur un des premiers Trônes du Monde, a avoué pluſieurs de ces Faits *miraculeux*; pourrai-je, en bonne Critique, ne point regarder ces *Aveux* comme de fortes préſomptions de la *réalité* des Faits dont il s'agit? (*)

(*) Je le répete: mon Plan m'interdit les détails *hiſtoriques* & *critiqes*: je ne puis qu'indiquer les plus eſſentiels. Il faut voir dans les excellens *Traités* d'un ABBADIE, d'un DITTON, d'un VERNET, d'un BERGIER, d'un BULLET &c. ces Aveux des CELSE, des PORPHIRE, des JULIEN, & des autres Adverſaires des *Témoins*. Peut-être néanmoins pourroit-on reprocher avec fondement à quelques-uns des meilleurs *Apologiſtes* des Témoins, de s'être plus attachés à *nombrer* les Argumens qu'à les *peſer*.

Si pourtant je cherchois à infirmer ces Aveux par la considération de la croyance à la Magie, qui étoit alors généralement répandue; il n'en demeureroit pas moins probable, que ces *Faits* que les Adversaires attribuoient à la Magie, étoient *vrais* ou qu'au moins ces Adversaires les reconnoissoient pour vrais: car on n'attribue pas une *Cause* à des *Faits* qu'on croit *faux*; mais on nie des Faits qu'on croit *faux*, & on en prouve la fausseté si on a les *Moyens* de le faire.

Le 11 de Février 1769.

DIX-NEUVIEME PARTIE.

SUITE DES IDÉES
SUR L'ÉTAT FUTUR
DE L'HOMME.

SUITE DE L'ESQUISSE
DES
RECHERCHES PHILOSOPHIQUES
DE L'AUTEUR
SUR LA RÉVÉLATION.

LA DEPOSITION ÉCRITE.

SANS doute que les *Témoins* des Faits *miraculeux* ont consigné dans quelque Ecrit le *Témoignage* qu'ils ont rendu si publiquement, si constamment, si una-

R iij

nimement à ces *Faits ?* On me produit, en effet, un *Livre* qu'on me donne pour la *Dépofition* fidelle des Témoins.

J'examine ce Livre avec toute l'attention dont je fuis capable ; & j'avoue, que plus je l'examine, & plus je fuis frappé des *Caracteres* de vraifemblance, d'originalité & de grandeur que j'y découvre, & qui me paroiffent en faire un Livre unique & abfolument inimitable.

L'élévation des Penfées, & la majeftueufe fimplicité de l'Expreffion ; la beauté, la pureté, je dirois volontiers l'*homogénéité* de la Doctrine ; l'importance, l'univerfalité & le petit nombre des Préceptes ; leur admirable appropriation à la Nature & aux Befoins de l'Homme ; l'ardente charité qui en preffe fi généreufement l'obfervation ; l'onction, la force & la gravité du Difcours ; le Sens caché & vraiment philofophique que j'y appercois : voilà ce qui fixe le plus mon attention dans le *Livre* que j'examine, & ce que je ne trouve point au même degré dans aucune Production de l'Efprit humain.

Je fuis très-frappé encore de la candeur, de l'ingénuité, de la modeftie, je devrois dire de l'humilité des Ecrivains, & de cet oubli singulier & perpétuel d'eux-mêmes, qui ne leur permet jamais de mêler leurs propres réflexions ni même le moindre éloge au Récit des Actions de leur MAITRE.

Quand je vois ces Ecrivains raconter avec tant de simplicité & de sang froid les plus grandes Choses; ne chercher jamais à étonner les Esprits; chercher toujours à les éclairer & à les convaincre; je ne puis m'empêcher de reconnoître, que le But de ces Ecrivains est uniquement d'attester au Genre-humain une Vérité, qu'ils jugent la plus importante pour son Bonheur.

Comme ils me paroissent n'être pleins que de cette Vérité, & ne l'être point du tout de leur propre Individu; je ne suis point surpris qu'ils ne voyent qu'elle, qu'ils ne veuillent montrer qu'elle, & qu'ils ne songent point à l'embellir. Ils disent donc tout simplement; *le Lépreux étendit sa Main, & elle devint saine: le Malade prit son Lit & se mit à marcher.*

J'apperçois bien là du vrai *Sublime*: car lorsqu'il s'agit de DIEU, c'est être Sublime, que de dire *qu'IL veut*, *& que la Chose est*: mais il m'est aisé de juger, que ce *Sublime* ne se trouve là, que parce que la Chose elle-même est d'un Genre *extraordinaire*, & que l'Ecrivain l'a rendue comme il la voyoit; c'est-à-dire, comme elle étoit, & n'a rendu qu'elle.

Non seulement ces Ecrivains me paroissent de la plus parfaite ingénuité, & ne dissimuler pas même leurs propres foiblesses; mais ce qui me surprend bien davantage, c'est qu'ils ne dissimulent point non plus certaines Circonstances de la Vie & des Souffrances de leur MAITRE, qui ne tendent point à relever sa Gloire aux Yeux du Monde. S'ils les avoient tues, on ne les auroit assurement pas devinées, & les Adversaires n'auroient pu en tirer aucun avantage. Ils les ont dites, & même assez en détail : je suis donc obligé de convenir, qu'ils ne se proposoient dans leurs Ecrits, que de rendre témoignage à la Vérité.

※

SEROIT-il possible, me dis-je toujours à moi-même, que ces Pêcheurs qui passent pour faire d'aussi grandes Choses que leur MAITRE; qui disent au Boiteux *leve-toi & marche*, & *il marche*, n'ayent pas le plus petit germe de vanité, & qu'ils dédaignent les applaudiffemens du Peuple fpectateur de leurs Prodiges ?

C'eft donc avec autant d'admiration que de furprife, que je lis ces Paroles! *Ifraëlites! pourquoi vous étonnez-vous de ceci? & pourquoi avez-vous les Yeux attachés fur nous, comme fi c'étoit par notre propre puiffance, ou par notre piété, que nous euffions fait marcher cet Homme?* (*) A ce trait fi caractériftique, méconnoitrois-je l'expreffion de l'humilité, du défintéreffement, de la Vérité ? J'ai un Cœur fait pour fentir, & je confeffe que je fuis ému toutes les fois que je lis ces Paroles.

Quels font donc ces Hommes, qui lorfque la Nature obéit à leur Voix, craignent qu'on attribue cette obéiffance *à leur puiffance ou à leur piété?* Comment recuferois-je de pareils *Témoins?* Comment concevrois-je qu'on puiffe inventer de femblables Chofes? Et combien d'autres Chofes que je découvre, qui font liées indiffolublement à celle-ci, & qui ne viennent pas plus naturellement à l'Efprit !

(*) Act. III. 12.

Je sais que plusieurs *Pieces* de la *Déposition* ont paru assez peu de temps après les Evénemens attestés par les *Témoins*. Si ces Pieces sont l'Ouvrage de quelque Imposteur, il se sera bien gardé, sans doute, de circonstancier trop son Récit, & de fournir ainsi des Moyens faciles de le confondre. Cependant rien de plus *circonstancié* que cette *Déposition* que j'ai en main : j'y trouve les Noms des Personnes, leur Qualité, leur Office, leur Demeure, leurs Maladies : j'y vois une désignation des Lieux, du Temps, des Circonstances, & cent menus détails, qui concourent tous à déterminer l'*Evénement* de la maniere la plus précise. En un mot, je ne puis m'empêcher de sentir, que si j'avois été dans le Lieu & dans le Temps où la *Déposition* a été publiée, il m'auroit été très-facile de vérifier les *Faits*. Ce que sûrement je n'aurois pas manqué de faire si j'avois existé dans ce Lieu & dans ce Temps, auroit-il été négligé par les plus obstinés & les plus puissans Ennemis des *Témoins* ?

Je cherche donc dans l'Histoire du Temps quelques *Dépositions* qui contre-

disent formellement celle des *Témoins*, &
je ne rencontre que des accusations très-
vagues d'Imposture, de Magie ou de
Superstition. Là-dessus je me demande,
si c'est ainsi qu'on détruit une Déposition
circonstanciée ?

Mais peut-être, me dis-je à moi-même, que les Dépositions qui contredisoient
formellement celle des *Témoins*, se sont
perdues. Pourquoi néanmoins la *Déposition* des *Témoins* ne s'est-elle point per-
due aussi ? C'est qu'elle a été précieusement conservée par une *Société* nombreuse, qui existe encore, & qui me l'a trans-
mise. Mais je découvre une autre *Société*
aussi nombreuse & beaucoup plus ancienne, qui descendant par une Succession
non interrompue des premiers Adversaires des *Témoins*, & héritiere de la haine
de ces Adversaires comme de leurs Préjugés, auroit pu facilement conserver les
Dépositions contraires aux *Témoins*,
comme elle a conservé tant d'autres Monumens qu'elle produit encore avec complaisance & dont plusieurs la trahissent.

J'apperçois même des raisons très-fortes
qui devoient engager cette *Société* à conserver soigneusement toutes les Pieces

contraires à celles des *Témoins* ; j'ai surtout dans l'Esprit cette accusation si grave, si odieuse, si ténorisée, si répétée que les *Témoins* avoient osé intenter aux Magistrats de cette Société, & les Succès étonnans du Témoignage que les *Témoins* rendoient aux *Faits* sur lesquels ils fondoient leur accusation. Combien étoit-il facile à des Magistrats qui avoient en main la Police, de contredire juridiquement ce *Témoignage !* Combien étoient-ils intéressés à le faire ! Quel n'eût point été l'effet d'une Déposition juridique & circonstanciée, qui auroit contredit à chaque page celle des *Témoins !*

Puis donc que la *Société* dont je parle, ne peut produire en sa faveur une semblable *Déposition*, je suis fondé à penser, en bonne Critique, qu'elle n'a jamais eu de Titre valide à opposer aux *Témoins*.

Il me vient bien dans l'Esprit, que les Amis des *Témoins*, devenus puissans, ont pu anéantir les Titres qui leur étoient contraires : mais ils n'ont pu anéantir cette grande *Société* leur ennemie déclarée, & ils ne sont devenus puissans que plusieurs Siecles après l'*Evénement*, qui étoit l'Objet principal du *Témoignage.* Je suis donc obligé d'abandonner un soupçon qui me paroît destitué de fondement.

Tandis que la *Société* dont il s'agit, se renferme dans des accusations très-vagues d'Imposture, je vois les *Témoins* consigner dans leurs Ecrits, des *Informations*, des *Interrogatoires* faits par les Magistrats même de cette *Société* ou par ses principaux Docteurs, & qui prouvent au moins qu'ils n'étoient point indifférens à ce qui se passoit dans leur Capitale.

Je ne présumois pas cette indifférence; elle étoit trop improbable: je présumois, au contraire, que ces Magistrats ou ces Docteurs n'avoient pas négligé de s'assurer des *Faits*. J'examine donc ces *Informations* & ces *Interrogatoires* contenus dans les *Ecrits* des *Témoins* ou de leurs premiers Sectateurs. Comme ces *Ecrits* n'ont point été formellement contredits par ceux qui avoient le plus d'intérêt à les contredire, je ne puis, ce me semble, disconvenir qu'ils n'ayent une grande force.

Je goûte un plaisir toujours nouveau, à lire & à relire ces intéressans *Interrogatoires*, & plus je les relis, plus j'admire le sens exquis, la précision singuliere, la noble hardiesse & la candeur qui brillent dans les *Réponses*. Il me semble que la Vérité sorte ici de tous côtés, & qu'il suffise de lire, pour sentir que de tels *Faits* n'ont pu être controuvés. Au moins si l'on invente, invente-t-on ainsi ?

※

A peine les *Témoins* ont-ils commencé à attester au milieu de la Capitale, ce qu'ils nomment la *Vérité*, que je les vois traduits devant les Tribunaux. Ils y sont examinés, interrogés, & ils attestent hautement devant ces Tribunaux, ce qu'ils ont attesté devant le Peuple.

Un Boiteux de naissance vient d'être guéri. (*) Deux des *Témoins* passent pour les Auteurs de cette guérison. Ils sont mandés par les Sénateurs. Ceux-ci leur font cette Demande : *Par quel pouvoir, & au nom de qui avez-vous fait cela?* La Demande est précise & en forme. *Chefs du Peuple*, répondent les Témoins, *puisqu'aujourd'hui nous sommes recherchés, pour avoir fait du bien à un Homme Impo-*

(*) Act. III.

zent, *que vous nous demandez par quel moyen il a été guéri ; sachez, vous tous, & tout le Peuple, que cet Homme que vous voyez guéri, l'a été au* NOM *de* CELUI *que vous avez crucifié, & que* DIEU *a ressuscité.*

Quoi ! les deux Pêcheurs ne cherchent point à captiver la bienveillance de leurs Juges ! Ils débutent par leur reprocher ouvertement un Crime atroce, & finissent par affirmer le *Fait* le plus révoltant aux yeux de ces Juges !

Ici je raisonne avec moi-même, & mon raisonnement est tout simple : si Celui que les Magistrats ont crucifié, l'a été justement ; s'il n'est point ressuscité ; si le Miracle opéré sur le Boiteux est une autre supercherie ; ces Magistrats qui, sans doute, ont des Preuves de tout cela, vont reprocher hautement & publiquement aux deux *Témoins* leur effronterie, leur imposture, leur méchanceté, & les punir du dernier Supplice.

Je poursuis ma Lecture. *Lorsque les Chefs du Peuple voient la hardiesse des deux Disciples, connoissant d'ailleurs que c'étoient des Hommes sans Lettres, & du com-*

mun Peuple, ils sont dans l'étonnement, & ils reconnoissent que ces Gens ont été avec Celui qui a été crucifié. Et comme ils voient là debout avec eux l'Homme qui a été guéri, ils n'ont rien à répliquer. Ils leur commandent donc de sortir du Conseil, & ils consultent entr'eux...... Ils les rappellent ensuite, & leur défendent avec menaces de parler, ni d'enseigner au Nom du Crucifié.

Que vois-je! Ces Sénateurs, si prévenus contre les *Témoins* & leurs Ennemis déclarés, ne peuvent les confondre! Ces Sénateurs, auxquels deux de ces *Témoins* viennent de parler avec tant de hardiesse & si peu de ménagement, se bornent à leur *faire des menaces*, & à leur *défendre d'enseigner!* Le Boiteux a donc été guéri? Mais il l'a été au Nom du *Crucifié*: ce Crucifié est donc *ressuscité?* Les Sénateurs avouent donc tacitement cette *Résurrection?* Leur conduite me paroît démontrer au moins qu'ils ne sauroient prouver le contraire.

Je ne puis raisonnablement objecter, que l'*Historien* des Pêcheurs a fabriqué toute cette Procédure; parce que ce n'est pas à moi qui suis placé à plus de dix-sept Siecles de cet *Historien*, à former contre

lui

lui une accusation, qui devoit lui être intentée par ses Contemporains, & sur-tout par les Compatriotes des *Témoins*, & qu'ils ne lui ont point intentée, ou que du moins ils n'ont jamais prouvée.

J'apprends de cet Ecrivain que *cinq mille Personnes* se sont converties à la vue du *Miracle* : je ne dirai pas que ce sont cinq mille Témoins ; je n'ai pas leur Déposition : mais je dirai que ce nombre si considérable de Convertis est, au moins une preuve de la *publicité* du *Fait*. Je ne prétendrai pas, que ce nombre est exagéré, parce que je n'ai point en main de Titre valide à opposer à l'Ecrivain, & que ma simple *négative* ne seroit point un Titre contre l'*affirmative* expresse de cet Ecrivain.

Je ne saurois obtenir de moi de ne point m'arrêter un instant sur quelques expressions de cet intéressant Récit.

Ce que j'ai, je te le donne ; au NOM *du* SEIGNEUR, *leve-toi & marche !* Ce que j'ai, je te le donne : il n'a que le Pouvoir de faire marcher un Boiteux, & c'est chez un pauvre Pêcheur que ce Pouvoir réside. *Au* NOM *du* SEIGNEUR, *leve=*

toi & marche ! Quelle précision, quelle sublimité dans ces Paroles ! qu'elles font dignes de la MAJESTÉ de CELUI QUI commande à la Nature !

Puisque nous sommes recherchés pour avoir fait du bien à un Impotent : c'est une Œuvre de miséricorde, & non d'oſtentation, qu'ils ont faite. Ils n'ont point fait paroître des Signes dans le Ciel : *ils ont fait du bien à un Impotent : du bien !* & dans la simplicité d'un Cœur honnête & vertueux.

Que vous avez crucifié, & que DIEU a reſſuſcité : nul correctif ; nul ménagement ; nulle conſidération & nulles craintes personnelles : ils sont donc bien sûrs de leur Fait, & ne redoutent point d'être confondus ? Ils avoient dit en parlant au Peuple : *nous savons bien que vous l'avez fait par ignorance :* ils ne le disent point devant le Tribunal. Ils craindroient apparemment d'avoir l'air de flatter leurs Juges, & de vouloir se les rendre favorables ? *que vous avez crucifié, & que DIEU a reſſuſcité.*

Je continue à parcourir l'Historien des *Témoins*, & je rencontre bientôt l'Histoire (*) d'un jeune Homme, qui excite beaucoup ma curiosité.

Quoiqu'élevé aux pieds d'un Sage, il ne se pique point d'en imiter la modération. Son Caractere vif, ardent, courageux ; son Esprit persécuteur, son attachement aveugle aux maximes sanguinaires d'une Secte dominante, lui font désirer passionnément de se distinguer dans la guerre ouverte que cette Secte déclare aux *Témoins*. Déjà il vient de consentir & d'assister à la mort violente d'un des Témoins ; mais son zele impétueux & fanatique ne pouvant être contenu dans l'enceinte de la Capitale, il va demander à ses Supérieurs des Lettres qui l'autorisent à poursuivre au dehors les Partisans de la nouvelle Opinion.

Il part accompagné de plusieurs Satellites ; *il ne respire que menaces & que carnage*, & il n'est pas encore arrivé au lieu de sa destination, qu'il est lui-même un

_____
(*) Act. VIII, IX.

Miniftre de l'Envoyé. Cette Ville où il alloit déployer fa rage contre la *Société* naiffante, eft celle-là même où fe fait l'ouverture de fon Miniftere, & où il commence à attefter les *Faits* que les *Témoins* atteftent.

L'Ordre moral a fes *Lois* comme l'*Ordre phyfique* : les Hommes ne dépouillent pas fans Caufe & tout d'un coup leur Caractere : ils ne renoncent pas fans Caufe & tout d'un coup à leurs Préjugés les plus enracinés, les plus chéris, & à leurs Yeux les plus légitimes; bien moins encore à des Préjugés de naiffance, d'éducation, & fur-tout de Religion.

Qu'eft-il donc furvenu fur la route à ce furieux Perfécuteur, qui l'a rendu tout d'un coup le Difciple zélé de celui qu'il perfécutoit ? Car il faut bien que je fuppofe une Caufe, & quelque grande Caufe à un Changement fi fubit & fi extraordinaire. Son Hiftorien, & lui-même, m'apprennent quelle eft cette Caufe : une Lumiere célefte l'a environné, fon éclat lui a fait perdre la Vue; il eft tombé par terre, & la Voix de l'Envoyé s'eft fait entendre à lui.

Bientôt il devient l'objet des fureurs de cette Secte qu'il a abandonnée; il est traîné dans les Prisons, traduit devant les Tribunaux de sa Nation & devant des Tribunaux étrangers, & par-tout il atteste avec autant de fermeté que de constance les *Faits* déposés par les premiers *Témoins*.

Je me plais sur-tout à le suivre devant un Tribunal étranger; où assiste par hasard un Roi de sa Nation. Là, je l'entends raconter très en détail l'Histoire de sa Conversion : il ne dissimule point ses premieres fureurs; il les peint même des couleurs les plus fortes : (*) *Lorsqu'on les faisoit mourir*, dit-il, *j'y consentois par mon suffrage : souvent même je les contraignois de blasphémer à force de tourmens, & transporté de rage contr'eux, je les persécutois jusques dans les Villes étrangeres.* Il passe ensuite aux Circonstances *extraordinaires* de sa Conversion; rapporte ce qui les a suivi; atteste la Résurrection du *Crucifié*, & finit par dire, en s'adressant au Juge : *Le Roi est bien informé de tout ceci, & je parle devant lui avec d'autant plus de confiance, que je sais qu'il*

(*) Act. XXVI. 10, 11.

n'ignore rien de ce que je dis, parce que ce ne sont pas des Choses qui se soient passées dans un lieu caché. (*)

Le nouveau *Témoin* ne craint donc pas plus que les premiers, d'être contredit? C'est qu'il parle de *Choses qui ne se sont point passées dans un Lieu caché*; & je vois sans beaucoup de surprise, que son Discours ébranle le Prince : *tu me persuade à peu près.*

Ce *Témoin* avoit dit les mêmes Choses, au sein de la Capitale, en parlant devant une Assemblée nombreuse du Peuple, & n'avoit été interrompu, que lorsqu'il étoit venu à choquer un Préjugé ancien & favori de son orgueilleuse Nation. (†).

Je trouve dans l'Historien que j'ai sous les Yeux, d'autres *Procédures* très-circonstanciées, dont le nouveau Disciple est l'objet, & qui sont poursuivies à l'instance des Compatriotes qui ont juré sa perte. J'analyse avec soin ces Procédures, & à mesure que je pousse l'analyse plus

(*) Act. XXVI, 26.
(†) Ibid. XXII, 21.

loin, je sens la *Probabilité* s'accroître en faveur des *Faits* que le *Témoin* atteste.

Je trouve encore dans le même Historien d'autres Discours de ce *Témoin*, qui me paroissent des Chef-d'œuvres de Raison & d'Eloquence, si néanmoins le mot trop prodigué d'*Eloquence* peut convenir à des Discours de cet Ordre. Je n'oserois donc ajouter, qu'il en est qui sont pleins d'Esprit ; ce mot contrasteroit bien davantage encore avec un si grand Homme, & de si grandes Choses. *Athéniens ! je remarque qu'en toutes Choses, vous êtes, pour ainsi dire, dévots jusqu'à l'excès : car ayant regardé en passant les Objets de votre Culte, j'ai trouvé même un Autel, sur lequel il y a cette Inscription :* AU DIEU INCONNU. *C'est donc ce DIEU, que vous adorez sans le connoître, que je vous annonce.* (*) Parmi ces Discours, il en est de si touchans, que je ne puis me défendre de l'impression qu'ils me font éprouver. *Des Chaînes & des Afflictions m'attendent : mais rien ne me fait de la peine, pourvu que j'acheve avec joie ma course & le Ministere que j'ai reçu du* SEIGNEUR . . . .

(*) Act. XVII. 22, 23.

*Je fais au reste, qu'aucun de vous . . . .
ne verra plus mon visage . . . .
Je n'ai désiré ni l'Argent, ni l'Or, ni les
Vêtemens de personne : & vous savez vous-
mêmes, que ces Mains que vous voyez,
ont fourni à tout ce qui m'étoit nécessaire,
& à ceux qui étoient avec moi. Je vous
ai montré qu'il faut soulager ainsi les In-
firmes en travaillant, & se souvenir de ces
paroles du* Seigneur *; qu'il y a plus de
bonheur à donner qu'à recevoir.* (*)

Je suis étonné du nombre, du genre, de la grandeur, de la durée, des travaux & des épreuves de ce Personnage extraordinaire : & si la gloire doit se mesurer par l'importance des Vues, par la noblesse des Motifs, & par les Obstacles à surmonter ; je ne puis pas ne le regarder point comme un véritable Héros.

Mais ce Héros a lui-même écrit : j'étudie donc ses Productions, & je suis frappé de l'extrême désintéressement, de la douceur, de la singuliere onction, & sur-tout de la sublime Bienveillance qui éclatent dans tous ses Ecrits. Le Genre-humain entier *n'est point à l'étroit dans*

___
(*) Act. xx. 23, 24, 25, 33, 34, 35.

ſon Cœur. Il n'eſt aucune Branche de la Morale qui ne végete & ne fructifie chez lui. Il eſt lui-même une Morale qui vit, reſpire & agit ſans ceſſe. Il donne à la fois l'Exemple & le Précepte : & quels Préceptes !

Que votre Charité ſoit ſincere. Ayez en horreur le Mal, & attachez-vous fortement au Bien. Aimez-vous réciproquement d'une affection fraternelle. Prévenez-vous les uns les autres par honnêteté. Ne ſoyez point pareſſeux à rendre ſervice. Réjouiſſez-vous dans l'Eſpérance. Soyez patiens dans l'Affliction. Empreſſez-vous à exercer la Bienfaiſance & l'Hoſpitalité. Béniſſez ceux qui vous perſécutent ; béniſſez-les, & ne les maudiſſez point. Réjouiſſez-vous avec ceux qui ſont dans la joie, & pleurez avec ceux qui pleurent. N'ayez tous enſemble qu'un même Eſprit. Conduiſez-vous par des penſées modeſtes, & ne préſumez pas de vous-mêmes. (*)

Comment une Morale ſi élevée, ſi pure, ſi aſſortie aux Beſoins de la Société univerſelle, a-t-elle pu être dictée par ce même Homme *qui ne reſpiroit que*

(*) Rom. XII.

menaces & que carnage, & qui mettoit son plaisir & sa gloire dans les tortures de ses Semblables ? Comment sur-tout un tel Homme est-il parvenu tout d'un coup à pratiquer lui-même une Morale si parfaite ? CELUI qui étoit venu rappeller les Hommes à ces grandes Maximes, lui avoit donc *parlé ?*

Que dirai-je encore de cet admirable Tableau de la *Charité*, si plein de chaleur & de vie, que je ne me lasse point de contempler dans un autre Ecrit (*) de cet excellent Moraliste ? Ce n'est pourtant pas ce Tableau lui-même, qui fixe le plus mon Attention ; c'est l'occasion qui le fait naître. De tous les Dons que les Hommes peuvent obtenir & exercer, il n'en est point, sans contredit, de plus propres à flatter la Vanité, que les Dons miraculeux. Des Hommes sans Lettres & du commun Peuple, qui viennent tout d'un coup à parler des Langues étrangeres, sont bien tentés de faire parade d'un Don si extraordinaire, & d'en oublier la *Fin*.

Une Société nombreuse de nouveaux

(*) 1. Cor. XIII.

Néophytes fondée par cet Homme illustre, abuse donc bientôt de ce Don: il se hâte de lui écrire, & de la rappeller fortement au véritable emploi des *Miracles*: il n'hésite point à préférer hautement à tous les Dons *miraculeux*, cette Bienveillance sublime qu'il nomme la *Charité*, & qui est, selon lui, l'*Ensemble* le plus parfait de toutes les Vertus *sociales*. *Quand je parlerois les Langues des Hommes, & celle des Anges même, si je n'ai point la Charité je ne suis que comme l'Airain qui résonne, ou comme une Cymbale qui retentit. Et quand j'aurois le don de Prophétie; que j'aurois la connoissance de tous les Mystères, & la Science de toutes choses; quand j'aurois aussi toute la Foi, jusqu'à transporter les Montagnes, si je n'ai point la Charité, je ne suis rien.*

Comment ce Sage a-t-il appris à faire un si juste discernement des Choses? Comment n'est-il point ébloui lui-même des Dons éminens qu'il possede, ou que du moins il croit posséder? Un Imposteur en useroit-il ainsi? Qui lui a découvert que les *Miracles* ne sont que de simples *Signes pour ceux qui ne croient point encore*? Qui avoit enseigné au Persécuteur fanatique à préférer l'Amour du

Genre-humain aux Dons les plus éclatans ? Pourrois-je méconnoître aux Enseignemens & aux Vertus du Disciple la Voix toujours efficace de ce MAITRE qui s'est sacrifié lui-même pour le Genre-humain ?

※

CE sont toujours les *Interrogatoires* contenus dans la *Déposition* des *Témoins*, qui excitent le plus mon attention. C'est-là principalement que je dois chercher les Sources de la *Probabilité* des *Faits* attestés. Si, comme je le remarquois, ces *Interrogatoires* n'ont jamais été formellement contredits par ceux qui avoient le plus grand intérêt à le faire ; je ne pourrois raisonnablement me refuser aux Conséquences qui en découlent naturellement.

Entre ces *Interrogatoires*, il en est un sur-tout que je ne lis point sans un secret plaisir : c'est celui qui a pour objet un *Aveugle-né* guéri par l'ENVOYÉ. (*) Ce Miracle étonne beaucoup tous ceux qui avoient connu cet Aveugle : ils ne savent

(*) JEAN, IX.

qu'en penfer, & fe partagent là-deffus. Ils le conduifent aux Docteurs : ceux-ci l'interrogent & lui demandent *comment il a reçu la Vue? Il m'a mis de la boue fur les Yeux*, leur répondit-il, *je me fuis lavé, & je vois.*

Les Docteurs ne fe preffent point de croire le *Fait*. Ils doutent & fe divifent. Ils veulent fixer leurs doutes ; & foupçonnant que cet Homme *n'avoit pas été aveugle, ils font venir fon Pere & fa Mere. Eft-ce là votre Fils, que vous dites être né aveugle,* leur demandent-ils ? *Comment donc voit-il maintenant ?*

Le Pere & la Mere répondent : Nous favons que c'eft-là notre Fils, & qu'il eft né aveugle ; mais nous ne favons comment il voit maintenant. Nous ne favons pas non plus qui lui a ouvert les Yeux. Il a affez d'âge, interrogez-le ; il parlera lui-même fur ce qui le regarde.

Les Docteurs interrogent donc de nouveau cet Homme, *qui avoit été aveugle de naiffance : ils le font venir pour la feconde fois par devant eux, & lui difent : Donne gloire à DIEU : nous favons* que Celui que tu dis qui t'a Yeux, *eft un méchant Homme. Si c'eſt un méchant Homme*, replique-t-il, *je n'en ſais rien : je ſais ſeulement que j'étois aveugle, & que je vois.*

A cette réponſe ſi ingénue, les Docteurs reviennent à leur premiere Queſtion : *Que t'a-t-il fait ?* lui demandent-ils encore : *Comment t'a-t-il ouvert les Yeux ? Je vous l'ai déjà dit*, répond cet Homme auſſi ferme qu'ingénu ; *pourquoi voulez-vous l'entendre de nouveau ? Avez-vous auſſi envie d'être de ſes Diſciples ?*

Cette replique irrite les Docteurs : *ils le chargent d'injures*. . . . *Nous ne ſavons*, diſent-ils, *de la part de qui vient Celui dont tu parles. C'eſt quelque choſe de ſurprenant, que vous ignoriez de quelle part il vient*, oſe repliquer encore cet Homme plein de candeur & de bon ſens ; *& pourtant il m'a ouvert les Yeux*, &c.

Quelle naïveté ! quel naturel ! quelle préciſion ! quel intérêt ! quelle ſuite ! Si la Vérité n'eſt point faite ainſi, me dis-je à moi-même ; à quels Caracteres pourrai-je donc la reconnoître ?

Mais de toutes les *Procédures* que renferme la *Déposition* qui m'occupe, il n'en est point, sans doute, de plus importante que celle qui concerne la Personne même de l'Envoyé. Elle est aussi la plus circonstanciée, la plus répétée, & celle à laquelle tous les *Témoins* font des allusions plus directes & plus fréquentes. Elle est toujours le Centre de leur *Témoignage*. Je la retrouve dans les principales Pieces de la *Déposition*, & en comparant ces Pieces entr'elles sur ce Point si essentiel, elles me paroissent très-*harmoniques*.

L'Envoyé est saisi, examiné, interrogé par les Magistrats de sa Nation: ils le somment de déclarer qui il est; il le déclare: sa réponse est prise pour un *blasphême*: on lui suscite de faux Témoins qui jouent sur une équivoque; il est condamné: on le traduit devant un Tribunal supérieur & étranger: il y est de nouveau interrogé; il fait à peu près les mêmes réponses: le Juge convaincu de son innocence veut le relâcher; les Magistrats qui l'ont condamné, persistent à demander sa mort: ils intimident le Juge supérieur ; il le leur abandonne : il eſt crucifié, enſeveli : les Magiſtrats ſcellent le Sépulchre ; ils y placent leurs propres Gardes, & peu de temps après les *Témoins* atteſtent dans la Capitale & devant les Magiſtrats eux-mêmes, *que Celui qui a été crucifié eſt reſſuſcité.*

Je viens de rapprocher les Faits les plus eſſentiels : je les compare ; je les analyſe, & je ne découvre que deux *Hypotheſes* qui puiſſent ſatisfaire au *dénouement.*

Ou les *Témoins* ont enlevé le Corps ; ou l'Envoyé eſt réellement reſſuſcité. Il faut que je me décide entre ces deux Hypotheſes ; car je ne parviens point à en découvrir une troiſieme.

Je conſidere d'abord les Opinions particulieres, les Préjugés, le Caractere des *Témoins* ; j'obſerve leur Conduite, leurs Circonſtances, la ſituation de leur Eſprit, & de leur Cœur avant & après la Mort de leur Maitre.

J'examine enſuite les Préjugés, le Caractere, la Conduite & les allégués de leurs Adverſaires.

Il

Il me suffiroit de connoître la Patrie des Témoins, pour savoir, en général, leurs Opinions, leurs Préjugés. Je n'ignore pas que leur Nation fait profession d'attendre un Libérateur temporel, & qu'il est le plus cher Objet des vœux & des espérances de cette Nation. Les *Témoins* attendent donc aussi ce Libérateur, & je trouve dans leurs *Ecrits* une multitude de Traits qui me le confirment, & qui me prouvent qu'ils sont persuadés, que Celui qu'ils nomment leur Maitre, doit être ce Libérateur *temporel*. En vain ce Maitre tâche-t-il de spiritualiser leurs Idées; ils ne parviennent point à dépouiller le Préjugé *national*, dont ils sont si fortement imbus. *Nous espérions que ce seroit Lui qui délivreroit notre Nation.* (*)

Ces Hommes dont les Idées ne s'élevent pas au-dessus des Choses sensibles, sont d'une simplicité & d'une timidité qu'ils ne dissimulent point eux-mêmes. A tout moment ils se méprennent sur le sens des Discours de leur Maitre, & lorsqu'il est saisi, ils s'enfuient. Le plus zélé d'entr'eux nie par trois fois, & même

(*) Luc, XXIV, 21.

Tome II.   T

avec imprécation, de l'avoir connu, & je vois cette honteuse lâcheté décrite en détail dans quatre des principales Pieces de la *Déposition*.

Je ne puis douter un instant, qu'ils ne fussent très-persuadés de la *réalité* des *Miracles* opérés par leur MAITRE : j'en ai pesé les Raisons, & elles m'ont paru de la plus grande force. (*) Je ne puis douter non plus qu'ils ne se fussent attachés à ce MAITRE par une suite des Idées qu'ils s'étoient formées du *But* de sa Mission. L'attachement des Hommes a toujours un fondement, & il falloit bien que les Hommes dont je parle, espérassent quelque chose de Celui au sort duquel ils avoient lié le leur.

Ils espéroient donc au moins *qu'il délivreroit leur Nation* d'un joug étranger : mais ce MAITRE dont ils attendoient cette grande délivrance, est trahi, livré, abandonné, condamné, crucifié, enseveli, & avec lui toutes leurs espérances temporelles. *Celui qui sauvoit les autres, n'a pu se sauver lui-même :* ses

---

(*) Consultez la Partie XVIII.

Ennemis triomphent, & ſes Amis ſont humiliés, conſternés, confondus.

Sera-ce dans des Circonſtances ſi déſeſpérantes, que les *Témoins* enfanteront l'extravagant Projet d'enlever le Corps de leur MAITRE ? Me perſuaderai-je facilement, qu'un pareil Projet puiſſe monter à la Tête de Gens auſſi ſimples, auſſi groſſiers, auſſi dépourvus d'intrigue, auſſi timides ? Quoi ! ces mêmes Hommes qui viennent d'abandonner ſi lâchement leur MAITRE, formeront tout-à-coup l'étrange réſolution d'enlever ſon Corps au Bras ſéculier ! Ils s'expoſeront évidemment aux plus grands périls ! Ils affronteront une Mort certaine & cruelle ! Et dans quelles vues !

Ou ils ſont perſuadés que leur MAITRE *reſſuſcitera ;* ou ils ne le ſont pas : ſi c'eſt le premier, il eſt évident qu'ils abandonneront ſon Corps à la PUISSANCE DIVINE : ſi c'eſt le dernier, toutes leurs eſpérances *temporelles* doivent être anéanties. Que ſe propoſeroient-ils donc en enlevant ce Corps ? De publier qu'il eſt reſſuſcité ? Mais des Hommes faits comme ceux-ci ; des Hommes ſans Crédit, ſans Fortune, ſans Autorité, eſpéreront-ils d'accréditer jamais une auſſi monſtrueuſe Impoſture !

Encore ſi l'enlévement étoit facile ; mais le Sépulchre eſt ſcellé : des Gardes l'environnent, & ces Gardes ont été choiſis & placés par ceux-mêmes qui avoient le plus grand intérêt à prévenir l'Impoſture. Combien de telles précautions ſont-elles propres à écarter de l'Eſprit des timides Pêcheurs toute Idée d'enlévement ! Des Gens qui *n'ont ni Argent ni Or* entreprendront-ils de corrompre ces Gardes ? Des Gens qui s'enfuient au premier danger, entreprendront-ils de les combattre ? Des Gens haïs ou mépriſés du Gouvernement, trouveront-ils des Hommes hardis qui veuillent leur prêter la main ? Se flatteront-ils que ces Hommes ne les trahiront point ? &c.

Mais ſuis-je bien aſſuré que le Sépulchre a été ſcellé, & qu'on y a placé des Gardes ? J'obſerve que cette *Circonſtance* ſi importante, ſi déciſive, ne ſe trouve que dans une ſeule Piece (*) de la *Dépoſition*, & je m'en étonne un peu. Je

(*) Matthieu, xxvii. 66.

recherche donc avec soin, si cette *Circonstance* si essentielle de la Narration, n'a point été contredite par ceux qu'elle intéressoit le plus directement, & je parviens à m'assurer qu'elle ne l'a jamais été. Il faut donc que je convienne, que le Récit du *Témoin* demeure dans toute sa force, & que le simple silence des autres Auteurs de la *Déposition écrite*, ne sauroit le moins du monde infirmer son Témoignage sur ce Point.

Indépendamment d'un *Témoignage* si exprès, combien est-il probable en soi, que des Magistrats qui ont à redouter beaucoup une Imposture, & qui ont en main tous les Moyens de la prévenir, n'auront pas négligé de faire usage de ces Moyens ! & s'ils n'en avoient point fait usage, quelles raisons en assignerois-je ?

Il me paroîtra plus probable encore, que ces Magistrats ont pris toutes les précautions nécessaires, si j'ai des preuves, qu'ils ont songé à temps aux Moyens de s'opposer à l'Imposture. *Seigneur ! nous nous sommes souvenus que ce Séducteur a dit, lorsqu'il vivoit ; je ressusciterai dans trois jours. Commandez donc que le Sépulchre soit gardé sûrement, jusqu'au troi-*

sieme jour; de peur que ses Disciples *ne viennent la nuit enlever son Corps, & ne disent au Peuple qu'il est ressuscité. Cette derniere Imposture seroit pire que la premiere.* (*)

Si donc les Chefs du Peuple ont pris les précautions que la Chose exigeoit, ne se sont-ils pas ôtés à eux-mêmes tout moyen de supposer un enlévement? Cependant ils osent le supposer: *ils donnent une somme d'Argent aux Gardes*, qui à leur instigation, répandent dans le Public, *que les Disciples sont venus de nuit, & qu'ils ont enlevé le Corps, pendant que les Gardes dormoient.* (†)

Je n'insiste point sur la singuliere absurdité de ce rapport suggéré aux Gardes. Elle saute aux Yeux : comment ces Gardes pouvoient-ils déposer sur ce qui s'étoit passé *pendant qu'ils dormoient ?* Est-il d'ailleurs bien probable que des Gardes affidés, & choisis tout exprès pour s'opposer à l'Imposture la plus dangereuse, se soient livrés au sommeil?

Je fais un Raisonnement qui me frappe

(*) Mat. xxvii. 63, 64.
(†) *Ibid.* xxviii. 12, 13.

beaucoup plus : il me paroît de la plus grande évidence, que les Magistrats ne peuvent ignorer la Vérité. S'ils sont convaincus de la réalité de l'*enlévement*, pourquoi ne font-ils point le Procès aux Gardes ? Pourquoi ne publient-ils point ce *Procès* ? Quoi de plus démonstratif, & de plus propre à arrêter les progrès de l'Imposture, & à confondre les Imposteurs !

Ces Magistrats, si fortement intéressés à confondre l'Imposture, ne prennent pourtant point une route si directe, si lumineuse, si juridique. Ils ne s'assurent pas même de la Personne des Imposteurs. Ils ne les confrontent point avec les Gardes. Ils ne punissent ni les Imposteurs ni les Gardes. Ils ne publient aucune Procédure. Ils n'éclairent point le Public. Leurs Descendans ne l'éclairent pas davantage, & se bornent, comme leurs Peres, à affirmer l'Imposture.

Il y a plus : lorsque ces mêmes Magistrats mandent bientôt après par devant eux, deux des principaux Disciples, à l'occasion d'une Guérison qui fait bruit, & que ces Disciples osent leur reprocher en face un grand Crime, & attester en leur présence la *Résurrection de Celui qu'ils ont crucifié ;* que font ces Magistrats ? Ils se contentent *de menacer les deux Disciples & de leur défendre d'enseigner.* (*) Ces menaces n'intimident point les *Témoins* : ils continuent à publier hautement dans le Lieu même, & sous les Yeux de la Police, la Résurrection du Crucifié. Ils sont mandés de nouveau pardevant les Magistrats : ils comparoissent & persistent avec la même hardiesse dans leur Déposition : *le DIEU de nos Peres a ressuscité. Celui que vous avez fait mourir :....... nous en sommes les Témoins.* (**) Que font encore ces Magistrats ? *Ils font fouetter les Témoins, leur renouvellent la premiere défense, & les laissent aller.* (†)

Voilà des Faits circonstanciés ; des Faits qui n'ont jamais été contredits ; des Faits attestés constamment & unanimement par des *Témoins*, que j'ai reconnus posséder toutes les Qualités qui fondent, en bonne Logique, la *Crédibilité* d'un

(*) Act. IV. 18, 21.
(**) *Ibid.* v. 30, 32.
(†) *Ibid.* 40.

Témoignage. (*) Dirai-je, pour infirmer de tels *Faits*, que la *crainte du Peuple* empêchoit les Magiſtrats de faire des *Informations*, de pourſuivre juridiquement & de punir les *Témoins* comme *Impoſteurs*, de publier des *Procédures* authentiques, &c. ? Mais ſi le *Crucifié* n'avoit rien fait pendant ſa Vie qui eût excité l'admiration & la vénération du Peuple ; s'il n'avoit fait aucun *Miracle* ; ſi le Peuple *n'avoit point béni DIEU* à ſon occaſion *d'avoir donné aux Hommes un tel Pouvoir* ; ſi la Doctrine & la Maniere d'enſeigner du *Crucifié* n'avoient point paru au Peuple l'emporter de beaucoup ſur tout ce qu'il entendoit dire à ſes Docteurs ; s'il n'avoit point tenu pour vrai, que *jamais Homme n'avoit parlé comme celui-là* ; pourquoi les Magiſtrats auroient-ils eu à craindre ce Peuple, en pourſuivant *juridiquement* les Diſciples abjects d'un Impoſteur, auſſi Impoſteurs eux-mêmes que leur Maître ? Comment les Magiſtrats auroient-ils eu à redouter un

---

(*) Voyez la Partie XVIII. Je dois éviter ici de tomber dans ces répétitions trop fréquentes, même chez les meilleurs Auteurs. Je ne reviens donc plus à ce que je penſe avoir aſſez bien établi. C'eſt au Lecteur à retenir la liaiſon des Faits & de leurs Conſéquences les plus immédiates. C'eſt à lui encore à s'approprier mes principes & à en faire l'application au beſoin.

Peuple prévenu si fortement & depuis si long-temps en leur faveur, s'ils avoient pu lui prouver par des *Procédures* légales & publiques, que la Guérison de l'Aveugle-né, la Résurrection de LAZARE, la Guérison du Boiteux, le Don des Langues, &c. n'étoient que de pures supercheries ? Combien leur avoit-il été facile de prendre des *Informations* sur de pareils Faits ! Combien leur étoit-il aisé en particulier, de prouver rigoureusement que les *Témoins* ne parloient que leur Langue Maternelle ! Comment encore les Magistrats auroient-ils eu à *craindre le Peuple*, s'ils avoient pu lui démontrer *juridiquement*, que les Disciples avoient enlevé le Corps de leur Maître ? & ceci étoit-il plus difficile à constater que le reste ? &c.

Puis-je douter à présent de l'extrême *improbabilité* de la premiere *Hypothese* ou de celle qui suppose un *enlévement* ? Puis-je *raisonnablement* refuser de convenir, que la seconde *Hypothese* a, au moins, un degré de probabilité égal à celui de quelque Fait historique que ce soit, pris dans l'Histoire du même Siecle ou des Siecles qui l'ont suivi immédiatement ?

Tracerai-je ici l'affreuse Peinture du Caractere des principaux Adversaires? Puiserai-je cette Peinture dans leur propre Historien? (*) Opposerai-je ce Caractere à celui des *Témoins*; le Vice à la Vertu; la fureur à la modération; l'Hypocrisie à la Sincérité; le Mensonge à la Vérité? J'oublierois que je ne fais qu'une *Esquisse*, & point du tout un *Traité*.

Dirai-je encore, que la *Résurrection* de l'Envoyé n'est point un Fait *isolé* ; (†) mais qu'il est le maître Chaînon d'une Chaîne de Faits de même Genre, & d'une multitude d'autres Faits de tout Genre, qui deviendroient tous absolument inexplicables, si le premier Fait étoit supposé *faux*? Si en quelque Matiere que ce soit, une *Hypothese* est d'autant plus *probable*, qu'elle explique plus heureusement un plus grand nombre de Faits ou un plus grand nombre de *Particularités* essentielles d'un même Fait; ne serai-je pas dans l'obligation *logique* de convenir, que la premiere *Hypothese* n'explique rien, & que la seconde explique tout, & de la maniere la plus heureuse ou la plus na-

(*) Joseph.
(†) Voyez les Parties xvii & xviii.

turelle ? Si une certaine *Hypothese* me conduit nécessairement à des Conséquences qui choquent manifestement ce que je nomme l'*Ordre moral*, (*) pourrois-je recevoir cette Hypothese, & la préférer à celle qui auroit son fondement dans l'*Ordre moral* même ?

Ajouterai-je que si l'Envoyé n'est point *ressuscité*, il a été lui-même un insigne Imposteur ? Car du propre aveu des *Témoins*, il avoit prédit sa *Mort* & sa *Résurrection*, & établi un *Mémorial* de l'une & de l'autre. Si donc il n'est point ressuscité, ses Disciples ont dû penser qu'il les avoit trompés sur ce Point le plus important : & s'ils l'ont pensé, comment ont-ils pu fonder sur une Résurrection qui ne s'étoit point opérée, les espérances si relevées d'une *Bonheur à venir ?* Comment ont-ils pu annoncer en son Nom au Genre-humain ce Bonheur à venir *?* Comment ont-ils pu s'exposer pendant si long-temps à tant de contradictions, à de si cruelles épreuves, à la Mort même, pour soutenir une *Doctrine* qui reposoit toute entiere sur un Fait *faux*, & dont la fausseté leur étoit si évidemment connue ? Com-

(*) Consultez ce que j'ai dit de *l'Ordre moral*, au commencement de la Partie XVIII, pag. 206 & 207.

ment des Hommes qui faisoient une profession si publique, si constante, & en apparence si sincere de l'Amour le plus délicat & le plus noble du Genre-humain, ont-ils été assez dénaturés pour tromper tant de milliers de leurs Semblables, & les précipiter avec eux dans un abyme de malheurs! Comment d'insignes Imposteurs ont-ils pu espérer d'être dédommagés dans une autre Vie des Souffrances qu'ils enduroient dans celle-ci? Comment de semblables Imposteurs ont-ils pu enseigner aux Hommes la Doctrine la plus épurée, la plus sublime, la mieux appropriée aux Besoins de la grande Société? Comment encore..... mais j'ai déjà assez insisté (*) sur ces monstrueuses oppositions à l'*Ordre moral :* elles s'offrent ici en si grand nombre, elles sont si frappantes, qu'il me suffit d'y réfléchir quelques momens pour sentir de quel côté est la plus grande *Probabilité.*

Objecterai-je, que la *Résurrection* de l'Envoyé n'a pas été assez *publique*, & qu'il auroit dû se montrer à la Capitale, & sur-tout à ses Juges après sa Résurrection? Je verrai d'abord, que la Question

(*) Voyez la Partie précédente, pag. 248, 249, &c.

n'est point du tout de savoir ce que DIEU auroit pu faire ; mais qu'elle git uniquement à savoir ce qu'IL a fait. C'étoit à l'Homme *intelligent*, à l'Homme *moral*, que DIEU vouloit parler : (*) IL ne vouloit pas le *forcer* à croire, & laisser ainsi l'Intelligence sans exercice. Il s'agit donc uniquement de m'assurer, si la Résurrection de l'ENVOYÉ a été accompagnée de Circonstances assez décisives, précédée & suivie de *Faits* assez frappans pour convaincre l'Homme *raisonnable* de la Mission *extraordinaire* de l'ENVOYÉ. Or, quand je rapproche toutes les *Circonstances* & tous les *Faits* ; quand je les pese à la Balance de ma Raison, je ne puis me dissimuler à moi-même, que DIEU n'ait fait tout ce qui étoit *suffisant* pour donner à l'Homme *raisonnable* cette *Certitude morale* qui lui manquoit, qu'il désiroit avec ardeur, & qui étoit si bien assortie à sa Condition *présente*.

Je reconnoîtrois encore, que mon Objection sur le défaut de *publicité* de la *Résurrection* de l'ENVOYÉ, envelopperoit une grande absurdité ; puisqu'en développant cette Objection, j'appercevrois aussi-tôt que chaque Individu de l'Hu-

(*) Consultez la Partie XVII.

manité pourroit requérir auſſi que l'Envoyé lui apparût, &c. (*)

Il ne faut point que je diſe ; cela eſt ſage, donc DIEU l'a fait ou dû le faire : mais je dois dire ; DIEU l'a fait, donc cela eſt ſage. Eſt-ce à un Etre auſſi profondément ignorant que je le ſuis à prononcer ſur les *Voies* de la SAGESSE ELLE-même ? La ſeule choſe qui ſoit ici proportionnée à mes petites Facultés, eſt d'étudier les Voies de cette SAGESSE ADORABLE, & de ſentir le prix de SON Bienfait.

※

J'AI dit que toutes les Pieces de la *Dépoſition* m'avoient paru *très-harmoniques* ou *très-convergentes*. J'y découvre néanmoins bien des Variétés, ſoit dans la *Forme*, ſoit dans la *Matiere*. J'y apperçois même çà & là des *Oppoſitions* au moins apparentes. J'y vois des *Difficultés* qui tombent ſur certains Points de Généalogie, ſur certains Lieux, ſur certaines Perſonnes, ſur certains Faits, &c. & je ne trouve pas d'abord la ſolution de ces Difficultés.

(*) Voyez le ſecond Paragraphe de la Partie XVIII.

Comme je n'ai aucun intérêt *secret* à croire ces Difficultés *insolubles*, je ne commence point par imaginer qu'elles le sont. J'ai étudié la *Logique* du Cœur & celle de l'Esprit : je me mets un peu au fait de cette autre Science qu'on nomme la *Critique*, & qu'il ne m'est point permis d'ignorer entiérement. Je rapproche les Passages *paralleles* : je les confronte ; je les anatomise, & j'emprunte le secours des meilleurs Interpretes. Bientôt je vois les Difficultés s'applanir ; la Lumiere s'accroître d'instant en instant ; se répandre de proche en proche ; se réfléchir de tous côtés, & éclairer les Parties les plus obscures de l'Objet.

Si cependant il est des recoins que cette Lumiere n'éclaire pas assez à mon gré ; s'il reste encore des Ombres que je ne puis achever de dissiper ; il ne me vient pas dans l'Esprit, & bien moins dans le Cœur, d'en tirer des Conséquences contre l'*Ensemble* de la *Déposition* : c'est que ces Ombres légeres n'éteignent point, à mes yeux, la Lumiere que réfléchissent si fortement les grandes Parties du Tableau.

Il m'est bien permis de *douter* : le Doute *philosophique* est lui-même le Sentier de de la Vérité; mais il ne m'est point permis de manquer de bonne foi, parce que la *vraie* Philosophie est absolument incompatible avec la mauvaise foi, & que l'on est Philosophe par le Cœur beaucoup plus encore que par la Tête. Si dans l'examen critique de quelqu'Auteur que ce soit, je me conduis toujours par les *Regles* les plus sûres & les plus communes de l'*Interprétation*; si une de ces *Regles* me prescrit de juger sur l'*Ensemble* des Choses; si une autre *Regle* m'enseigne, que de légeres Difficultés ne peuvent jamais infirmer cet *Ensemble*, quand d'ailleurs il porte avec lui les *Caracteres* les plus essentiels de la *Vérité*, ou du moins de la *Probabilité*; pourquoi refuserois-je d'appliquer ces *Regles* à l'examen de la *Déposition* qui m'occupe, & pourquoi ne jugerois-je pas aussi de cette *Déposition* par son *Ensemble*?

Ces *Oppositions* apparentes elles-mêmes, ces especes d'*Antinomies*, ces *Difficultés* de divers Genres, ne m'indiquent-elles pas d'une maniere assez claire, que les Auteurs des différentes *Pieces* de la *Déposition* ne se sont pas copiés les uns les autres, & que chacun d'eux a rapporté ce qu'il tenoit du *Témoignage* de ses *propres Sens* ou ce qu'il avoit appris des *Témoins oculaires ?*

Si ces différentes *Pieces* de la *Dépofition* avoient été plus *identiques* ; je ne dis pas feulement dans la *Forme*, je dis encore dans la *Matiere*, n'aurois-je point eu lieu de foupçonner qu'elles partoient toutes de la même Main, ou qu'elles avoient été *calquées* les unes fur les autres ? Et ce foupçon, auffi légitime que naturel, n'auroit-il pas infirmé, à mes Yeux, la *validité* de la *Dépofition ?*

Ne fuis-je pas plus fatisfait, quand je vois un de ces Auteurs commencer ainfi fon Récit ? (*) *Comme plufieurs ont entrepris d'écrire l'Hiftoire des chofes, dont la vérité a été connue parmi nous avec une entiere certitude, par le rapport que nous en ont fait ceux qui les ont vues eux-mêmes dès le commencement, & qui ont été les Miniftres de la Parole ; j'ai cru auffi que je devois vous les écrire avec ordre, après m'en être exactement informé dès leur origine ; afin que vous reconnoiffiez la certitude des récits que l'on vous a faits.* Ne fens-je pas ma fatisfaction s'accroître,

(*) Luc I, v. 1, 2, 3, 4.

lorsque je lis dans le principal Ecrit d'un des premiers *Témoins*; (*) CELUI *qui l'a vu, en a rendu témoignage, & son témoignage est véritable, & il sait qu'il dit la Vérité, afin que vous la croyiez?* ou que je lis dans un autre Ecrit de ce même *Témoin*; (†) *Ce que nous avons ouï, ce que nous avons vu de nos yeux, ce que nous avons contemplé, & que nos mains ont touché, concernant la Parole de Vie, nous vous l'annonçons?*

Le 18 Mars 1769.

(*) JEAN XIX, v. 35.
(†) I. Ep. c. I. v. 1, 3.

VINGTIEME PARTIE.

SUITE DES IDÉES SUR L'ÉTAT FUTUR DE L'HOMME.

SUITE DE L'ESQUISSE DES RECHERCHES PHILOSOPHIQUES DE L'AUTEUR SUR LA RÉVÉLATION.

L'AUTHENTICITÉ ET LA VÉRITÉ DE LA DÉPOSITION ÉCRITE.

LES PROPHÉTIES.

JE pourſuis mon Examen : je n'ai pas enviſagé toutes les Faces de mon Sujet: il en préſente un grand nombre : je dois me borner aux principales.

Comment puis-je m'assurer de l'*Authenticité* des *Pieces* les plus importantes de la *Déposition* ?

J'apperçois d'abord que je ne dois point confondre l'*Authenticité* de la *Déposition* avec sa *Vérité*. Je fixe donc le sens des Termes, & j'évite toute équivoque.

J'entends par l'*Authenticité* d'une *Piece* de la *Déposition*, ce degré de *Certitude* qui m'assure que cette *Piece* est bien de l'*Auteur* dont elle porte le *Nom*.

La *Vérité* d'une *Piece* de la *Déposition*, sera sa *Conformité* avec les *Faits*.

J'apprends donc de cette distinction logique, que la *Vérité historique* ne dépend pas de l'*Authenticité* de l'Histoire : car je conçois facilement, qu'un *Ecrit* peut être très-*conforme* aux Faits, & porter un *Nom supposé*, ou n'en point porter du tout.

Mais, si je suis certain de l'*Authenticité* de l'Histoire, & si l'Historien m'est connu pour très-*véridique* ; l'*Authenticité* de l'Historien m'en persuadera la *Vérité*, ou du moins me la rendra très-probable.

Le *Livre* que j'examine, n'eſt pas tombé du Ciel : il a été écrit par des Hommes, comme tous les Livres que je connois. Je puis donc *juger* de l'*Authenticité* de ce Livre, comme de celle de tous les Livres que je connois.

Comment ſais-je que l'Hiſtoire de Thucydide, celle de Polybe, celle de Tacite, &c. ſont bien des *Auteurs* dont elles portent les *Noms ?* C'eſt de la Tradition que je l'apprends. Je remonte de Siecle en Siecle; je conſulte les *Monumens* des différens Ages ; je les compare avec ces Hiſtoires elles-mêmes ; & le Réſultat général de mes Recherches eſt qu'on a attribué conſtamment ces *Hiſtoires* aux *Auteurs* dont elles portent aujourd'hui les *Noms.*

Je ne puis raiſonnablement ſuſpecter la fidélité de cette *Tradition :* elle eſt trop ancienne, trop conſtante, trop uniforme, & jamais elle n'a été démentie.

Je ſuis donc la même Méthode dans mes Recherches ſur l'*Authenticité* de la

Dépofition dont il s'agit, & j'ai le même *Réfultat* général & effentiel.

Mais parce qu'il s'en faut beaucoup, que l'Hiftoire du *Péloponefe* intéresfât autant les Grecs, que l'Hiftoire de l'Envoyé intéresfoit fes premiers Sectateurs; je ne puis douter que ceux-ci n'ayent apporté bien plus de foin à s'affurer de l'*Authenticité* de cette *Hiftoire*, que les Grecs n'en prirent pour s'affurer de l'Authenticité de celle de Thucydide.

Une *Société* qui étoit fortement perfuadée, que le *Livre* dont je parle, contenoit les affurances d'une Félicité éternelle; une *Société* affligée, méprifée, perfécutée, qui puifoit fans ceffe dans ce Livre les confolations & les fecours que fes épreuves lui rendoient fi néceffaires; cette *Société*, dis-je, s'en feroit-elle laiffé impofer fur l'*Authenticité* d'une *Dépofition* qui lui devenoit de jour en jour plus précieufe?

Une *Société* au milieu de laquelle les Auteurs même de la *Dépofition* avoient vécu; qu'ils avoient eux-mêmes gouvernée pendant bien des années, auroit-elle manqué de *Moyens* pour s'affurer de l'*Authenticité* des Ecrits de ces Auteurs ? Auroit-elle été d'une indifférence parfaite sur l'Emploi de ces *Moyens* ? Etoit-il plus difficile à cette *Société* de se convaincre de l'*Authenticité* de ses Ecrits, qu'il ne l'est à quelque Société que ce soit de s'assurer de l'*Authenticité* d'un Ecrit attribué à un Personnage très-connu ou qui en porte le Nom ?

Des Sociétés *particulieres* & nombreuses auxquelles les *premiers Témoins* avoient adressé divers *Ecrits*, pouvoient-elles se méprendre sur l'*Authenticité* de pareils *Ecrits* ? Pouvoient-elles douter le moins du monde si ces *Témoins* leur avoient écrit ; s'ils avoient répondu à diverses Questions qu'elles leur avoient proposées ; si ces *Témoins* avoient séjourné au milieu d'elles, &c.

Je me rapproche le plus qu'il m'est possible du premier Age de cette grande *Société* fondée par les *Témoins* : je consulte les *Monumens* les plus anciens, & je découvre, que presqu'à la naissance de cette *Société*, ses Membres se diviferent sur divers Points de Doctrine. Je recherche ce qui se passoit alors dans les différens Partis, & je vois que ceux que l'on nommoit *Novateurs*, en appelloient, comme les autres, à la *Déposition* des premiers *Témoins*, & qu'ils en reconnoissoient l'*Authenticité*.

Je découvre encore, que des Adversaires (*) de tous ces Partis, des Adversaires éclairés, & assez peu éloignés de ce premier Age, ne contestoient point l'*Authenticité* des principales *Pieces* de la *Déposition*.

Je trouve cette *Déposition* citée fréquemment par des Ecrivains (†) d'un grand poids, qui touchoient à ce premier Age, & qui faisoient profession d'en reconnoître l'*Authenticité*, comme ils faisoient profession de reconnoître la validité du *Témoignage* rendu par les premiers *Témoins* aux Faits *miraculeux*. Je compare ces *Citations* avec la *Déposition* que

(*) Les Auteurs Païens des premiers Siecles ; Celse, Porphyre, Julien, &c.

(†) Les Peres Apostoliques, & leurs Successeurs immédiats. Il faut lire dans l'excellent Ecrit de M. Bergier contre M. Freret, le Précis de ce qui a été dit de mieux sur l'*Authenticité* du Livre en question. Mon Plan m'interdisant les détails, je dois me borner aux Résultats les plus essentiels & les plus saillans. Il me suffit que je puisse toujours fournir les *Preuves de détail*, si on me les demande.

j'ai en main, & je ne puis m'en diffimuler la conformité.

En continuant mes Recherches je m'affure, qu'affez peu de temps après la naiffance de la *Société* dont je parle, il fe répandit dans le Monde une foule de *fauffes Dépofitions*, dont quelques-unes étoient *citées* comme *vraies* par des *Docteurs* de cette *Société* qui étoient fort refpectés. Je fuis d'abord porté à en inférer, qu'il n'étoit donc pas auffi difficile que je le penfois, d'en impofer à cette *Société*, & même à fes principaux *Conducteurs*. Ceci excite mon attention autant que ma défiance, & j'examine de fort près ce Point délicat.

Je ne tarde pas à m'appercevoir que c'eft ici le lieu de faire ufage de ma diftinction logique entre l'*Authenticité* d'un Ecrit & fa *Vérité*. Si un Ecrit peut être *vrai* fans être *authentique*, les *fauffes Dépofitions* dont il eft queftion, pouvoient être *vraies*, quoiqu'elles ne fuffent point du tout *authentiques*. Ces Docteurs contemporains qui les *citoient*, favoient bien apparemment fi elles étoient conformes aux *Faits effentiels*, & je fais moi-même qu'on a de bonnes preuves qu'elles y étoient conformes. Elles étoient donc plutôt des Histoires *inauthentiques*, que de *fausses* Histoires ou des *Romans*.

Je vois d'ailleurs que les Docteurs dont je parle, *citoient* rarement ces *Histoires inauthentiques*, tandis qu'ils *citoient* fréquemment les Histoires *authentiques*. Je découvre même qu'il y avoit de ces Histoires *inauthentiques*, qui n'étoient que l'Histoire *authentique* elle-même modifiée ou interpolée çà & là.

Je ne puis m'étonner du grand nombre de ces Histoires *inauthentiques* qui se répandirent alors dans le Monde : je m'étonnerois plutôt qu'il n'y en ait pas eu davantage. Je conçois à merveille, que des Disciples zélés des *principaux Témoins*, purent être portés tout naturellement à écrire ce qu'ils avoient oui-dire à leur Maître, & à donner à leur *Narration* un *Titre* semblable à celui des *Pieces authentiques*. De pareilles *Histoires* pouvoient facilement être très-conformes aux *Faits essentiels* ; puisque leurs Auteurs les tenoient de la Bouche des *premiers Témoins*, ou du moins de celle de leurs premiers Disciples.

Je trouve que les *Novateurs* avoient aussi leurs *Histoires*, & qui s'éloignoient plus ou moins de l'*Histoire authentique*; mais il ne m'est pas difficile de m'assurer, que ces Histoires malicieusement supposées, contenoient la plupart des *Faits essentiels* qui avoient été attestés par les *principaux Témoins*. Ces *Novateurs* me paroissent fort animés contre le Parti qui leur étoit contraire, & puisqu'ils inféroient dans leurs *Histoires* les mêmes *Faits essentiels* que ce Parti faisoit profession de croire; je ne puis point ne pas envisager une telle conformité entre des Partis si opposés, comme la plus forte présomption en faveur de l'*Authenticité* & de la *Vérité* de la *Déposition* que j'ai sous les Yeux.

J'observe encore, que la *Société* dépositaire fidelle de la Doctrine & des Ecrits des *Témoins*, ne cessoit, ainsi que ses Docteurs, de réclamer contre les *Novateurs* & contre leurs *Ecrits*, & d'en appeller constamment aux Ecrits *authentiques* comme au Juge suprême & commun de toutes les *Controverses*. J'apprends même de l'Histoire de cette *Société*, qu'elle avoit grand soin de lire chaque semaine ces Ecrits, dans ses Assemblées, & qu'ils étoient précisément ceux qu'on me donne aujourd'hui pour la Déposition *authentique* des *Témoins*.

Je ne puis donc suppofer, en bonne Critique, que cette *Société* s'en laiffoit facilement impofer fur l'*Authenticité* des nombreux Ecrits répandus dans fon fein. S'il me reftoit fur ce Point effentiel quelque doute raifonnable, il feroit diffipé par un Fait remarquable que je découvre : c'eft que cette *Société* étoit fi éloignée d'admettre légérement pour *authentiques* des Ecrits qui ne l'étoient point, qu'il lui étoit arrivé de fufpecter long-temps l'*Authenticité* de divers Ecrits, qu'un examen continué & réfléchi lui apprit enfin partir de la Main des *Témoins*.

Un autre Fait, plus remarquable encore, vient à l'appui de celui-ci : je lis dans l'Hiftoire du Temps, que les Membres de la *Société* dont je parle, s'expofoient aux plus grands Supplices, plutôt que de livrer à leurs Perfécuteurs ces Livres qu'elle réputoit *authentiques* & facrés, & que ces ardens Perfécuteurs deftinoient aux flammes. Préfumerai-je que les plus zélés Partifans de la Gloire des Grecs fe fuffent facrifiés pour fauver les

Ecrits de THUCYDIDE ou de POLYBE?

Si je jette enſuite les Yeux ſur les meilleures *Notices* des *Manuſcrits* de la *Dépoſition*, je m'aſſurerai, que les principales *Pieces* de cette Dépoſition portent dans ces *Manuſcrits* les *Noms* des mêmes Auteurs, auxquels la *Société* dont je parle, les avoit toujours attribuées. Cette Preuve me paroîtra d'autant plus convaincante, qu'il ſera plus probable, que quelques-uns de ces *Manuſcrits* remontent à une plus haute antiquité. (*)

J'ai donc en faveur de l'*Authenticité* de la *Dépoſition* qui m'occupe, le *Témoignage* le plus ancien, le plus conſtant, le plus uniforme de la *Société* qui en eſt la dépoſitaire; & j'ai encore le *Témoignage* des plus anciens *Novateurs*, celui des plus anciens *Adverſaires*, & l'Autorité des *Manuſcrits* les plus originaux.

Comment m'éleverois-je à préſent contre tant de *Témoignages* réunis, & d'un ſi grand poids? Serois-je mieux placé

(*) Entr'autres le Manuſcrit du *Vatican* & celui d'*Alexandrie*, eſtimés du quatrieme ou cinquieme Siecle.

que les premiers *Novateurs* ou les premiers *Adverſaires*, pour contredire le *Témoignage* ſi invariable, ſi unanime de la *Société primitive ?* Connois-je aucun Livre du même Temps, dont l'*Authenticité* ſoit établie ſur des Preuves auſſi ſolides, auſſi ſingulieres, auſſi frappantes, & de genres ſi divers ?

* * *

Je n'inſiſterai pas beaucoup avec moi-même ſur la *poſſibilité* de certaines *altérations* du Texte *authentique* : je ne dirai point que ce *Texte* a pu être *falſifié*. Je vois tout d'un coup comment il ſeroit improbable qu'il eût pu l'être pendant la Vie des *Auteurs* : leur oppoſition & leur Autorité auroient confondu bientôt les Fauſſaires.

Il me ſembleroit tout auſſi improbable, que de pareilles *falſifications* euſſent pu être exécutées avec quelque ſuccès, immédiatement après la mort des Auteurs : leurs Enſeignemens & leurs Ecrits étoient trop récens, & déjà trop répandus.

L'improbabilité me paroîtroit accroître

à l'indéfini pour les Ages fuivans ; car il me paroîtroit très-évident qu'elle accroîtroit en raifon directe de ce nombre prodigieux de *Copies*, & de cette multitude de *Verfions* qu'on ne ceffoit de faire du Texte *authentique*, & qui voloient dans toutes les Parties du Monde connu. Comment *falfifier* à la fois tant de *Copies* & tant de *Verfions ?* Je ne dis point affez : comment la feule penfée de le faire, feroit-elle montée à la Tête de Perfonne ?

Je fais d'ailleurs, qu'il eft bien prouvé par l'Hiftoire du Temps, que les premiers *Novateurs* ne commencerent à écrire qu'après la mort des premiers *Témoins*. Si ces *Novateurs*, pour favorifer leurs Opinions particulieres, avoient entrepris de *falfifier* les *Ecrits* des *Témoins*, ou ceux de leurs plus illuftres Difciples ; la *Société* nombreufe & vigilante qui en étoit la gardienne ne s'y feroit-elle pas d'abord fortement oppofée ? Et fi cette *Société* elle-même, pour réfuter avec plus d'avantage les *Novateurs*, avoit ofé *falfifier* le Texte *authentique ;* ces *Novateurs* qui en appelloient eux-mêmes à ce *Texte*, auroient-ils gardé le filence fur de femblables impoftures ?

Ceci

Ceci s'applique de soi-même aux *Suppositions*. Il ne me semble pas moins improbable, qu'on ait pu dans aucun Temps *supposer* des Ecrits aux *Témoins*; qu'il ne me le paroît, qu'on ait pu dans aucun Temps *falsifier* leurs propres *Ecrits*.

En y regardant de près, il m'est facile de reconnoître, que les *Divisions* continuelles & si multipliées de la *Société* fondée par les *Témoins*, ont dû naturellement conserver le Texte *authentique* dans sa premiere intégrité.

Si ces *Divisions* dégénérerent ensuite en Guerres ouvertes & acharnées ; si les Parties belligérantes en appelloient toujours au Texte *authentique*, comme à l'Arbitre irréfragable de leurs querelles ; si l'on vint enfin à découvrir un *Moyen* nouveau de multiplier à l'infini & avec autant de précision que de promptitude, les Copies du Texte *authentique*; ne serai-je pas dans l'obligation la plus raisonnable de convenir, que la *Crédibilité* de la *Déposition écrite* n'a rien perdu par le laps du Temps, & que ces *Ecrits* qu'on me donne aujourd'hui pour ceux des *Témoins*, sont bien les mêmes qui leur ont toujours été attribués ? (*)

(*) Je me resserre beaucoup : consultez la *Note* qui est

La *Déposition imprimée* que j'ai en main, me *repréſente* donc les meilleurs *Manuſcrits* de cette *Dépoſition* qui ſoient parvenus juſqu'à moi; & ces Manuſcrits me *repréſentent* eux-mêmes les *Manuſcrits* plus anciens ou plus *originaux*, dont ils ſont les *Copies*.

Mais combien d'*altérations* de genres différens ont pu ſurvenir à ces *Manuſcrits* par l'injure des Temps; par les Révolutions des Etats & des Sociétés; par la négligence, par l'inattention, par l'impéritie des Copiſtes! Et combien d'autres Sources d'*altération* que je découvre encore! Il ne faut point que je me diſſimule ceci: puis-je maintenant me flatter, que la Dépoſition *authentique* des *Témoins* ſoit parvenue juſqu'à moi dans ſa pureté originelle, à travers dix-ſept Siecles, & après avoir paſſé par tant de milliers de Mains, la plupart imbécilles ou ignorantes?

J'approfondis ce Point important de Critique, & je ſuis effrayé du nombre prodi-

---

au bas de la page 46 du T. II. de DITTON, Trad. Franç. in-8°. 1728.

gieux des *Variantes*. Je vois un habile Critique (*) en compter plus de *trente mille*, & ce Critique se flatte pourtant d'avoir donné la meilleure *Copie* de la *Déposition* des *Témoins*, & assure l'avoir faite sur plus de *nonante Manuscrits*, recueillis de toutes parts & *collationnés* exactement.

J'ai peine à revenir de mon étonnement : mais ce n'est point pendant qu'on est si étonné, qu'on peut réfléchir. Je dois me défier beaucoup de ces premieres impressions, & rechercher avec plus de soin & dans le sang froid du Cabinet, les Sources de ce nombre prodigieux de *Variantes*.

Les Réflexions s'offrent ici en foule à mon Esprit : je m'arrête aux plus essentielles. Je ne connois, il est vrai, aucun *Livre ancien*, qui présente, ni à beaucoup près, un aussi grand nombre de *Leçons* diverses, que celui dont je fais l'examen. Ceci a-t-il néanmoins de quoi me surprendre beaucoup ? Depuis qu'il est des Livres dans le Monde, en est-il aucun, qui ait dû être lu, copié, traduit commenté aussi souvent, en autant de Lieux, & par autant de Lecteurs, de Copistes, de Traducteurs, d'Interpretes

(*) Le Docteur Mill.

que celui-ci ? Un Savant laborieux confumeroit fes veilles à lire & à collationner les nombreufes *Verfions* qui ont été faites de ce Livre en différentes Langues, & dès les premiers Temps de fa publication. Je l'ai déjà remarqué : un *Livre* qui contient les Gages d'un *bonheur éternel*, pouvoit-il ne pas paroître le plus important de tous les Livres à cette grande *Société*, à laquelle il avoit été confié, qui en reconnoiffoit l'*Authenticité* & la *Vérité*, & qui en a tranfmis d'Age en Age le précieux Dépôt ?

Je ne fuis donc plus fi étonné de ces *trente mille Variantes*. Il eft bien dans la nature de la Chofe, que plus les *Copies* d'un Livre fe multiplient, & plus les *Variantes* de ce Livre foient nombreufes. Mon étonnement fe diffipe même en entier, lorfque retournant au Savant Critique, j'apprends de lui-même, que ces trente mille *Variantes* ont été puifées, non-feulement dans les *Copies* du Texte *Original*, mais encore dans celles de toutes les *Verfions*, &c.

Je parcours ces *Variantes* ; & je me convaincs par mes propres Yeux, qu'elles ne portent point fur des Chofes *effentielles*, fur des Chofes qui affectent le *Fond* ou l'*Ensemble* de la *Déposition*. Ici je trouve un Mot substitué à un autre : là, un ou plusieurs Mots transposés ou omis : ailleurs, quelques Mots plus remarquables, qui paroissent avoir passé de la *Marge* dans le *Texte*, & que je ne rencontre point dans les *Manuscrits* les plus originaux, &c.

Si malgré les *Variantes* assez nombreuses des Ecrits de CICERON, d'HORACE, de VIRGILE, les plus séveres Critiques pensent néanmoins posséder le Texte *authentique* de ces Auteurs ; pourquoi ne croirai-je pas posséder aussi le Texte *authentique* de la *Déposition* dont il s'agit ? Si les *Variantes* de cette Déposition étoient un Titre suffisant pour me la faire rejeter, ne faudroit-il pas que je rejetasse pareillement tous les Livres de l'Antiquité ?

Cette remarque me ramene aux Réflexions de même genre, que je faisois à la fin de la Partie précédente, au sujet des *Antinomies* vraies ou prétendues de la *Déposition*. Si je veux raisonner sur cette Matiere avec quelque justesse, je dois me conformer aux *Regles* de la plus saine *Critique*, & je ne dois pas prétendre juger du *Livre* en question, autrement que de tout autre Livre.

Mais un *Livre* destiné par la SAGESSE à accroître les Lumieres de la Raison, & à donner au Genre-humain les assurances les plus positives d'un *Bonheur à venir* ; n'auroit-il pas dû être préservé par cette SAGESSE de toute espece d'*altération* ? Et s'il en eût été préservé, cela même n'auroit-il pas été la preuve la plus démonstrative que le LÉGISLATEUR avoit *parlé* ?

Je me livre sans réserve aux Objections : je poursuis la Vérité : je ne cherche qu'elle, & je crains toujours de prendre l'Ombre pour le Corps. Que voudrois-je donc à cette heure ? Je voudrois que la PROVIDENCE fût intervenue *miraculeusement* pour préserver de toute *altération* ce Livre précieux, qu'ELLE paroît avoir abandonné, comme tous les autres, à l'influence dangereuse des *Causes secondes*.

Je ne démêle pas bien encore ce que je voudrois. J'entrevois en gros le besoin d'une Intervention *extraordinaire* propre à conserver la *Déposition* dans sa pureté natale. Je désirerois donc que la PROVIDENCE eût *inspiré* ou dirigé *extraordinairement* tous les Copistes, tous les Traducteurs, tous les Libraires de tous les Siecles & de tous les Lieux, ou qu'ELLE eût prévenu les Guerres, les Incendies, les Inondations, & en général toutes les Révolutions qui ont fait périr les *Ecrits originaux* des *Témoins*.

Mais cette Intervention *extraordinaire* n'auroit-elle pas été un *Miracle perpétuel*, & un Miracle *perpétuel* auroit-il bien été un *Miracle*? Une pareille *Intervention* auroit-elle bien été dans l'Ordre de la SAGESSE? Si les *Moyens naturels* ont pu suffire à conserver dans son intégrité primitive l'*Ensemble* de cette *Déposition* précieuse; serois-je bien Philosophe de requérir un *Miracle perpétuel* pour prévenir la substitution, la transposition ou l'omission de quelques Mots? Autant vaudroit que j'exigeasse un Miracle *perpétuel* pour prévenir les erreurs de chaqu'Individu en matiere de *Croyance*, &c. (*)

Je rougis de mon Objection; je confesse que mes désirs étoient insensés. Ce qui les excuse à mes propres Yeux, c'est que je les formois dans la simplicité d'un Cœur honnête, qui cherchoit sincérement le Vrai, & qui ne l'avoit pas d'abord apperçu.

(*) Consultez ici ce que j'ai exposé sur la *Nature* & le *But* des *Miracles* dans la Partie XVII de cet Ecrit.

Si je me suis assez convaincu de l'*Authenticité* de cette *Déposition* qui est le grand Objet de mes Recherches ; si je suis *moralement* certain qu'elle n'a été ni *supposée* ni essentiellement *altérée* ; pourrai-je *raisonnablement* douter de sa *Vérité ?*

Je l'ai dit : la *Vérité* d'un Ecrit *historique* est sa conformité avec les *Faits*. Si je me suis suffisamment prouvé à moi-même que les Faits *miraculeux* contenus dans la *Déposition* sont de nature à n'avoir pu être *supposés* ni admis comme *vrais*, s'ils avoient été *faux* ; s'il m'a paru encore solidement établi, que les *Témoins* qui attestoient publiquement & unanimement ces Faits, ne pouvoient ni *tromper* ni *être trompés* sur de semblables Faits ; pourrai-je rejeter leur *Déposition* sans choquer, je ne dis pas seulement toutes les Regles de la plus saine Logique ; je dis simplement les Maximes les plus reçues en matiere de Conduite ? (*)

(*) Je prie qu'on veuille bien relire avec attention ce que j'ai dit sur le *Témoignage*, dans la Partie XVIII. J'évite les répétitions, & je ne reviens pas aux Choses, dont je pense avoir assez montré la *Probabilité*.

Je fais ici une Réflexion qui me frappe : quand il feroit possible que je conçusse quelque doute raisonnable sur l'*Authenticité* des Ecrits *historiques* des *Témoins* ; quand je fonderois ces doutes sur ce que ces *Ecrits* n'ont été adressés à aucune Société *particuliere* chargée spécialement de les conserver ; je ne pourrois du moins former le moindre doute légitime sur ces *Epîtres* adressées par les *Témoins* à des Sociétés *particulieres* & nombreuses, qu'ils avoient eux-mêmes fondées & gouvernées. Combien ces *Sociétés* étoient-elles intéressées à conserver précieusement ces *Lettres* de leurs propres *Fondateurs*! Je lis donc ces *Lettres* avec toute l'attention qu'elles méritent, & je vois qu'elles supposent par-tout les Faits *miraculeux* contenus dans les Ecrits *historiques*, & qu'elles y renvoient fréquemment, comme à la Base inébranlable de la *Croyance* & de la *Doctrine*.

※

Si le LÉGISLATEUR de la Nature ne s'étoit point borné à adresser au Genre-humain ce *Langage de Signes*, qui affectoit principalement les *Sens* ; s'IL lui avoit encore annoncé de fort loin *en divers*

Temps & en diverses Manieres (*) la *Mission* de l'Envoyé; ce seroit, sans doute, une nouvelle Preuve bien éclatante de la *Vérité* de cette Mission, & une Preuve qui accroîtroit beaucoup la Somme, déjà si grande, de ces *Probabilités*, que je viens de rassembler en faveur de l'*Etat Futur* de l'Homme.

Je serois bien plus frappé encore de cette *Preuve*, si par une Dispensation *particuliere* de la SAGESSE SUPRÊME, les *Oracles* dont je parle, avoient été confiés aux *Adversaires* mêmes de l'Envoyé & de ses Ministres, & si ces premiers & ces plus obstinés Adversaires avoient fait jusqu'alors une profession constante d'appliquer ces *Oracles* à cet Envoyé qui devoit venir.

J'ouvre donc ce *Livre*, que me produisent aujourd'hui comme *authentique* & *divins*, les *Descendans* en ligne directe de ces mêmes Hommes qui ont crucifié l'Envoyé & persécuté ses Ministres & ses premiers Sectateurs. Je parcours divers morceaux de ce *Livre*, & je tombe sur un *Ecrit*, (†) qui me jette dans le plus

(*) *Heb.* I. 1.
(†) Esaie LIII.

profond étonnement. Je crois y lire une Hiſtoire anticipée & circonſtanciée de l'Envoyé : j'y retrouve tous ſes Traits, ſon Caractere, & les principales Particularités de ſa Vie. Il me ſemble, en un mot, que je lis la *Dépoſition* même des *Témoins*.

Je ne puis détacher mes Yeux de ce ſurprenant Tableau : quels Traits ! Quel Coloris ! Quelle expreſſion ! Quel accord avec les *Faits* ! Quelle juſteſſe, quel naturel dans les Emblêmes ! Que dis-je ! Ce n'eſt point une peinture emblêmatique d'un *Avenir* fort éloigné ; c'eſt une repréſentation fidelle du *Préſent*, & ce qui n'eſt point encore eſt peint comme ce qui eſt.

Il eſt monté comme un Rejeton, & comme une Racine ſortant d'une Terre altérée. Il n'y a en lui ni forme ni apparence, & à le voir, il n'y a rien en lui qui nous porte à le rechercher.

Il eſt le mépriſé & le rejeté des Hommes, Homme de douleurs, & ſachant ce que c'eſt que langueur ; & nous avons comme caché notre Viſage arriére de lui, tant il étoit mépriſé ; & nous ne l'avons rien eſtimé.

Il a porté nos langueurs, & il a chargé nos douleurs. . . . .

. . . . . *Il étoit navré pour nos forfaits, & froissé pour nos iniquités; l'amende qui nous apporte la paix a été sur lui, & par ses meurtrissures nous avons la guérison.*

. . . . . *Il n'a point ouvert sa Bouche; il a été mené à la Boucherie comme un Agneau, & a été comme une Brebis muette devant celui qui la tond.* . . .

Il a été enlevé de la force de l'angoisse & de la condamnation; mais qui racontera sa durée? Car il a été retranché de la terre des vivans, & la plaie lui a été faite pour le forfait de mon Peuple.

Or on avoit ordonné son Sépulcre avec les méchans; mais il a été avec le riche en sa mort; car il n'avoit point fait d'outrage, & il ne s'est point trouvé de fraude en sa bouche. . . .

. . . . . *Après qu'il aura mis son Ame en oblation; il se verra de la Postérité; ses* jours seront prolongés, & le bon plaisir de l'ETERNEL prospérera en sa main.

C'est pourquoi l'ETERNEL lui donnera son partage parmi les Grands; il partagera le butin avec les Puissans, parce qu'il aura épandu son Ame à la mort, qu'il aura été mis au rang des transgresseurs, & que lui-même aura porté les péchés de plusieurs, & aura intercédé pour les transgresseurs.

CELUI QUI peignoit ainsi aux Siecles futurs l'ORIENT D'EN HAUT, leur auroit-il désigné encore le Temps de son Lever? J'ai peine à en croire mes propres Yeux, lorsque je lis dans un autre *Écrit* (*) du même *Livre*, cet Oracle admirable, qu'on prendroit pour une *Chronologie* composée après l'*Evénement*.

Il y a septante Semaines déterminées sur ton Peuple, & sur ta Sainte Ville, pour abolir l'infidélité, consumer le péché, faire propiciation pour l'iniquité, pour amener la Justice des Siecles, pour mettre le Sceau à la Vision, & à la Prophétie, & pour oindre le SAINT *des* SAINTS.

(*) DANIEL IX.

Tu sauras donc & tu entendras, que depuis la sortie de la Parole portant qu'on s'en retourne, & qu'on rebâtisse la Ville, jusqu'au CHRIST *le Conducteur, il y a sept semaines & soixante-deux semaines.*

Et après ces soixante-deux semaines, le CHRIST *sera retranché, mais non pas pour soi.* . . .

Et il confirmera l'Alliance à plusieurs dans une semaine, & à la moitié de cette semaine il fera cesser le sacrifice & l'oblation. . . .

Je sais que ces *Semaines* de l'Oracle sont des *Semaines d'Année*, chacune de sept Ans. Il s'agit donc ici d'un *Evénement* qui ne doit arriver qu'au bout de 490 Ans.

Je sais par l'Histoire le Temps de la Venue de ce CHRIST que l'Oracle annonce. Je remonte donc de ce CHRIST jusqu'à 490 Ans; car l'*Evénement* doit être l'*Interprete* le plus sûr de l'*Oracle*.

J'arrive ainsi au Regne de ce Prince (*)

(*) ARTAXERXÈS *longue-main ;* environ la vingtieme année de son Regne.

dont *fort* en effet la derniere *Parole pour le retour* de cette *Nation*, captive dans fes Etats; & c'eft de la Main de cette Nation elle-même que je tiens cet *Oracle* qui la trahit & la confond.

Douterai-je de l'*Authenticité* des *Ecrits* où ces étonnans Oracles font confignés? Mais la Nation qui en a toujours été la Dépofitaire n'en a jamais *douté*: qu'opposerois-je à un *Témoignage* fi ancien, fi conftant, fi uniforme? Je n'imaginerai pas que cette Nation a *fuppofé* de pareils Ecrits: combien cette imagination feroit-elle abfurde! Les Oracles eux-mêmes ne la démentiroient-ils pas? Ne feroit-elle pas démentie encore par tant d'autres endroits des mêmes *Ecrits*, qui couvrent cette Nation d'ignominie, & qui lui reprochent fi fortement fes défordres & fes crimes? Elle n'a donc rien fuppofé, rien altéré, rien retranché; puifqu'elle a laiffé fubfifter des Titres fi humilians pour elle, & fi favorables à la grande *Société* qui reconnoît le CHRIST pour fon fondateur.

Recourrai-je à l'étrange fuppofition, que l'*accord* des Evénemens avec les Oracles, eft le fruit du *Hafard*? Mais trouverai-je dans la *coïncidence* de tant de Traits, & de Traits fi divers, l'empreinte d'une Caufe *aveugle* ?

Un Doute plus raifonnable s'éleve dans mon Efprit : puis-je me démontrer à moimême, que ces *Oracles*, dont je fuis fi frappé, ont bien précédé de cinq à fix Siecles les *Evénemens* qu'ils annonçoient en termes fi exprès & fi clairs ? Connoisje des Monumens contemporains qui m'atteftent, que les Auteurs des *Ecrits* dont je parle, ont bien vécu cinq à fix Siecles avant le CHRIST ? Je ne m'engage point dans cette favante & laborieufe Recherche : j'apperçois une route plus courte, plus facile, plus fûre, & qui doit me conduire à un Réfultat plus décifif.

J'ai appris de l'Hiftoire, que fous un Roi d'Egypte, (*) on fit une *Verfion Grecque* des *Ecrits* dont il eft queftion. Je confulte cette fameufe *Verfion*, & j'y retrouve ces mêmes *Oracles*, que me préfente le Texte *original*. Cette *Verfion*, exécutée par des *Interpretes* (†) de cette même Nation Dépofitaire du *Texte original*, avoit

---

(*) PTOLOMÉE *Philadelphe.*
(†) Les LXX Interpretes.

précédé

précédé d'environ trois Siecles la naiſſance du Christ. Je ſuis donc certain que les *Oracles* qui m'occupent, ont précédé au moins de trois Siecles, les *Evénemens* qu'ils annonçoient.

Je ne ferois pas le moins du monde fondé à ſoupçonner, que des Membres de la *Société* fondée par le Christ, ont *interpolé* dans cette *Verſion* ces *Oracles*, qui leur étoient ſi favorables. La Nation gardienne du *Texte original*, n'auroit-elle pas réclamé d'abord contre une telle Impoſture? D'ailleurs n'auroit-il pas fallu *interpoler* encore tous les Ecrits des Docteurs de cette Nation? Car ces Docteurs citent ces mêmes *Oracles*, & n'héſitent point à les appliquer à cet Envoyé qui devoit venir.

Si pour donner au Genre-humain un plus grand nombre de *Preuves* de ſa *Deſtination future*, l'Auteur du Genre-humain a voulu joindre au *Langage de Signes*, (*) déjà ſi perſuaſif, le *Langage prophétique* ou *typique*, il n'aura pas donné à ce *Langage* des *Caracteres* moins

___
(*) Les *Miracles*: voyez la Partie XVII.

expreffifs qu'à celui de *Signes*. IL l'aura tellement approprié aux *Evénemens futurs* qu'il s'agiffoit de *repréfenter*, qu'il n'aura pu s'appliquer *exactement* ou d'une maniere *complette*, qu'à ces feuls *Evénemens*. IL l'aura fait entendre dans un *Temps* & dans des *Circonftances* tels qu'il fût *impoffible* à l'Efprit humain de déduire *naturellement* de ce *Temps* & de ces *Circonftances* l'exiftence *future* de ces *Evénemens*. Et parce que fi ce *Langage* avoit été de la clarté la plus parfaite, les Hommes auroient pu s'oppofer à la naiffance des *Evénemens*, il aura été mêlé d'*ombres* & de *lumiere* : Il y aura eu affez de *lumiere* pour qu'on pût reconnoître à la naiffance des *Evénemens* que le LÉGISLATEUR avoit *parlé* ; & il n'y en aura point eu affez pour exciter les Paffions criminelles des Hommes.

Je découvre tous ces *Caracteres* dans les *Oracles* que j'ai fous les yeux. Je vois dans le même *Livre* beaucoup d'autres *Oracles* femés çà & là, & qui ne font guere moins fignificatifs. *Ils ont percé mes Mains..... Ils ont partagé entr'eux mes Vétemens, & jeté ma Robe au fort* (*) &c.

(*) Pféaume XXI.

Quel autre que CELUI pour QUI tous les *Siecles* font comme un *inſtant*, pouvoit dévoiler aux Hommes cet Avenir ſi reculé, & *appeller les Choſes qui ne ſont point, comme ſi elles étoient!*

Le 5 d'Avril 1769.

VINGT-UNIEME PARTIE.

SUITE DES IDÉES
SUR L'ÉTAT FUTUR
DE L'HOMME.

FIN DE L'ESQUISSE
DES
RECHERCHES PHILOSOPHIQUES
DE L'AUTEUR
SUR LA RÉVÉLATION.

LA DOCTRINE.
LES SUCCÈS DU TÉMOIGNAGE.
DIFFICULTÉS : RÉPONSES.

S'IL est bien vrai que la SAGESSE ELLE-même ait daigné descendre sur la Terre, pour éclairer des Hommes mortels ; je dois, sans doute, retrouver dans la *Doctrine* de son Envoyé l'empreinte indélébile de cette SAGESSE ADORABLE.

Je médite profondément ce grand Sujet : je commence par me tracer à moi-même les *Caracteres* que cette *Doctrine* devroit avoir, pour me paroître conforme aux Lumieres les plus pures de la *Raison*, & pour ajouter à ces Lumieres ce que les *Besoins* de l'Humanité exigeoient, & qu'elles ne peuvent fournir. (*)

Je ne puis disconvenir, que l'*Homme* ne soit un Etre *Sociable*, & que plusieurs de ses principales *Facultés* n'ayent pour Objet *direct* l'Etat de *Société*. Le Don seul de la *Parole* suffiroit pour m'en convaincre. La *Doctrine* d'un Envoyé CÉLESTE devroit donc reposer essentiellement sur les grands Principes de la *Sociabilité*. Elle devroit tendre le plus directement à perfectionner & à ennoblir tous les Sentimens *naturels* qui lient l'*Homme* à ses Semblables : elle devroit multiplier & prolonger à l'indéfini les Cordages de l'*Humanité* : elle devroit présenter à l'*Homme* l'Amour de ses Semblables,

---

(*) Consultez la Partie XVI, pag. 145, 146, 147, 148, &c.

comme la source la plus féconde & la plus pure de son Bonheur *présent* & de son Bonheur à *venir*. Est-il un Principe de *Sociabilité* plus épuré, plus noble, plus actif, plus fécond, que cette Bienveillance si relevée, qui porte dans la *Doctrine* de l'Envoyé le nom si peu *usité* (*) & si expressif de *Charité ? Je vous donne un commandement nouveau, c'est de vous aimer les uns les autres.* .... *C'est à ceci qu'on reconnoîtra que vous êtes mes Disciples, si vous avez de l'Amour les uns pour les autres.... Il n'est point de plus grand Amour que de donner sa vie pour ses Amis.* ..... Et qui étoient les *Amis* de l'Envoyé ? Les Hommes de tous les Siecles & de tous les Lieux : il est *mort* pour le *Genre-humain*.

A ces *Préceptes* si réitérés d'*Amour fraternel*, à cette *Loi* sublime de la *Charité*, méconnoîtrai-je le Fondateur & le Législateur de la *Société universelle?*

(*) Je ne dis pas *si nouveau*, quoique je le pusse dans un certain sens. Ciceron avoit dit dans ce beau Passage qu'on lit dans son Livre des *Fins*, v. 23 : *In omni autem honesto, nihil est tam illustre, nec quod latiùs pateat, quàm conjunctio inter homines hominum, & quasi quædam Societas & communicatio utilitatum, & ipsa caritas Generis humani ; &c.* Ce Sage faisoit entendre à son Siecle les premiers Accens de la *Charité*.

A ce grand *Exemple* de Bienfaisance, à ce *Sacrifice* si volontaire, méconnoîtrai-je l'AMI DES HOMMES le plus vrai & le plus généreux?

C'est toujours le *Cœur* qu'il s'agit de perfectionner : il est le Principe *universel* de toutes les *Affections* : une DOCTRINE CÉLESTE ne se borneroit point à *régler* les Actions extérieures de l'*Homme* : elle voudroit porter encore ses heureuses influences jusques dans les plus profonds replis du Cœur. *Vous avez ouï dire ; vous ne commettrez point d'Adultere : mais, moi je vous dis, que celui qui regarde une Femme avec des yeux de convoitise, a déjà commis l'Adultere dans son Cœur.* Quelle est donc cette nouvelle DOCTRINE qui condamne le Crime *pensé* comme le Crime *commis* ? C'est la DOCTRINE de ce PHILOSOPHE par excellence, qui savoit bien comment l'*Homme* étoit fait, & que telle étoit la *Constitution* de son Etre, qu'un *mouvement* imprimé trop fortement à *certaines* Parties du Cerveau, pouvoit le conduire insensiblement au *Crime*. Un *Psychologue* ne doit pas avoir de la peine à *comprendre* ceci. Le *Voluptueux* insensé le *sentiroit* au moins, s'il pouvoit appercevoir son Cœur à travers les immondices de son Imagination. *Mais, moi je vous dis :* c'est un Maître qui parle ; & quel Maitre ! *Il parloit comme ayant autorité. L'Homme de bien tire de bonnes Choses du bon Trésor de son Cœur, & le Méchant Homme tire de mauvaises Choses de son mauvais Trésor :* que de simplicité dans ces expressions ! Que de vérité dans la Pensée ! Que la Chose est bien faite comme cela ! L'*Homme de bien*. . . . . ce n'est pas le *grand Homme ;* c'est mieux encore . . . . *son bon Trésor*. . . . *son Cœur* . . . . le *Cœur de l'Homme de bien*.

Il n'y a pas de *Passion* plus antipathique avec l'*Esprit social* que la *Vengeance*. Il n'en est point non plus qui tyrannise plus cruellement le Cœur qui a le malheur d'en être possédé. Une Doctrine céleste ne se borneroit donc pas à réprouver un Sentiment si dangereux & si indigne de l'*Etre Social* : elle ne se borneroit pas même à exiger de lui le sacrifice de ses propres ressentimens : bien moins encore lui laisseroit-elle la Peine du *Talion :* elle voudroit lui inspirer le Genre d'*Héroïsme* le plus relevé, & lui enseigner à punir par ses Bienfaits l'Offenseur. *Vous avez appris qu'il a été dit, Œil pour Œil, & Dent pour Dent : & moi je vous dis ;* ..... *aimez vos Ennemis ; bénissez ceux qui vous haïssent ; priez pour ceux qui vous maltraitent & qui vous persécutent.... car si vous n'aimez que vos Freres, que faites-vous d'extraordinaire ?* (*) Et quel *Motif* présente ici l'AUTEUR d'une DOCTRINE si propre à ennoblir le Cœur de l'Etre Social ? *afin que vous soyez les Enfans de votre* PERE CÉLESTE, *qui fait lever son Soleil sur les Méchans & sur les Gens de bien, & qui répand la Pluie sur les Justes & sur les Injustes.* L'Etre vraiment *Social* répand donc ses Bienfaits comme la PROVIDENCE répand les Siens. Il fait du bien à tous, & s'il agit par des Principes *généraux*, les *Exceptions* à ces Principes sont encore des *Bienfaits*, & de plus grands Bienfaits. Dispensateur judicieux des Biens de la PROVIDENCE, il fait, quand il le faut, les proportionner à l'excellence des Etres auxquels il les distribue. Il tend sans cesse vers la plus grande Perfection, parce qu'il sert un MAITRE *parfait* .... *Soyez parfaits......*

(*) Je sais que ces belles Paroles, ainsi que plusieurs autres de cet admirable Discours, s'adressoient plus directement aux Disciples du MAITRE, qu'au Peuple qui l'écoutoit. Mais qui ignore que la DOCTRINE de ce MAITRE exige ces heureuses Dispositions de tous ceux qui la professent ?

Une DOCTRINE qui proscrit jusqu'à l'*Idée* de *Vengeance*, & qui ne laisse au Cœur que le choix des Bienfaits, prescrira, sans doute, la *Réconciliation* & le Pardon des Injures *personnelles*. L'Etre vraiment *social* est trop grand pour être jamais inaccessible à la Réconciliation & au Pardon. *Lors donc que vous présenterez votre Offrande, pour être mise sur l'Autel, si vous vous souvenez que votre Frere a quelque chose contre vous, laissez votre Offrande devant l'Autel, & allez premiérement vous réconcilier avec votre Frere : après cela, venez & présentez votre Offrande.* C'est encore que le DIEU *de paix*, qui est le DIEU de la Société *universelle*, veut des Sacrificateurs de la *Paix*...... *sur l'Autel*.... elle le profaneroit..... *devant l'Autel*...... elle n'y demeurera qu'un moment. *Combien de fois pardonnerai-je à mon Frere ? Sera-ce jusqu'à sept fois ?* demande ce Disciple dont l'Ame n'étoit pas encore assez ennoblie : *Jusqu'à septante fois sept fois*, répond CELUI qui pardonne *toujours*, parce qu'il a *toujours* à pardonner.

Une DOCTRINE qui ne respireroit que *Charité*, feroit apparemment de la *Tolérance* une des premieres *Lois* de l'Etre

Social : car il feroit contre la nature de la Chofe, qu'un Etre *Social* fût *intolérant*. Des Hommes encore *charnels* voudroient difpofer du *Feu du Ciel* : ils voudroient.... Seigneur ! *voulez-vous* ... Que répond l'Ami des Hommes à cette demande auffi inhumaine qu'infenfée ? *Vous ne favez de quel Efprit vous êtes animés : je ne fuis pas venu pour perdre les Hommes, mais je fuis venu pour les fauver.* Des Hommes qui fe difent les Difciples de ce bon Maitre, pourfuivront-ils donc leurs Semblables, parce qu'ils ont le malheur de ne pas attacher à quelques *Mots* les mêmes *Idées* qu'eux ? Emploieront-ils le Fer & le Feu pour..... je ne puis achever..... je frémis d'horreur.... Cette affreufe Nuit commence à fe diffiper..... un Rayon de Lumiere y pénetre..... puiffe le Soleil de Justice y pénétrer enfin !

Une Doctrine celeste devroit éclairer l'Homme fur les *vrais Biens*. Il eft un Etre *fenfible* : il a des *Affections* : il faut des *Objets* à fa Faculté de *défirer* : il en faut à fon *Cœur*. Mais quels Objets une telle Doctrine préfenteroit-elle à un Etre qui n'eft fur la Terre que pour quelques momens, & dont la vraie Patrie eſt le *Ciel ?* Cet Etre dont l'Ame immortelle engloutit le *Temps* & *ſaiſit l'Eternité*, attacheroit-il ſon Cœur à des Objets que le *Temps* dévore ? Cet Etre doué d'un ſi grand diſcernement, prendroit-il les Couleurs changeantes des Gouttes de la Roſée pour l'éclat des Rubis ? *Ne vous amaſſez pas des Tréſors ſur la Terre, où les Vers & la Rouille les conſument, & où les Voleurs percent & dérobent. Mais amaſſez-vous des Tréſors dans le Ciel, où les Vers & la Rouille ne gâtent rien, & où les Voleurs ne percent ni ne dérobent : car où ſera votre Tréſor, là auſſi ſera votre Cœur.* Quoi de plus vrai, & quoi de plus ſenti par celui qui eſt aſſez heureux pour ſe faire un ſemblable *Tréſor !* Son *Cœur y eſt* tout entier. Cet Homme eſt déjà *aſſis dans les Lieux céleſtes. Il eſt affamé & altéré de la Juſtice, & il ſera raſſaſié.*

Si une DOCTRINE CELESTE preſcrivoit un *Culte*, il ſeroit en rapport direct avec la Nature de l'*Intelligence*, & auſſi approprié à la nobleſſe de l'Etre *moral*, qu'à la MAJESTÉ & à la SPIRITUALITÉ de l'ÊTRE des ÊTRES. *Apprenez ce que ſignifient ces Paroles ; je veux Miſéricorde*

& non point Sacrifice.... miséricorde.... la Chose *signifiée*, & non le *Signe*. *Le Temps vient, & il est même déjà venu, que les vrais Adorateurs adoreront DIEU en Esprit & en Vérité; car ce sont-là les Adorateurs qu'IL demande. DIEU est un ESPRIT, & il faut que ceux qui l'adorent, l'adorent en Esprit & en Vérité......* en *Esprit....* en *Vérité....* ces deux Mots épuisent tout & ne peuvent être épuisés ; mais ils peuvent être oubliés : l'aveugle *superstition* ne les connut jamais.

Mais parce que l'Homme est un Etre *sensible*, & qu'une Religion qui réduiroit tout au pur *Spiritualisme*, pourroit ne point convenir assez à un tel Etre ; il seroit fort dans le Caractere d'une DOCTRINE CÉLESTE de frapper les *Sens* par quelque chose d'extérieur. Cette DOCTRINE établiroit donc un *Culte extérieur ;* elle institueroit des *Cérémonies ;* mais en petit nombre, & dont la noble *simplicité* & l'*expression* seroient exactement appropriées au *But particulier* de l'Institution, & au *Spiritualisme* du Culte *intérieur*.

De même encore : parce qu'un des Effets *naturels* de la *Priere*, est de retracer fortement à l'Homme, ses foiblesses, ses miseres, ses besoins ; parce qu'un autre Effet *naturel* de cet *Acte religieux* est d'imprimer au *Cerveau* les *dispositions* les plus propres à surmonter la trop forte impression des Objets sensibles ; enfin, parce que la *Priere* est une partie essentielle de cet Hommage raisonnable que la Créature *intelligente* doit à son CRÉATEUR : une DOCTRINE CELESTE rappelleroit l'Homme à la *Priere*, & lui en feroit un *Devoir*. Elle lui en prescriroit même un *Formulaire*, & l'exhorteroit à *n'user point de vaines redites*. Et comme l'Ame ne sauroit demeurer long-temps dans ce profond recueillement que la *Priere* exige, le *Formulaire* prescrit seroit très-court, & ne contiendroit que les Choses les plus *nécessaires*, exprimées en Termes énergiques & d'une signification très-*étendue*.

Il seroit bien encore dans l'Esprit d'une DOCTRINE CELESTE de redresser les Jugemens des Hommes sur le *Désordre moral*, sur la *Confusion* des *Méchans* avec les *Bons*, & en général sur la *Conduite* de la PROVIDENCE. La Philosophie moderne s'éleve bien haut ici, & n'atteint pas encore à la hauteur de cette PHILOSOPHIE populaire, qui cache sous des

Images familieres les Vérités les plus transcendantes. SEIGNEUR, *n'avez-vous pas semé du bon grain dans votre Champ? D'où vient donc qu'il y a de l'Yvraie?... Voulez-vous que nous allions la cueillir? Non, dit-il, de peur qu'en cueillant l'Yvraie, vous n'arrachiez aussi le bon Grain. Laissez croître l'un & l'autre jusqu'à la Moisson; & au Temps de la Moisson, je dirai aux Moissonneurs; cueillez premiérement l'Yvraie & liez-la en Bottes; .... mais amassez le bon Grain dans mon Grenier.* Des Ignorans en Agriculture voudroient devancer la *Saison*, & nettoyer le Champ avant le *Temps*. Ils ne le voudroient plus, s'il leur étoit permis de lire dans le *Grand Livre* du MAITRE du Champ.

Si l'Amour de soi-même est le Principe *universel* des Actions de l'*Homme*; si l'Homme ne peut jamais être *dirigé* plus *sûrement* au Bien, que par *l'espoir* des *Récompenses* ou par la *crainte* des *Peines*; (*) si une DOCTRINE CELESTE doit étayer la *Morale* de *Motifs* capables d'influer sur des Hommes de tout Ordre; une telle DOCTRINE annoncera, sans doute, au Genre-humain un *Etat Futur* de *Bonheur*

_____
(*) Voyez la Page 145 du Tome I. de ces Opuscules.

ou de *Malheur* relatif à la Nature des Actions *morales*. Elle donnera les plus magnifiques Idées du *Bonheur à venir*, & peindra des Couleurs les plus effrayantes le *Malheur futur*. Et comme ces *Objets* sont de nature à ne pouvoir être représentés à des *Hommes*, que par des *Comparaisons* tirées de Choses qui leur sont très-connues ; la DOCTRINE dont je parle, recourra fréquemment à de semblables Comparaisons. Ce seront des *Festins*, des *Noces*, des *Couronnes*, des *rassasiemens de joie*, des *Fleuves de délices*, &c. ou ce seront des *pleurs*, des *grincemens de dents*, des *Ténebres*, un *Ver rongeant*, un *Feu dévorant*, &c. Enfin ; parce que les *Menaces* ne sauroient être trop *réprimantes*, puisqu'il arrive tous les jours que les Hommes s'exposent volontairement pour un Plaisir d'un moment, à des années de misere & de douleur ; il seroit fort dans l'esprit de la Chose, que la DOCTRINE dont il s'agit, représentât les *Peines* comme *éternelles*, ou du moins comme un *Malheur* d'une Durée *indéfinie*. Mais en ouvrant cet épouvantable *Abyme* aux Yeux des Hommes *sensuels*, cette DOCTRINE DE VIE exalteroit en même temps les *Compassions* du PERE commun des Hommes, & permettroit d'entrevoir sur

le

le bord de l'abyme une MAIN bienfaifante qui.... Si dans l'ÊTRE SUPRÊME la JUSTICE eft la BONTÉ *dirigée* par la SAGESSE ..... fi la SOUVERAINE BIENFAISANCE veut effentiellement le *Perfectionnement* de tous les Etres *fentans* & de tous les Etres *intelligens*.... fi les *Peines* pouvoient être un *Moyen naturel* de Perfectionnement.... *s'il y a plus de joie au Ciel pour un Pécheur qui fe repent*.... *fi l'on aime beaucoup, parce qu'il a été beaucoup pardonné*.... mon Cœur treffaille.... je fuis dans l'admiration.... quelle merveilleufe Chaîne qui unit..... les Compaffions du SEUL BON *font infinies*...... *Il ne veut point la mort du Pécheur; mais* IL *veut fa Converfion & fa Vie*.... IL veut.... & veut-IL en vain ?

Mais une DOCTRINE qui prendroit les Hommes par l'*Intérêt*, feroit-elle une DOCTRINE CELESTE ? Ne devroit-elle pas, au contraire, *diriger* les Hommes *au Bien*, par l'Amour *pur & défintéreffé* du Bien ? Une Ame qui aime la Perfection, peut être facilement féduite par une Idée fublime de Perfection. N'ai-je point à me défier ici de cette forte d'illufion ? Une Doctrine qui ne préfenteroit point d'autre *Motif* aux Hommes que la Confidération

toute philosophique de la *Satisfaction* attachée à la *pratique du Bien*, seroit-elle une
Doctrine assez *universelle*, assez *efficace*?
Le *Plaisir* attaché à la Perfection *intellectuelle* & *morale*, seroit-il bien fait pour
être senti par toutes les Ames ? Ce Plaisir
si délicat, si pur, si angélique, suffiroit-il
dans tous les Cas, & principalement dans
ceux où les *Passions* & les *Appétits* tyran-
nisent ou sollicitent l'Ame si puissamment?
Que dis-je ! l'*Homme* est-il un ANGE ? son
Corps est-il d'une Substance *éthérée* ? La
Chair & *le Sang* n'entrent-ils point dans sa
composition ? CELUI QUI a fait l'Homme connoissoit mieux ce qu'il lui falloit,
que le Philosophe trop épris d'une Perfection *imaginaire*. L'AUTEUR de toute
vraie Perfection a approprié à la plus importante *Fin* des *Moyens* plus sûrs & plus
agissans : IL a assorti SES Préceptes à la
Nature & aux *Besoins* de cet *Etre-mixte*
qu'IL vouloit exciter & retenir. « IL a
» *parlé* au Sage par la Voix de la Sagesse ;
» au Peuple, par celle du Sentiment &
» de l'Autorité. Les Ames grandes & gé-
» néreuses peuvent se conformer à l'*Ordre*
» par *Amour* pour l'Ordre. Les Ames
» d'une moins forte trempe peuvent être
» dirigées au même But par l'espoir de
» la *Récompense*, ou par la crainte de la

» *Peine.* (*) En rappellant l'Homme à
» l'*Ordre moral*, l'AUTEUR de l'Hom-
» me le rappelle en même temps à la
» *Raison*. Il lui dit ; fais bien & tu feras
» heureux : *sèmes & tu recueilleras* : c'est
» l'expression fidelle du Vrai, la *Relation*
» de la Cause à l'Effet : une Graine mise
» en terre s'y développe. (†)

Si l'*Homme* est de sa nature un *Etre-mixte* ; si son *Ame* exerce toutes ses *Facultés* par l'intervention d'un *Corps* ; si le Sentiment de la *Personnalité* est attaché au Jeu de *certaines Parties* de ce Corps ; (**) une DOCTRINE qui viendroit du CIEL ne se borneroit pas à enseigner à l'Homme le Dogme de l'*Immortalité* de son *Ame* ; elle lui enseigneroit encore celui de l'*Immortalité* de son *Etre*. Et si cette DOCTRINE empruntoit des *Comparaisons* tirées de ce qui se passe dans les *Plantes*, elle parleroit au Peuple un langage familier, mais très-expressif ; & sous cette enveloppe, le Philosophe découvriroit une

(*) *Psychologie*, Préface, x, xi.

(†) *Ibid.* pag. 184, 185. Consultez encore la Partie VIII de cette *Palingénésie.*

(**) Revoyez ici la Partie XVI, & les divers endroits de mes Ecrits auxquels je renvoie.

Préordination, qui le frapperoit d'autant plus, qu'elle feroit plus conforme aux Notions les plus *pſychologiques* de la Raiſon. Il admireroit ici, comme ailleurs, l'Accord merveilleux de la *Nature* & de la GRACE, & reconnoîtroit dans cette DOCTRINE CÉLESTE la Perfection ou le *Complément* de la vraie Philoſophie. *Le Temps viendra où ceux qui ſont dans les Sépulchres entendront la Voix du* FILS *de* DIEU, *& en ſortiront, les uns en Réſurrection de Vie, les autres en Réſurrection de condamnation.... Réſurrection de vie.....* Heureuſe Immortalité ! Ce ne ſera donc pas l'*Ame ſeule* qui jouira de cette Félicité : ce ſera *tout l'Homme*. (*) *Je ſuis la Réſurrection & la Vie....* Paroles étonnantes ! Langage que l'Oreille n'avoit jamais entendu ! Expreſſions dont la majeſté annonçoit le PRINCE *de la Vie* !.... *Je ſuis la Réſurrection....* Il commande à la *Mort*, & arrache au *Sépulcre ſa victoire*.

(*) Je prie qu'on veuille bien relire la Partie VIII de cette *Palingéneſie*, & en particulier les pages 311 & 312. On a pu remarquer que mes Principes *pſychologiques* & *coſmologiques* forment une *Chaîne* : pour tenir fortement cette Chaîne, il faut avoir toujours préſens à l'Eſprit tous les *maîtres Chaînons*.

Si après avoir ouï la SAGESSE ELLE-même, j'écoute ces Hommes extraordinaires qu'ELLE inspiroit; je croirai l'entendre encore: c'est qu'ELLE parlera encore. Je ne me demanderai donc plus à moi-même, comment de simples Pêcheurs ont pu dicter au Genre-humain des Cahiers de *Morale* fort supérieurs à tout ce que la Raison avoit conçu jusqu'alors; des Cahiers qui épuisent tous les *Devoirs*; qui les rappellent tous à leur véritable *Source*; qui font des différentes *Sociétés* répandues sur le Globe, une seule *Famille*; qui lient étroitement entr'eux tous les *Membres* de cette Famille; qui enchaînent cette Famille à la grande *Famille* des INTELLIGENCES CÉLESTES; & qui donnent pour PERE à ces Familles CELUI dont la BONTÉ embrasse depuis le *Passereau* jusqu'au CHERUBIN? Je reconnoîtrai facilement, qu'une si haute Philosophie n'est point sortie des fanges du Jourdain, & qu'une Lumiere si éclatante n'a point jailli des épaisses ténebres de la *Synagogue*.

Je m'affermirai de plus en plus dans cette pensée, si j'ai la patience ou l'espece de courage de parcourir les Ecrits des plus fameux Docteurs, (*) de cette fanatique & orgueilleuſe Synagogue, & ſi je compare ces Ecrits à ceux de ces Hommes qu'elle perſécutoit avec tant de fureur, parce que leurs Vertus l'affligeoient & l'irritoient. Quels monſtrueux Amas de Rêves & de Viſions! Que d'abſurdités entaſſées ſur d'autres abſurdités! Quel abus de l'interprétation! Quel étrange oubli de la Raiſon! Quelles inſultes au Bon-ſens! &c. Je tente de fouiller dans ce Marais; ſa profondeur m'étonne; je fouille encore, & j'en tire un *Livre* précieux, tout défiguré, & que j'ai peine à reconnoître.

Je me tourne enſuite vers les Sages du *Paganiſme*: j'ouvre les Ecrits immortels d'un PLATON, d'un XENOPHON, d'un CICERON, &c. & mes Yeux ſont réjouis par ces premiers Traits de l'Aurore de la Raiſon. Mais que ces Traits ſont foibles, mélangés, incertains! Que de nuages ils ont à percer! La Nuit finit à peine; le Jour n'a pas commencé; l'ORIENT d'EN-HAUT, n'a pas paru encore; mais les Sages eſperent ſon lever, & l'attendent. (†)

(*) Les *Rabbins* & les *Thalmudiſtes*.
(†) Voyez le ſecond *Alcibiade* de PLATON.

Je ne refuse point mon admiration à ces beaux Génies. Ils consoloient la Nature humaine des outrages qu'elle recevoit de la Superstition & de la Barbarie. Ils étoient, en quelque sorte, les *Précurseurs* de cette RAISON qui devoit *mettre en évidence la Vie & l'Immortalité.* Je leur appliquerois, si je l'osois, ce qu'un Ecrivain, qui étoit mieux encore qu'un beau Génie, disoit des Prophetes, *ils étoient des Lampes qui luisoient dans un lieu obscur.*

Mais plus j'étudie ces Sages du *Paganisme*, & plus je reconnois qu'ils n'avoient point atteint à cette *plénitude* de Doctrine, que je découvre dans les Ouvrages des *Pécheurs*, & dans ceux du *Faiseur de Tentes.* Tout n'est point *homogene* dans les Sages du *Paganisme*; tout n'y est point du même prix, & j'y appercois quelquefois la *Perle sur le Fumier.* Ils disent des choses admirables, & qui semblent tenir de l'*Inspiration*; mais, je ne sais; ces Choses ne vont point autant à mon Cœur, que celles que je lis dans les Ecrits de ces Hommes, que la Philosophie humaine n'avoit point éclairés. Je trouve dans ceux-ci un genre de *pathétisme*, une onction, une gravité, une force de Sentiment & de Pensée; j'ai presque dit, une Force de Nerfs & de Muscles, que je ne trouve point dans les autres. Les premiers atteignent aux Moëlles de mon Ame; les seconds, à celles de mon Esprit. Et combien ceux-là me persuadent-ils davantage que ceux-ci! c'est qu'ils sont plus persuadés : ils ont *vu, ouï & touché*.

Je découvre bien d'autres *Caracteres*, qui me paroissent différencier beaucoup les Disciples de l'Envoyé, de ceux de Socrate, & sur-tout des Disciples de Zenon. Je m'arrête à considérer ces différences, & celles qui me frappent le plus font cet entier oubli de soi-même, qui ne laisse à l'Ame d'autre Sentiment, que celui de l'importance & de la grandeur de son Objet; & au Cœur, d'autres Désirs que celui de remplir fidélement sa Destination, & de faire du Bien aux Hommes : cette Patience *réfléchie* qui fait supporter les épreuves de la Vie, non point seulement parce qu'il est grand & philosophique de les supporter; mais parce qu'elles sont des dispensations d'une PROVIDENCE sage, aux Yeux de laquelle la Résignation est le plus bel hommage : cette hauteur de Pensées & de

Vues, cette grandeur de courage qui rendent l'Ame fupérieure à tous les Evénemens, parce qu'elles la rendent fupérieure à elle-même : cette conftance dans le Vrai & le Bien que rien ne peut ébranler, parce que ce Vrai & ce Bien ne tiennent pas à l'*Opinion*, mais qu'ils repofent fur une *Démonftration d'Efprit & de Puiffance* : cette jufte appréciation des Chofes.... mais combien de tels Hommes font-ils au-deffus de mes foibles éloges ! Ils fe font peints eux-mêmes dans leurs Ecrits : c'eft-là qu'ils veulent être contemplés ; & quel Parallele pourrois-je faire entre les Eleves de la SAGESSE DIVINE & ceux de la Sageffe humaine ?

CES Sages du Paganifme, qui difoient de fi belles Chofes, & qui en faifoient tant penfer aux Adeptes, avoient-ils enlevé au Peuple un feul de fes Préjugés, & abattu la moindre Idole ? SOCRATE, que je nommerois l'Inftituteur de la *Morale Naturelle*, & qui fut dans le Paganifme le premier Martyr de la Raifon ; le prodigieux SOCRATE avoit-il changé le Culte d'Athenes, & opéré la plus légere révolution dans les Mœurs de fon Pays ?

Peu de temps après la mort de l'Envoyé, je vois se former dans un coin obscur de la Terre, une *Société* dont les Sages du Paganisme n'avoient pas même entrevu la possibilité. Cette Société n'est presque composée que de Socrates & d'Epictetes. Tous ces Membres sont *unis étroitement* par les liens de l'Amour fraternel & de la Bienveillance la plus pure & la plus agissante. Ils n'ont tous qu'un même Esprit, & cet Esprit est Celui de leur Fondateur. Tous adorent le GRAND ÊTRE en *Esprit & en Vérité*, & la *Religion* de tous *consiste à visiter les Orphelins & les Veuves dans leurs afflictions, & à se préserver des impuretés du Siecle*..... *Ils prennent leurs repas avec joie & simplicité de Cœur*...... *Il n'est point de Pauvres parmi eux, parce que tous ceux qui possedent des Fonds de Terre ou des Maisons les vendent & en apportent le prix aux Conducteurs de la Société*. En un mot; je crois contempler un nouveau *Paradis Terrestre*; mais dont tous les Arbres sont des *Arbres de Vie*.

Quelle est donc la Cause secrette d'un si grand Phénomene moral ? Par quel Prodige inconnu à tous les Siecles qui ont précédé, vois-je naître au sein de la corruption & du fanatifme, une *Société* dont le *Principe* eft l'Amour des Hommes ; la *Fin*, leur Bonheur ; le *Mobile*, l'approbation du SOUVERAIN JUGE ; l'*Efpérance*, la Vie éternelle ?

M'abuferois-je ? le premier *Hiftorien* (*) de cette Société en auroit-il exagéré les Vertus, les Mœurs, les Actions ? Mais les Hommes dont il parloit n'avoient guere tardé à fe faire connoître dans le Monde : ils étoient environnés, preffés, obfervés, perfécutés par une foule d'ennemis & d'envieux ; & fi l'*adverfité* manifefte le *Caractere* des Hommes, je dois convenir, que jamais Hommes ne purent être mieux connus que ceux-ci. Si donc leur Hiftorien avoit exagéré ou déguifé les Faits, eft-il à croire, qu'il n'eût point été relevé par des Contemporains foupçonneux, vigilans, prévenus, & qui n'étoient point animés du même Intérêt ?

Au moins ne pourrai-je fufpecter avec fondement, le *Témoignage* que je lis dans cette fameufe *Lettre* d'un Magiftrat (†) également éclairé & vertueux,

(*) Luc, *Act*.
(†) Pline le jeune.

chargé par un grand Prince (*) de veiller sur la conduite de ces Hommes nouveaux, que la Police surveille par-tout. Ce *Témoignage* si remarquable, est celui que rendoient à la nouvelle *Société*, ceux même qui l'abandonnoient & la trahissoient ; & c'est ce même *Témoignage*, que le Magistrat ne *contredit* point, qu'il met sous les Yeux du Prince.

« Ils assuroient que toute leur erreur ou
» leur faute avoit été renfermée dans ces
» points : qu'à un jour marqué ils s'assem-
» bloient avant le lever du Soleil, &
» chantoient tour à tour des vers à la
» louange du CHRIST, comme s'il eût
» été DIEU ; qu'ils s'engageoient par ser-
» ment, non à quelque crime, mais à ne
» point commettre de vol ni d'adultere,
» à ne point manquer à leur promesse,
» à ne point nier un dépôt ; qu'après cela
» ils avoient coutume de se séparer, &
» ensuite de se rassembler pour manger
» en commun des mets innocens.

Il me semble que je n'ai point changé de lecture, & que je lis encore l'*Historien* de cette *Société* extraordinaire. Ceux

(*) TRAJAN.

qui rendoient un *Témoignage* si avantageux à ses Principes & à ses Mœurs, étoient pourtant des Hommes qui, assurés de la protection du Prince & de ses Ministres, auroient pu la calomnier impunément. Le Magistrat ne combat point ce *Témoignage*; il n'a donc rien à lui opposer? Il avoue donc tacitement ces *Principes* & ces *Mœurs*? *Est-ce le nom seul que l'on punit en eux*, dit-il, *ou sont-ce les crimes attachés à ce nom*? Il insinue donc très-clairement que c'étoit un *nom qu'on punissoit*, plutôt que des *crimes*! Quel accord singulier entre deux Ecrivains, dont les Opinions religieuses & les Vues étoient si différentes! Quel Monument! Quel Eloge! Le Magistrat est contemporain de l'Historien: tous deux voient les mêmes Objets, & presque de la même maniere. Seroit-il possible que la Vérité ne fût point là?

Mais le Magistrat fait un reproche à cette Société d'*Hommes de Bien*; & quel est ce reproche? *Une opiniâtreté & une inflexible obstination qui lui paroissent punissables. J'ai jugé*, ajouta-t-il, *qu'il étoit nécessaire d'arracher la Vérité par la force des tourmens.... je n'ai découvert qu'une mauvaise superstition portée à l'excès.*

Ici, le Magistrat ne voit plus comme l'*Historien*; *mauvaise Superstition* : c'est que ce ne sont plus des *Faits*, des *Mœurs*, que le Magistrat voit; c'est une *Doctrine*; & pour être bien vue, cette *Doctrine* demandoit des yeux plus exercés dans ce Genre d'Observation. Je fais d'ailleurs beaucoup d'attention à l'heureuse *opposition* qui se rencontre ici entre les deux Ecrivains : elle me paroît concourir, comme le reste, à mettre la Vérité dans tout son jour. Ce n'est point comme un Partisan secret de la nouvelle *Secte*, que le Magistrat en juge; c'est au travers de tous ses Préjugés de naissance, d'éducation, de Philosophie, de Politique, de Religion, &c. J'aime à apprendre de lui cette *inflexible obstination* : quel est donc le sujet d'une *obstination* qui résiste à la force des tourmens ? Seroit-ce quelque *Opinion particuliere ?* Non ; ce sont des *Faits*, & des Faits dont *tous les Sens* ont pu juger.

La *Société* naissante se fortifie de jour en jour; elle s'étend de proche en proche, & par-tout où elle s'établit, je vois la Corruption; le Fanatisme, la Superstition, les Préjugés, l'Idolâtrie tomber au pied de la Croix du Fondateur.

Bientôt la Capitale du Monde se peuple de ces *Néophytes ;* elle en regorge : *multitudo ingens.* (*) Ils inondent les plus grandes Provinces de l'Empire, & c'est encore de ce même Magistrat, (†) l'ornement de son Pays & de son Siècle, que je l'apprends. Il étoit Gouverneur de deux grandes Provinces, la *Bythinie* & le *Pont.* Il écrit à son Prince : « l'affaire
» m'a paru digne de vos réflexions par
» la multitude de ceux qui sont envelop-
» pés dans ce péril ; car un très-grand
» nombre de Personnes de tout Age,
» de tout Ordre, de tout Sexe, sont
» & seront tous les jours impliquées dans
» cette accusation. Ce mal contagieux
» n'a pas seulement infecté les Villes ;
» il a gagné les Villages & la Campa-
» gne . . . . Ce qu'il y a de cer-
» tain, c'est que les Temples étoient
» presque déserts ; les Sacrifices négli-
» gés, & les Victimes presque sans Ache-
» teurs.

Corinthe, Ephese, Thessalonique, Philippes, Colosses, & quantité d'autres Villes plus ou moins considérables m'of-

---

(*) TACITE sur NÉRON.
(†) PLINE le jeune, dans la même *Lettre.*

frent une foule de Cytoyens, qui embraſſent la nouvelle Doctrine. Je trouve l'Hiſtoire de la Fondation de ces *Sociétés particulieres*, non-feulement dans l'*Hiſtorien* de la *grande Société* dont elles faiſoient partie ; mais encore dans les *Lettres* de ce Diſciple infatigable qui les a fondées.

Je vois la Tradition *orale* s'unir ici à la Tradition *écrite*, & concourir avec elle à conferver & à fortifier le *Témoignage*. Je vois les Diſciples du fecond Siecle donner la main à ceux du premier, un IRÉNÉE recevoir d'un POLYCARPE, ce que celui-ci avoit lui-même reçu d'un des premiers Témoins oculaires, (*) & cette *Chaîne* de Témoignages *traditionnels* fe prolonger, fans interruption, dans les Ages fuivans, &c.

(*) JEAN. « Je pourrois encore, dit IRÉNÉE, rendre les difcours que POLYCARPE tenoit au Peuple, & tout ce qu'il racontoit de fes converfations avec JEAN & avec d'autres qui avoit vu le SEIGNEUR. Tout ce qu'il difoit de fa Perfonne, de fes Miracles & de fa Doctrine, il le rapportoit comme il le tenoit des Témoins oculaires de la Parole de Vie : tout ce que difoit là-deſſus ce Saint Homme, étoit exactement conforme à nos Ecritures. » EUSEBE, L. v, Chap. 15 & 20. Voyez les Notes de M. SEIGNEUX fur l'Ouvrage de M. ADDISSON, pag. 228, 229, Tom. I.

Les Princes & leurs Ministres exercent de temps en temps sur l'innocente *Société*, des cruautés inconnues aux Nations les plus barbares, & qui font frémir la Nature; & c'est au milieu de ces horribles persécutions, que cette *Société* s'enracine & se propage de plus en plus.

Cependant ce n'est pas tant cet effet assez naturel des *persécutions*, qui excite mon attention, que l'*Espece* très-nouvelle du *Martyre*. De violentes contradictions peuvent irriter & exalter les Ames. Mais ces milliers de *Martyrs* qui expirent dans les Tortures, ne sont pas des Martyrs de l'*Opinion* : ils meurent volontairement pour attester des *Faits*. Je connoissois des *Martyrs de l'Opinion* : il y en a eu dans tous les Temps, & presque dans tous les Lieux : il en est encore dans ces Contrées (*) malheureuses que la folle Superstition tyrannise; mais je ne connois que les Disciples de l'Envoyé, qui soient morts pour attester des *Faits*.

J'observe encore, que ceux qui se sacrifient si courageusement pour soutenir

(*) L'Inde.

ces *Faits*, ne sont point attachés à leur *Croyance* par la naissance, par l'éducation, par l'autorité, ni par aucun intérêt temporel. Cette *Croyance* choque, au contraire, tout ce qu'ils ont reçu de la naissance, de l'éducation, de l'autorité; & elle ne choque pas moins leur intérêt temporel. Il n'y a donc que la plus forte conviction de la *Certitude* des *Faits*, qui puisse me fournir la *raison suffisante* de ce *dévouement* si volontaire aux Souffrances & à une Mort souvent cruelle.

Enfin, après trois Siecles de travaux, d'épreuves, de tourmens; après avoir combattu pendant trois Siecles avec les armes de la patience & de la charité; la *Société* triomphe; la nouvelle RELIGION monte sur le Trône des CÉSARS; les Idoles sont renversées, & le *Paganisme* expire.

※

QUELLE étonnante *Révolution* viens-je de contempler? Quels Hommes l'ont opérée? Quels obstacles ont-ils eu à surmonter?

UN HOMME pauvre *qui n'avoit pas où*

reposer sa Tête, qui passoit pour le Fils d'un Charpentier, & qui a fini ses jours par un supplice infame, a fondé cette RELIGION victorieuse du Paganisme & de ses Monstres.

Cet HOMME s'est choisi des Disciples dans la lie du Peuple ; il les a pris la plupart parmi de simples Pêcheurs, & c'est à de tels Hommes, qu'il a confié la charge de publier sa RELIGION par toute la Terre : *Allez & instruisez toutes les Nations. . . . . . Vous me servirez de Témoins jusqu'aux extrémités de la Terre.*

Ils obéissent à la voix de leur MAITRE : ils annoncent aux Nations la DOCTRINE DE VIE : ils leur attestent la *Résurrection* du *Crucifié*, & les Nations croient au *Crucifié*, & se convertissent.

Voilà le grand *Phénomene moral* que j'ai à expliquer : voilà cette *Révolution* plus surprenante que toutes celles que l'Histoire consacre, dont il faut que j'assigne la *Raison suffisante*.

Je jette un coup d'œil rapide sur la face du Monde avant la naissance de cette grande *Révolution*. Deux Religions principales s'offrent à mes regards; le *Théisme* & le *Polythéisme*.

Je ne parle pas du *Théisme* des Philosophes Païens; ce très-petit nombre de Sages qui, comme SOCRATE ou ANAXAGORE, attribuoient l'Origine des Choses à un *Esprit Eternel*; ces Sages, dis-je, ne faisoient point un *Corps*, & laissoient le Peuple dans la fange du Préjugé & de l'Idolâtrie. Ils avoient la Main pleine de *Vérités*, & ne daignoient l'ouvrir que devant les *Adeptes*.

Je parle du *Théisme* de cette *Nation* si singuliere & si nombreuse, séparée par ses Lois, par ses Coutumes, par ses Préjugés même de toutes les autres Nations, & qui croit tenir sa *Religion* & ses *Lois* de la MAIN de DIEU. Cette *Nation* est fortement persuadée que cette Religion & ces Lois ont été appuyées de *Miracles* éclatans & divers: elle est fort attachée à son *Culte extérieur*, à ses *Usages*, à ses *Traditions*; & quoiqu'elle soit fort déchue de sa premiere splendeur, & soumise à un Joug étranger, elle conserve encore tout l'orgueil de son ancienne Liberté,

& pense être l'unique Objet des complaisances du CRÉATEUR ; elle méprise profondément les autres Nations, & fait profession d'attendre un *Libérateur* qui lui assujettira l'Univers.

Le *Polythéisme* est à peu près la Religion universelle, & par-tout la dominante. Il revêt toutes sortes de Formes, suivant le Climat & le Génie des Peuples. Il favorise toutes les Passions, & même les plus monstrueuses. Il abandonne le Cœur ; mais il retient quelquefois la Main. Il flatte tous les Sens, & associe *la Chair avec l'Esprit*. Il présente aux Peuples les Exemples fameux de ses Dieux, & ces Dieux sont des Monstres de cruauté & d'impureté, qu'il faut honorer par des *cruautés* & des *impuretés*. Il fascine les yeux de la Multitude par ses Enchantemens, par ses Prodiges, par ses Augures, par ses Divinations, par la pompe de son Culte, &c. Il élève des Autels au Vice, & creuse des Tombeaux à la Vertu.

Comment les *Pécheurs*, transformés en *Missionnaires*, persuaderont-ils aux *Théistes* dont il s'agit, que tout ce Culte *extérieur* si majestueux, si ancien, si vénéré,

A a iij

n'est plus ce que DIEU demande d'eux; & qu'il est aboli pour toujours; que toutes ces *Cérémonies* si augustes, si mystérieuses, si propres à étonner les Sens, ne sont *que l'Ombre des Choses dont on leur présente le Corps ?* Comment les forcer à reconnoître que ces *Traditions* auxquelles ils sont si attachés de Cœur & d'Esprit, ne sont que des *Commandemens d'Hommes*, & qu'elles *anéantissent cette Loi* qu'ils croient *divine ?* Comment surtout les Pêcheurs persuaderont-ils à ces orgueilleux *Théistes*, que cet Homme si abject, que leurs Magistrats ont condamné, & qui a expiré sur une *Croix*, est lui-même ce grand *Libérateur* qui leur avoit été annoncé & qu'ils attendoient; qu'ils ne sont plus les seuls Objets des Graces *extraordinaires* de la PROVIDENCE, & que toutes les Nations de la Terre sont appellées à y participer ? &c.

Comment des Pêcheurs abattront-ils ces Verres *à facettes* qui sont sur les yeux du grossier *Polythéiste*, & qui lui font voir presqu'autant de *Dieux*, qu'il y a d'Objets dans la Nature ? Comment parviendront-ils à *spiritualiser* ses Idées, à le détacher de cette Matiere inerte, à laquelle il est incorporé, & *à le convertir au* DIEU VIVANT ? Comment l'arracheront-ils aux Plaisirs séduisans des Sens, aux Voluptés de tout genre ? Comment purifieront-ils & ennobliront-ils toutes ses *Affections ?* Comment en feront-ils un *Sage*, & plus qu'un Sage ? Comment retiendront-ils son Cœur, autant que sa Main ? Comment sur-tout lui persuaderont-ils de rendre ses Hommages à un Homme flétri par un Supplice ignominieux, & convertiront-ils aux yeux du *Polythéiste la folie de la Croix en Sagesse ?*

Comment les Héros du *Crucifié* porteront-ils leurs nouveaux Sectateurs à renoncer à leurs intérêts *temporels* les plus chers, à vivre dans le mépris, dans l'humiliation, dans l'opprobre ; à braver tous les genres de douleurs & de Supplices, à résister à toutes les tentations, & à persévérer jusqu'à la Mort dans une DOCTRINE qui ne leur promet de dédommagement que dans une autre Vie ?

Par quels *Moyens* est-il donc arrivé que les Pêcheurs de Poissons sont devenus *des Pêcheurs d'Hommes ?* Comment a-t-il été possible, qu'en moins d'un demi-

Siecle, tant de Peuples divers ayent embraſſé la nouvelle DOCTRINE ? Comment le *grain de Senevé eſt-il devenu un grand Arbre* ? Comment cet Arbre a-t-il ombragé de ſi grandes Contrées ?

Je ſais qu'en général, les Hommes ne ſont pas ennemis de la *Sévérité* en Morale : c'eſt qu'elle ſuppoſe un plus grand effort : c'eſt que les Hommes ont un goût naturel pour la *Perfection* : ce n'eſt point qu'ils la cherchent toujours ; mais ils l'aiment toujours, au moins dans la ſpéculation. Une pauvreté volontaire, un grand déſintéreſſement, un genre de Vie pénible, laborieux, s'attirent facilement l'attention & l'eſtime des Hommes. Ils admireront volontiers tout cela, pourvu qu'on ne les oblige point à le pratiquer.

Si donc cette nouvelle DOCTRINE qui eſt annoncée au Monde, étoit purement *ſpéculative*, je concevrois ſans beaucoup de peine, qu'elle auroit pu obtenir l'eſtime & même l'admiration de quelques Peuples. Ils l'auroient regardée comme une nouvelle Secte de Philoſophie, & ceux qui la profeſſoient, auroient pu leur paroître des *Sages* d'un Ordre très-particulier.

Mais, cette DOCTRINE ne confiste point en pures *fpéculations ;* elle eft toute *pratique ;* elle l'eft *effentiellement* & au fens le plus étroit : elle eft le Genre le plus relevé de l'*Héroïfme pratique :* elle fuppofe le renoncement le plus entier à foi-même ; combat toutes les Paffions ; enchaîne tous les Penchans ; réprime tous les Défirs ; ne laiffe au Cœur que l'Amour de DIEU & du Prochain ; exige des facrifices continuels, & les plus grands facrifices, & ne propofe jamais que des *Récompenfes* que l'Œil ne voit point, & que la main ne palpe point.

Je conçois encore, que les charmes de l'éloquence, l'appas des richeffes, l'éclat des Dignités, l'influence du Pouvoir accréditeront facilement une Doctrine, & lui concilieront bien des Partifans.

Mais la DOCTRINE du *Crucifié* eft annoncée par des Hommes fimples & pauvres, dont l'éloquence confifte plus dans les Chofes que dans les Mots ; par des Hommes qui publient des Chofes qui choquent toutes les Opinions reçues ; par des Hommes du plus bas Ordre, & qui ne promettent dans cette Vie à leurs Sectateurs, que des Souffrances, des Tortures & des *Croix*. Et ce font pourtant ces Hommes qui triomphent *de la Chair & du Sang*, & convertiffent l'Univers.

L'*Effet* eft prodigieux, rapide, durable ; il exifte encore : je ne découvre aucune *Caufe naturelle* capable de le produire : il doit néanmoins avoir une *Caufe*, & quelque grande Caufe : quelle eft donc cette *Caufe*? *Au nom du Crucifié, les Boiteux marchent, les Lépreux font rendus nets, les Sourds entendent, les Aveugles voient, les Morts reffufcitent.* Je ne cherche plus : tout eft expliqué : le Problême eft réfolu. Le LÉGISLATEUR de la Nature a *parlé* : les Nations l'ont écouté, & l'Univers a reconnu fon MAITRE. CELUI qui voyoit dans *le Grain de Senevé le grand Arbre*, étoit donc l'ENVOYÉ de ce MAITRE, QUI *avoit ainfi choifi les Chofes foibles du Monde pour confondre les fortes.*

※

MAIS, ne précipite-je point mon jugement ? Ne me preffe-je point trop de croire & d'admirer ? L'*Univers* a-t-il reconnu fon MAITRE ? Cette DOCTRINE falutaire a-t-elle converti l'Univers *entier*? Je jette les Yeux fur le Globe, & je vois avec étonnement, que cette LUMIERE CÉLESTE n'éclaire qu'une petite Partie de la Terre, & que tout le refte eft couvert d'épaiffes ténèbres. Et encore dans les Portions éclairées, combien découvre-je de *Taches!*

Cette Difficulté ne me paroît pas confidérable. Si cette DOCTRINE DE VIE doit durer autant que l'*Etat Préfent* de notre Globe, que font dix-fept Siecles relativement à la Durée *totale*? Peut-être dix-fept jours; peut-être dix-fept heures, & moins encore. Jugerai-je de la Durée de cette RELIGION, comme de celle des Empires? Tout Empire *eft comme l'Herbe, & toute la gloire* des Empires, *comme la Fleur de l'Herbe; l'Herbe feche, fa Fleur tombe;* mais la RELIGION *du* SEIGNEUR *demeure*: elle furvivra à tous les Empires: fon CHEF *doit régner, jufques à ce que* DIEU *ait mis tous fes Ennemis fous fes Pieds. Le dernier Ennemi qui fera détruit, c'eft la Mort.*

J'examine de plus près la Difficulté, & je m'apperçois qu'elle revient précifément à celle que je pourrois élever sur la Diſtribution ſi inégale de tous les Dons & de tous les Biens ſoit de l'Eſprit, ſoit du Corps. Cette ſeconde Difficulté bien approfondie, me conduit à une abſurdité palpable. Les Dons de l'Eſprit, comme ceux du Corps, tiennent à une foule de Circonſtances *phyſiques*, enchaînées les unes aux autres, & cette Chaîne remonte juſqu'au premier inſtant de la *Création*. Afin donc que tous les Hommes euſſent poſſédé les mêmes Dons, & au même Degré, il auroit fallu en premier lieu, qu'ils ne fuſſent point nés les uns des autres ; car combien la *Génération* ne modifie-t-elle pas l'Organiſation *primitive des Germes !* Il auroit fallu en ſecond lieu, que tous les Hommes fuſſent nés dans le même Climat, ſe fuſſent nourris des mêmes Alimens ; qu'ils euſſent eu le même Genre de Vie, la même Education, le même Gouvernement, &c. car pourrois-je nier que toutes ces Choſes n'influent plus ou moins ſur l'Eſprit ? Ici la plus légere Cauſe porte ſes influences fort au-delà de ce que je puis penſer. Je l'ai aſſez entrevu. (*)

(*) Conſultez la Partie XIII, pag. 41, 42, 43, &c.

Ainsi, pour opérer cette égalité *parfaite* de Dons entre les Individus de l'Humanité, il auroit fallu que tous ces Individus eussent été jetés dans le même Moule; que la Terre eût été éclairée & échauffée par-tout également; que ses Productions eussent été les mêmes par-tout; qu'elle n'eût point eu de Montagnes, de Vallées, &c. &c. Je ne finirois point si je voulois épuiser tout cela.

Combien de pareilles Difficultés, qui saisissent d'abord un Esprit peu pénétrant, & dont il verroit sortir une foule d'absurdités, s'il étoit capable de les analyser! L'Esprit se tient volontiers à la surface des Choses; il n'aime pas à les creuser, parce qu'il redoute le travail & la peine. Quelquefois il redoute plus encore; la *Vérité*.

Si donc l'*Etat des Choses* ne comportoit point, que tous les Hommes participassent aux mêmes Dons, & à la même mesure de Dons; pourquoi m'étonnerois-je qu'ils n'ayent pas tous la même *Croyance?* Combien la *Croyance* elle-même est-elle liée à l'*Ensemble* des Circonstances *physiques* & des Circonstances *morales* !

Mais cette RELIGION SAINTE, qui me paroît si bornée dans ses progrès, & qu'un Cœur bien-faisant voudroit qui éclairât le Monde entier, doit-elle demeurer renfermée dans ses limites actuelles, comme dans des Bornes éternelles ? Que de Moyens divers la PROVIDENCE ne peut-ELLE point s'être réservés, pour lui faire franchir un jour, & avec éclat, ces Limites étroites où elle est renfermée ! Que de Monumens précieux, que de Documens démonstratifs ensevelis encore dans les entrailles de la Terre ou sous des Ruines, & qu'ELLE saura en tirer dans le Temps marqué par SA SAGESSE ! Que de Révolutions futures dans les grands Corps politiques, qui partagent notre Monde, dont ELLE a préordonné le Temps & la Maniere, dans des Vues dignes de SA SOUVERAINE BONTÉ ! Ce Peuple, le plus ancien & le plus singulier de tous les Peuples ; ce Peuple dispersé, & comme *disséminé* depuis dix-sept Siecles dans la Masse des Peuples, sans s'incorporer jamais avec elle, sans former jamais lui-même une Masse *distincte* ; ce Peuple Dépositaire fidele des plus anciens Oracles,

Monument perpétuel & vivant de la Vérité des nouveaux Oracles ; ce Peuple, dis-je, ne fera-t-il point un jour dans la MAIN de la PROVIDENCE un des grands Inftrumens de SES Deſſeins en faveur de cette RELIGION qu'il méconnoît encore ? Cette *Chaîne des Evénemens*, qui contenoit çà & là les *Principes fecrets* des Effets *miraculeux*, ne renfermeroit-elle point de *femblables Principes* dans d'autres Portions de fon étendue, dans ces Portions que la nuit de l'Avenir nous dérobe ; & ces Principes en fe développant, ne produiront-ils point un jour fur le Genre-humain des Changemens plus confidérables encore, que ceux qui furent opérés il y a dix-fept Siecles ? (*)

(*) Confultez ce que j'ai expofé fur les *Miracles* dans la Partie XVII, pag. 190, 191, 192, 193, &c. & dans la Partie XVIII, pag. 246, 247, 248. Quand mon Idée fur les *Miracles* s'offrit pour la premiere fois à mon Efprit, il y a bien des années, je n'avois pas lu l'Abbé HOUTTEVILLE ; *la Religion Chrétienne prouvée par les Faits*. Je viens de lire le Chapitre VI du Tome II, dans lequel il entreprend de prouver que *les Miracles font poſſibles*. J'y ai vu que cet éloquent Auteur s'étoit formé fur la *nature* des *Miracles* à peu près la même Idée que moi. Mais cette Idée fi philofophique, il ne la développe pas par une forte d'*analyfe*, comme j'ai tâché de le faire dans la Partie XVII. Il n'indique pas précifément la *Maniere* dont on peut concevoir la Chofe. Il fe borne à montrer, qu'il y a dans la Nature une multitude de *Phénomenes*, dont les Caufes nous font inconnues, & qui reffortent pour-

Si la DOCTRINE dont je parle, ne produit pas de plus grands Effets *moraux* chez la plupart de ceux qui la profeffent, l'attribuerai-je à fon *Imperfection* ou au *défaut* de Motifs *fuffifans ?* Mais, connois-je aucune Doctrine dont les *Principes* tendent plus directement au *Bonheur* de la

---

tant des *Lois générales* du Mouvement : pag. 51, 52, 53 de l'Edition de 1765. Il en conclut que les *Miracles* pourroient avoir été *enveloppés dans l'Ordre général, & être entrés comme le refte, dans l'Economie des Deffeins de DIEU*, pag. 53-57. Il combattroit par cette *Suppofition* SPINOSA, qui avoit dit, que les *Miracles* étoient *impoffibles*, parce qu'ils étoient *contraires* aux *Lois de la Nature*, & qu'ils fuppofoient de la *variation* dans les *Décrets* de DIEU. L'Abbé HOUTTEVILLE entreprend donc de prouver ici, qu'il n'y a point de *variation* dans les Décrets de DIEU, & qu'un *feul & même* Décret, a pu *embraffer tout, &c.*

Si l'on prend la peine de comparer les Principes & la marche de cet Auteur avec les miens, on reconnoîtra facilement que je ne l'ai point copié. Nous fuivions l'un & l'autre des Routes très-différentes. Nous n'avions pas le même But *particulier*. Je ne fongeois point à SPINOSA. Je cherchois uniquement à développer un de mes Principes *pfychologiques de l'Effai Analytique*, & j'effayois de l'appliquer à la Doctrine des *Miracles*, &c.

Il n'en demeure pas moins vrai, que l'Abbé HOUTTEVILLE m'a prévenu fur l'*Idée générale* ; je me fais un devoir étroit de le reconnoître : mais j'efpere qu'on me rendra la juftice de penfer, que je n'ai point eu l'intention de m'approprier ce qui appartenoit à cet Ecrivain eftimable. Perfonne au monde n'eft plus ennemi que moi du *Plagiat*.

Cette *Note* néceffaire auroit dû fe trouver dans la Partie XVII, pag. 194.

Société *universelle*, & à celui de ses Membres ? En est-il aucune, qui présente des *Motifs* plus propres à influer sur l'*Esprit* & sur le *Cœur* ? Elle éleve l'homme mortel jusqu'au Trône de DIEU, & porte ses Espérances jusques dans l'*Eternité*.

Mais en promulguant cette Loi sublime, le LÉGISLATEUR de l'Univers n'a pas transformé en purs *Automates* les Etres intelligens auxquels IL la donnoit. IL leur a laissé le Pouvoir *physique* de la suivre ou de la violer. (*) IL a mis ainsi dans leur Main la décision de leur sort. IL a mis devant eux le *Bien* & le *Mal*, le *Bonheur* & le *Malheur*.

※

TOURNERAI-je contre cette DOCTRINE la *Nécessité morale* des Actions humaines ? Prétendrai-je que cette sorte de *Nécessité* exclut toute *Imputation*, & conséquemment toute *Loi*, toute *Religion* ? Ne verrai-je pas clairement, que la *Nécessité morale* n'est point du tout une *vraie*

(*) Consultez la Partie VIII de cette *Palingénésie*, où j'ai esquissé les *Principes fondamentaux de la Religion Naturelle & de la* RELIGION RÉVÉLÉE.

Nécessité; qu'elle n'est au fond que la *Certitude* considérée dans les Actions *libres?* Parce que l'*Homme* ne peut pas ne point *s'aimer lui-même*; parce qu'il ne peut pas *ne se déterminer point* pour ce que son *Entendement* a jugé *le plus convenable*; parce que sa *Volonté* tend *essentiellement* au Bien *réel* ou *apparent*, s'ensuit-il que l'*Homme* agisse comme une *pure Machine?* S'ensuit-il que les *Lois* ne puissent point *le diriger* à sa *véritable Fin*; qu'il ne puisse point les observer; qu'il n'ait point un *Entendement*, une *Volonté*, une *Liberté*; que ses Actions ne puissent point lui être *imputées* dans aucun sens; qu'il ne soit point susceptible de *Bonheur* & de *Malheur*; qu'il ne puisse point *rechercher* l'un & *éviter* l'autre; qu'il ne soit point, en un mot, un *Etre moral?* Je regrette que la pauvreté de la Langue ait introduit dans la *Philosophie* ce malheureux mot de *Nécessité morale*, si *impropre* en soi, & qui cause tant de confusion dans une chose très-simple, & qui ne sauroit être exposée avec trop de précision & de clarté. (*)

(*) Voyez ce que j'ai dit sur la *Volonté* & sur la *Liberté* dans les Chapitres XII & XIX de mon *Essai Analytique sur les Facultés de l'Ame*. Je n'ai rien négligé pour y ramener la *Question* à ses termes les plus simples & les plus vrais.

Objecterai-je que la Doctrine de l'Envoyé n'est point favorable au *Patriotisme*, & qu'elle n'est propre qu'à faire des *Esclaves?* Ne serois-je pas démenti sur le champ par l'*Histoire* fidelle de son Etablissement & de ses Progrès? Etoit-il des Sujets plus soumis, des Citoyens plus vertueux, des Ames plus généreuses, des Soldats plus intrépides que ces Hommes nouveaux répandus partout dans l'Etat, persécutés par-tout, toujours humains, toujours bienfaisans, toujours fidelles au Prince & à ses Ministres? Si la Source la plus pure de la Grandeur d'Ame est dans le Sentiment vif & profond de la noblesse de son Etre, quelle ne sera pas la Grandeur d'Ame & l'élévation des Pensées d'un Etre dont les Vues ne sont point renfermées dans les limites du *Temps?*

Répéterai-je que de véritables Disciples de l'Envoyé *ne formeroient pas un Etat qui pût subsister?* « Pourquoi non, répond un vrai Sage, (†) qui savoit

___
(†) Montesquieu : *Esprit des Lois ;* Liv. XXIV ; Chap. VI.

apprécier les Choses, & qui ne peut être soupçonné de crédulité ni de partialité : » Pourquoi non ? Ce seroient des Ci‑ » toyens infiniment éclairés sur leurs De‑ » voirs, & qui auroient un très‑grand » zele pour les remplir; ils sentiroient » très‑bien les Droits de la défense na‑ » turelle; plus ils croiroient devoir à la » Religion, plus ils penseroient devoir à » la Patrie. Les Principes de cette Reli‑ » gion bien gravés dans le Cœur seroient » infiniment plus forts que ce faux Hon‑ » neur des Monarchies, ces Vertus hu‑ » maines des Républiques, & cette Crain‑ » te servile des Etats Déspotiques.

※

ME plairai‑je à exagérer les *Maux* que cette DOCTRINE a occasionnés dans le Monde; les Guerres cruelles qu'elle a fait naître; le Sang qu'elle a fait répandre; les Injustices atroces qu'elle a fait commettre; les Calamités de tout genre qui l'accompagnoient dans les premiers Siecles, & qui se sont reproduites dans des Siecles fort postérieurs, &c. ? Mais confondrai‑je jamais l'abus ou les suites accidentelles, & si l'on veut, nécessaires, d'une chose excellente, avec cette

Chose même ? Quoi donc ! étoit-ce bien une DOCTRINE qui ne respire que douceur, miséricorde, charité, qui ordonnoit ces horreurs ? Etoit-ce bien une DOCTRINE si pure, si sainte qui prescrivoit ces Crimes ? Etoit-ce bien la PAROLE du PRINCE de la Paix qui armoit des Freres contre des Freres, & qui leur enseignoit l'art infernal de raffiner tous les genres de Supplices ? Etoit-ce bien la TOLÉRANCE elle même, qui aiguisoit les Poignards, préparoit les Tortures, dressoit les Echafauds, allumoit les Bûchers ? Non; je ne confondrai point les Ténebres avec la Lumiere, le Fanatisme furieux avec l'aimable Charité. Je sais, que celle-ci *est patiente, & pleine de bonté; qu'elle n'est point envieuse, ni vaine, ni insolente; qu'elle ne s'enfle point d'orgueil, ne fait rien de mal-honnête, ne cherche point son intérêt particulier, ne s'irrite point, ne soupçonne point le mal, ne se réjouit point de l'injustice; mais se plaît à la droiture, excuse tout, espere tout, supporte tout.* Non; CELUI qui *alloit de lieu en lieu faisant du Bien*, n'avoit point armé d'un Glaive homicide la Main de ses Enfans, & ne leur avoit point dicté un Code d'Intolérance. Le plus doux, le plus compatissant & le plus juste des

Hommes n'avoit point *soufflé* dans le Cœur de ses Disciples l'Esprit de persécution; mais il l'avoit *embrasé* du Feu divin de la Charité.

Avancer, dit encore ce grand Homme (*) que j'ai déjà cité, & que je voudrois citer toujours : « Avancer que la
» Religion n'est pas un motif réprimant,
» parce qu'elle ne réprime pas toujours,
» c'est avancer que les Lois Civiles ne
» sont pas un motif réprimant non plus.
» C'est mal raisonner contre la Religion
» que de rassembler dans un grand Ou-
» vrage une longue énumération des maux
» qu'elle a produits, si l'on ne fait de
» même celle des biens qu'elle a faits.
» Si je voulois raconter tous les maux
» qu'ont produit dans le Monde les Lois
» Civiles, la Monarchie, le Gouverne-
» ment Républicain, je dirois des choses
» effroyables. Quand il seroit inutile que
» les Sujets eussent une Religion, il ne
» le seroit pas que les Princes en eus-
» sent, & qu'ils blanchissent d'écume le
» seul frein que ceux qui ne craignent
» pas les Lois humaines puissent avoir.
» Un Prince qui aime la Religion & qui

(*) MONTESQUIEU : *Esprit des Lois*, Liv. XXIV. Chap. II.

» la craint, est un Lion qui cede à la
» la main qui le flatte ou à la voix qui
» l'appaise : celui qui craint la Religion
» & qui la hait, est comme les bêtes sau-
» vages qui mordent la chaîne qui les em-
» pêche de se jeter sur les passans : celui
» qui n'a point du tout de Religion, est
» cet Animal terrible qui ne sent la li-
» berté que lorsqu'il déchire & dévore.

Que j'aime à voir cet Ecrivain si profond & si humain, ce Précepteur des
Rois tracer de sa main immortelle, l'E-
loge de cette RELIGION qu'un bon Esprit admire d'autant plus, qu'il est plus
Philosophe ; je pourrois ajouter, plus Mé-
taphysicien ! car il faut l'être pour géné-
raliser ses Idées, & voir en grand. (*)
« Que l'on se mette devant les yeux d'un
» côté les massacres continuels des Rois
» & des Chefs Grecs & Romains, & de
» l'autre la destruction des Peuples &
» des Villes par ces mêmes Chefs ; THI-
» MUR & GENGIS-KAN, qui ont dévasté
» l'Asie : & nous verrons que nous de-
» vons à la RELIGION, & dans le Gou-
» vernement un certain Droit politique,
» & dans la Guerre un certain Droit des

(*) MONTESQUIEU : *Esprit des Lois*, Liv. XXIV,
Chapitre III.

» Gens que la Nature humaine ne sau-
» roit assez reconnoître.

» C'est ce Droit des Gens qui fait que
» parmi nous la Victoire laisse aux Peuples
» vaincus ces grandes choses, la vie, la
» liberté, les Lois, les biens, & toujours
» la Religion lorsqu'on ne s'aveugle pas
» soi-même.

Combien de Vertus domestiques, combien d'Œuvres de miséricorde exercées dans le secret des Cœurs, cette DOCTRINE DE VIE n'a-t-elle pas produit & ne produit-elle pas encore ! Combien de SOCRATES & d'EPICTETES déguisés sous l'Habit de vils Artisans ! si toutefois un honnête Artisan peut jamais être un Homme vil. Combien cet Artisan en sait-il plus sur les Devoirs & sur la Destination Future de l'Homme, que n'en furent SOCRATE & EPICTETE !

A DIEU ne plaise, que je sois ni injuste ni ingrat ! je compterai sur mes Doigts les Bienfaits de la RELIGION, & je reconnoîtrai que la *vraie* Philosophie elle-même lui doit sa naissance, ses progrès & sa perfection. Oserois-je bien assurer, que si le PERE *des Lumieres* n'avoit point daigné éclairer les Hommes, je ne ferois pas moi-même *Idolâtre ?* Né peut-être au sein des plus profondes ténebres & de la plus monftrueufe fuperftition, j'aurois croupi dans la fange de mes Préjugés ; je n'aurois apperçu dans la Nature & dans mon propre Etre qu'un Chaos. Et fi j'avois été affez heureux ou affez malheureux pour m'élever jufqu'au *Doute* fur l'AUTEUR des Chofes, fur ma Deftination Préfente, fur ma Deftination Future, &c. ce Doute auroit été perpétuel ; je ne ferois point parvenu à le fixer, & il auroit fait peut-être le tourment de ma Vie.

La *vraie* Philofophie pourroit-elle donc méconnoître tout ce qu'elle doit à la RELIGION ? Mettroit-elle fa gloire à lui porter des coups, qu'elle fauroit qui retomberoient infailliblement fur elle-même ? La *vraie* RELIGION s'éleveroit-elle à fon tour contre la Philofophie, & oublieroit-elle les fervices importans qu'elle peut en retirer ?

ENFIN, attaquerai-je la RELIGION de l'ENVOYÉ par ſes Dogmes ? Argumenterai-je de ſes *Myſteres*, de leur *incompréhenſibilité*, de leur *oppoſition*, au moins apparente, avec la Raiſon ?

Mais, quel droit aurois-je de prétendre, que tout ſoit *Lumiere* dans la *Nature* & dans la GRACE ? Combien la *Nature* a-t-elle de *Myſteres* que je ne puis percer ! Combien m'en ſuis-je occupé dans les Parties XII & XIII de cet Ouvrage ! Combien le Catalogue que j'en dreſſois, eſt-il incomplet ! Combien me ſeroit-il facile de l'étendre, ſi je le voulois ! Serois-je bien fondé après cela à m'étonner de l'obſcurité qui enveloppe *certains* Dogmes de la RELIGION ? Cette obſcurité elle-même n'emprunte-t-elle pas de nouvelles Ombres de celle qui couvre *certains* Myſteres de la Nature ? Seroit-il bien philoſophique de me plaindre que DIEU ne m'ait pas donné les Yeux & l'Intelligence d'un ANGE pour voir juſqu'au fond dans les Secrets de la *Nature* & dans ceux de la GRACE ? Voudrois-je donc que pour ſatisfaire à mon impertinente curioſité, DIEU eût renversé l'Harmonie *Universelle*, & qu'IL m'eût placé sur un Echelon plus élevé de l'Echelle immense des Etres (*) ? N'ai-je pas assez de *Lumieres* pour me conduire surement dans la Route qui m'est tracée ; assez de *Motifs* pour y affermir mes pas ; assez d'*Espérance* pour animer mes efforts & m'exciter à remplir ma destinée ? La *Religion Naturelle*, cette Religion, que je crois tenir des Mains de ma Raison, & dont elle se glorifie ; la *Religion Naturelle*, ce Systême qui me paroît si harmonique, si lié dans toutes ses Parties, si essentiellement *philosophique*, combien a-t-elle de Mysteres *impénétrables !* Combien la seule Idée de l'ÊTRE NÉCESSAIRE, de l'ÊTRE EXISTANT PAR-SOI, renferme-t-elle d'Abymes que l'ARCHANGE même ne peut sonder ! Et sans remonter jusqu'à ce PREMIER ÊTRE QUI engloutit comme un Gouffre, toutes les Conceptions des INTELLIGENCES créées, mon *Ame* elle-même, cette Ame dont la *Religion Naturelle* m'enseigne l'*Immortalité*, que de Questions interminables ne m'offre-t-elle point ! &c.

(*) Je prie qu'on relise ce que j'ai dit là-dessus dans la Partie XVIII, pag. 210, 211, 212, 213.

Mais ces *Dogmes* de la RELIGION de l'ENVOYÉ, qui me paroiſſent, au premier coup-d'œil, ſi *incompréhenſibles*, & même ſi *oppoſés* à ma Raiſon, le ſont-ils en effet autant qu'ils me le paroiſſent? Des Hommes, trop prévenus peut-être en faveur de leurs propres Idées ou trop préoccupés de la penſée qu'il y a toujours du *mérite à croire*, & que ce mérite augmente en raiſon du *nombre* & de l'*eſpece* des Choſes qu'on *croit*; n'auroient-ils point mêlé de fauſſes *Interprétations* aux Images *emblématiques*, & aux Paroles *métaphoriques* du FONDATEUR & de ſes premiers Diſciples? N'auroient-ils point altéré & *multiplié* ainſi les *Dogmes?* Ne prends-je point ces *Interprétations* pour les *Dogmes* mêmes? Je vais à la Source la plus pure de toute Vérité *dogmatique* : j'étudie ce *Livre* admirable qui fortifie & accroît mes Eſpérances : je tâche de l'*interpréter* par lui-même, & non par les Songes & les Viſions de certains Commentateurs : je compare le *Texte* au *Texte* ; le *Dogme* au *Dogme* ; chaque *Ecrivain* à lui-même ; tous les *Ecrivains* entr'eux, & tout cela aux *Principes* les plus *évidens* de la *Raiſon* : & après cet Examen réfléchi, ſérieux, impartial, long-temps continué, souvent repris, je vois les Oppositions disparoître, les Ombres s'affoiblir, la Lumiere jaillir du sein de l'Obscurité, la Foi s'unir à la Raison, & ne former plus avec elle que la même Unité (*).

CONCLUSION

DES RECHERCHES

SUR LA RÉVÉLATION.

J'AI parcouru en Philosophe, les principales *Preuves* de cette RÉVÉLATION que ma Raison avoit jugé si nécessaire au plus

---

(*) On sent assez, qu'une *Exposition* des *Dogmes* n'entroit point dans le Plan d'une *Esquisse* calculée pour toutes les Sociétés Chrétiennes, & où je devois me borner à établir les *Fondemens* de la *Crédibilité* de la RÉVÉLATION. Mais je répéterai ici ce que je disois dans l'*Essai Analytique*, en terminant mon *Exposition* du Dogme de la *Résurrection*, §. 754. « L'Explication
» que je viens de hasarder d'un des principaux Dogmes
» de la RÉVÉLATION, montre qu'elle ne se refuse pas
» aux Idées philosophiques, & cette Explication peut
» faire juger encore de celles dont les autres *Dogmes*
» seroient susceptibles s'ils étoient mieux entendus.

grand Bonheur de l'Homme. (†) Je retrace fortement à mon Esprit toutes ces Preuves. Je les pese de nouveau. Je ne les sépare point : j'en embrasse la Collection, l'*Ensemble*. Je vois évidemment qu'elles forment un *Tout* unique, & que chaque Preuve principale est une Partie *essentielle* de ce *Tout*. Je découvre une subordination, une liaison, une harmonie entre toutes ces Parties, une *convergence* de toutes vers un *Centre commun*. Je me place dans ce *Centre* : je reçois ainsi les diverses *Impressions* qui partent de tous les Points de la circonférence : j'éprouve l'Effet de chaque Impression *particuliere*, & celui de l'Impression *totale*. Je démêle les Effets *particuliers* ; je les compare, & je sens fortement l'Effet *général*.

De cet *Effet général* résulte dans mon Esprit cette *Conséquence* importante ; qu'il n'est point d'Histoire ancienne, qui soit aussi bien attestée que celle de l'Envoyé ; qu'il n'est point de *Faits historiques* qui soient établis sur un si grand nombre de Preuves, sur des Preuves aussi solides,

(†) Voyez la Partie XVI, pag. 145, 146, &c. 153, 155, 156.

aussi frappantes, aussi diverses, que le sont les *Faits* sur lesquels repose la RELIGION de l'ENVOYÉ.

Une saine *Logique* m'a enseigné à *distinguer* exactement les différens *Genres* de la *Certitude*, & à n'exiger point la rigueur de la *Démonstration* en matiere de *Faits* ou de Choses qui dépendent *essentiellement* du *Témoignage*. (†) Je sais que ce que je nomme la *Certitude morale* n'est point & ne peut être une Certitude *parfaite* ou *rigoureuse*; que cette sorte de *Certitude* n'est jamais qu'une *Probabilité* plus ou moins grande, & qui se rapprochant plus ou moins de ce *Point* indivisible où réside la Certitude *complette*, entraîne plus ou moins l'*assentiment* de l'Esprit.

Je sais encore que si je voulois n'adhérer jamais qu'à l'Evidence *proprement dite* ou à la *Démonstration*, ne croire

---

(†) Je crois avoir suffisamment prouvé, Part. XVIII, pag. 216, 217, 218; que *certains* Faits, quoique *miraculeux*, n'en sont pas moins du ressort des *Sens*, & conséquemment de celui du *Témoignage*. Je suppose toujours que mon Lecteur s'est approprié la *Suite* de mes *Principes*, & qu'il n'a pas lu mon Livre comme un *Roman*.

jamais que ce que mes *propres Sens* m'attefteroient ; il faudroit me jeter dans le *Pyrrhonifme* le plus abfurde : car quel Pyrrhonifme plus *abfurde*, que celui qui douteroit férieufement de tous les *Faits* de l'Hiftoire, de la Phyfique, de l'Hiftoire Naturelle, &c. & qui rejeteroit entiérement toute efpece de *Témoignage !* Et quelle Vie plus miférable & plus courte que celle d'un Homme qui ne fe confieroit jamais qu'au rapport de fes *propres Sens*, & qui fe refuferoit opiniâtrément à toute Conclufion *analogique*. (*)

Je ne dirai point, que la *Vérité* du Christianisme eft *démontrée* : cette expreffion admife & répétée avec trop de complaifance par les meilleurs *Apologiftes*, feroit affurément très-*impropre*. Mais je dirai fimplement, que les *Faits* qui fondent la *Crédibilité* du Christianisme me paroiffent d'une telle *Probabilité*, que fi je les rejetois, je croirois choquer les *Regles* les plus fures de la *Logique*, & renoncer aux *Maximes* les plus communes de la *Raifon*.

(*) Confultez fur ceci la Partie XVII de cet Ecrit, pag. 158, 159, 160, 161 ; & la Partie XVIII, pag. 203, 204, 205, 206, 207, &c.

J'ai

J'ai tâché de pénétrer dans le fond de mon Cœur ; & comme je n'y ai découvert aucun *Motif secret* qui puisse me porter à rejeter une DOCTRINE si propre à suppléer à la foiblesse de ma Raison, à me consoler dans mes épreuves, à perfectionner mon Etre, je reçois cette DOCTRINE comme le plus grand Bienfait que DIEU pût accorder aux Hommes, & je la recevrois encore, quand je ne la considérerois que comme le meilleur Système de *Philosophie pratique*.

Le 27 d'Avril 1769.

VINGT-DEUXIEME PART.

FIN DES IDÉES SUR L'ÉTAT FUTUR DE L'HOMME.

LÉGERES CONJECTURES SUR LES BIENS A VENIR.

SI un Etre, formé essentiellement de l'Union de deux Substances, étoit appellé *à durer*, il dureroit comme *Etre mixte*, ou il ne seroit plus le *même* Etre. Je l'ai prouvé. (*)

(*) Relisez la Partie VIII de cette *Palingénésie*, pag. 310, 311, 312; & la Partie XVI, pag. 128, 129, 130, 131, 132, &c. Le nombre des Lecteurs qui savent *lire* est si petit, que je suis obligé de recourir fréquemment aux *Renvois*.

Le Dogme de la *Résurrection* est donc une Conséquence *immédiate* de la *Nature* de l'Homme. Il est donc un Dogme très-*philosophique*. Ceux qui veulent tout ramener à l'*Ame*, oublient l'*Homme*.

« Si l'Ame humaine pouvoit exercer
» ses Facultés sans le secours d'un *Corps*;
» si la Nature de notre Etre comportoit
» que nous pussions, sans ce secours,
» jouir du Bonheur, concevroit-on pour-
» quoi l'AUTEUR de la RÉVÉLATION
» QUI est CELUI de notre Etre, auroit
» enseigné aux Hommes le Dogme de
» la *Résurrection ?* (*)

L'Homme est doué de *Mémoire*, & cette Mémoire tient au *Cerveau*. (†) Elle est le fondement de la *Personnalité* de l'Homme, & le Trésor de ses Connoissances.

Si la *même Personne* est appellée à *durer*, elle devra conserver la *Mémoire* des Choses passées, & retenir un certain Fond d'Idées acquises.

(*) *Essai Analytique*, §. 727.
(†) *Ibid.* Chap. VII, XXII, *Analyse Abrégée*, XV, XVI, XVII, XVIII.

Il faut donc qu'il y ait dans l'Homme un *Siege physique* de la *Personnalité* qui ne soit point soumis aux Causes *destructives* de la Vie *présente*.

La RÉVÉLATION annonce un Corps *spirituel*, qui doit succéder au Corps *animal*. L'opposition du mot *spirituel* au mot *animal* montre assez que le Corps *futur* sera formé d'une Substance très-déliée. C'est ce que prouvent encore ces expressions remarquables, que l'Apôtre Philosophe ne présente point *au figuré : tout ce que j'ai dit*, sur la Résurrection, revient à ceci, que *la Chair & le Sang ne peuvent posséder le Royaume de DIEU, & que la Corruption ne jouira point de l'Incorruptibilité*. (*)

La *Comparaison* si philosophique du *Grain de blé* que l'Apôtre emploie, indique encore, que la *Résurrection* ne sera que le *Développement* plus ou moins rapide, du *Corps spirituel* logé dès le commencement dans le Corps *animal*, comme la *Plante* dans sa *Graine*. Mais quelqu'un dira ; comment les Morts peuvent-ils

(*) I. Cor. ch. xv. v. 50.

ressusciter ? & avec quel *Corps* viendront-ils ? *Insensés !* ce que vous semez ne reprend point de vie, s'il ne meurt. . . . . (*)

Ce Corps *spirituel* destiné à succéder au Corps *animal*, n'en différera, sans doute, pas moins par son *Organisation*, que par la *Matiere* dont il sera formé. À un séjour très-différent, répondront apparemment des *Organes* très-*différens*. Tous les *Organes* du Corps *animal* qui ne sont *en Rapport* qu'avec la Vie *présente*, seront sans doute supprimés. La Raison seule conduit à le présumer, & la Révélation supplée ici, comme ailleurs, aux efforts de la Raison. Quand la Révélation va jusqu'à nous déclarer, que l'*Estomac sera détruit*, que les *Sexes seront abolis*, elle nous fait concevoir les plus grands *Changemens* dans la Partie *matérielle* de l'Homme : car dans un Tout *organique* dont toutes les Parties sont si enchaînées, quel prodigieux *changement* ne suppose point la suppression des Organes de la *Nutrition* & de la *Génération !*

(*) L'*Enveloppe* du Grain *meurt* ; le *Germe* subsiste ; se développe, fructifie, &c. rien de plus significatif que cette *Parabole*, dont il est si facile de saisir l'*Esprit*.

PALINGÉNÉSIE

Il faut lire dans le Chapitre **XXIV** de l'*Essai Analytique*, l'Exposition *philosophique* du Dogme de la *Résurrection*, & l'on conviendra, je m'assure, que mes Principes *psychologiques* sur l'Etat *Présent* de l'Homme, & sur son Etat *Futur*, s'accordent exactement avec les *Déclarations* les plus expresses & les plus claires de la RÉVÉLATION.

Il faut relire encore ce que j'ai exposé sur l'Etat *Futur* des Animaux (*) dans

---

(*) Mon Libraire faisoit imprimer la Partie XVI de cette *Palingénésie*, lorsque j'ai reçu la premiere Partie du Tome XXIX de la *Bibliotheque des Sciences & des beaux Arts*, premier *Trimestre* de 1768. Je me suis mis d'abord à parcourir les *Nouvelles littéraires*; & ce n'a point été sans quelque surprise, que j'ai vû à l'Article de la *Grande-Bretagne*, l'annonce d'un Livre Anglois en deux petits Volumes, sous ce Titre : AN *Essai* &c. c'est-à-dire, Essai sur la Vie future des Animaux bruts, par Mr. DEAN, Vicaire de *Middleton*, 1768. chez Kearsly.

Comme je n'ai point vû encore cet Ouvrage, dont j'ignorois l'existence, je ne puis donner à mes Lecteurs une Idée des Principes & de la Marche de l'Auteur, ni comparer son travail avec le mien. Je me bornerai donc à transcrire ici la *Notice* que les Savans Journalistes ont insérée aux pages 209 & 210 du *Trimestre* que j'ai cité. La voici.

« Cet Ouvrage, sans être supérieurement écrit, ne » laisse pas de se faire lire avec plaisir. Mr. DEAN tâche » d'y établir les propositions suivantes.

les cinq premieres Parties de cette *Palingénéfie*, & dans la Partie XIV, & appliquer à l'*Homme* toutes celles de ces

» 1. L'Ecriture Sainte infinue en divers endroits que
» les Brutes exifteront dans un état à venir.

» 2. La Doctrine de leur exiftence future a été fou-
» tenue par divers Savans Juifs, & par quelques Peres
» de l'Eglife.

» 3. La Raifon, en nous apprenant que les Bêtes
» ont une Ame, nous enfeigne par cela même qu'elles
» exifteront dans un état à venir.

» 4. Toutes les notions que nous avons d'une Ame
» nous conduifent à croire qu'elle doit être immor-
» telle, & exifter toujours.

» 5. Le Syftême de ceux qui croient que DIEU
» anéantit l'Ame des Bêtes, n'eft appuyé fur aucun fon-
» dement folide.

» 6. Les objections que l'on tire de l'Ecriture Sainte
» contre l'exiftence future des Brutes, font frivoles
» & ne viennent que de ce qu'on a mal entendu les
» Paffages cités.

» 7. Les autres objections font également foibles,
» & ne font dictées que par l'orgueil des Hommes.

» Au refte, ces Idées de Mr. DEAN ne font rien
» moins que nouvelles. Divers Savans du premier
» ordre, fans prendre un ton auffi affirmatif que lui,
» ont cru qu'il étoit vraifemblable que l'Ame des Bêtes
» exifteroit quelque part après qu'elle auroit ceffé d'a-
» nimer le corps qui lui étoit affigné, & qu'elle feroit
» dédommagée des maux qu'elle auroit fouffert dans
» ce Monde. On peut voir entr'autres, ce que dit là-
» deffus le célebre Mr. DITTON, à l'endroit que nous
» citons à la marge.

Il paroît par cette *Notice* que Mr. DEAN s'eft uni-

Analogies qui peuvent lui convenir. On voudra bien que je ne ralentisse pas ma marche par des répétitions superflues.

quement attaché dans cet Ouvrage, à prouver l'*immortalité* de l'Ame des *Brutes*, & qu'il en a déduit la *Probabilité* de leur *Vie future*. Peut-être même qu'il n'a point prétendu se borner simplement à rendre *probable* cette *Vie future*, & qu'oubliant les *Regles* d'une *Logique* exacte, il s'est persuadé trop facilement d'avoir porté la Chose jusqu'à la *Démonstration*. C'est au moins ce que je puis inférer légitimement du reproche que lui font les Journalistes, *d'avoir pris un ton trop affirmatif*. J'ose espérer qu'il ne leur paroîtra pas que je mérite le même reproche.

Au reste, la *Notice* que je viens de transcrire, m'apprend assez, que mes Principes & ma Marche different beaucoup des Principes & de la Marche de l'Auteur Anglois. Ce n'est pas uniquement l'*immortalité* de l'Ame des Brutes, que j'ai essayé de prouver ; la Chose étoit certes bien facile : mais j'ai tenté de rendre probable l'*immortalité* de leur *Etre*, en les considérant comme des *Etres mixtes*. J'ai fort développé mes Idées sur ce Sujet aussi nouveau qu'intéressant : je les ai envisagées sous divers *Rapports* plus ou moins nombreux, & plus ou moins étendus. J'ai ouvert au Lecteur philosophe, dans les Parties I, II, III, IV, V, VI, XIV, une vaste & agréable perspective. J'ai enchaîné tout cela à l'*État futur* de l'Homme, & j'ai tâché d'accroître ainsi la somme des *Probabilités* que la *Lumiere Naturelle* nous fournit en faveur de l'*Immortalité* de notre *Etre*, &c.

Ce n'étoit non plus que l'*immortalité* ou la *permanence* de l'Ame des Brutes, que le célebre DITTON avoit en vue dans le Passage auquel les Journalistes renvoient. Sect. VIII de la *Dissertation* qui termine son Livre *sur la Vérité de la* RELIGION CHRÉTIENNE. On en jugera par la lecture de ce Passage même, que je me fais un devoir de placer ici,

CONSIDÉRATION *importante*, dit très-bien un Anonyme (*) qui a beaucoup

« Comme je ne connois ni toutes les Fins que DIEU s'eſt propoſées en créant les Bêtes, ni tous les uſages qu'il en fait dans l'Univers ; je ne ſais pas non plus, de quelle maniere il diſpoſe de leurs Ames quand elles ceſſent de vivre.

» Ceux qui diſent qu'elles n'exiſtent point, ou qu'elles ne conſervent point leur individualité, ne peuvent non plus prouver ce qu'ils affirment, que ceux qui diſent le contraire.

» D'autre part, ceux qui ſuppoſent qu'elles paſſent ſucceſſivement en d'autres Corps, & qu'elles ſubiſſent pluſieurs Révolutions dans la Nature, ne ſont pas fondés, à mon avis, ſur un plus grand degré de certitude que les Perſonnes qui, rejetant la Tranſmigration, laiſſent les Ames dans un état inconnu aux Hommes, mais où elles peuvent répondre aux vues de DIEU, & à la perfection de l'Univers, d'une maniere plus efficace, qu'elles ne le font à préſent dans le vil rang où elles ſont placées.

» Encore un coup, je confeſſe ici mon ignorance. Tout cela eſt couvert pour moi d'épaiſſes ténebres Tout ce qui me paroît de très-ſûr, c'eſt que le Bêtes ne ſont point de pures Machines, & ce qu me paroît de la même évidence, c'eſt que ce. Ames ne ſont point conduites par une Ame commune.

Je l'ai dit ailleurs : dès qu'on admet que les Bête ont une *Ame*, il eſt très-évident qu'on doit admettre que cette *Ame*, Subſtance *ſimple*, *indiviſible*, ne péri pas par les *Cauſes* qui détruiſent le *Corps groſſier*. O

(*) *Eſſai de Pſychologie* : Princ. Phil. Partie VII Chapitre XXII.

pensé, & qui vouloit faire penser : « Ceux
» qui reprochent à la RÉVÉLATION de
» n'avoir pas mis dans un assez grand
» jour les Objets de la *Foi*, savent-ils si
» la chose étoit possible ? Sont-ils cer-
» tains que ces Objets ne different pas
» assez des Objets *terrestres* pour ne pou-
» voir pas être saisis par des Hommes ?
» Notre maniere *actuelle* de connoître,
» tient à notre Constitution *présente* ; &
» nous ignorons les *Rapports* de cette
» Constitution, à celle qui doit lui *suc-*
» *céder*. Nous n'avons des Idées que par
» les *Sens* : c'est en comparant entr'elles
» les Idées *sensibles*, c'est en *généralisant*
» que nous acquérons des *Notions* de
» différens genres. Notre *capacité* de con-
» noître est donc *limitée* par nos *Sens* ;
» nos Sens le sont par leur *structure* ;
» celle-ci l'est par la *place* que nous oc-
» cupons. Nous connoissons sans doute
» de la *Vie à venir* tout ce que nous en
» pouvions connoître ici-bas : pour nous
» donner plus de lumiere sur cet Etat

doit convenir encore, que la Raison ne découvre aucun *Motif* pourquoi DIEU *anéantiroit* cette *Ame*, &c.
Il ne faut donc qu'y réfléchir un instant pour se persuader la *survivance* de cette *Ame*, &c. Mais je me
suis assez expliqué sur ce Point de *Psychologie* en divers
endroits de cet Ouvrage.

„ futur, il eût fallu apparemment chan-
„ ger notre Etat *actuel*. Le temps n'eſt
„ pas venu où ce changement doit s'o-
„ pérer : *Nous marchons encore par la*
„ *Foi, & non par la Vue* : l'Animal
„ ſtupide qui broute l'herbe abſtrairoit-
„ il ? Il *diſtingue* une Touffe de gazon
„ d'une Motte de terre ; & cette con-
„ noiſſance ſuffit à ſon Etat *préſent*. Il
„ acquerroit des connoiſſances plus rele-
„ vées, il atteindroit à nos Sciences,
„ & à nos Arts, ſi la conformation *eſ-*
„ *ſentielle* de ſes Organes venoit à chan-
„ ger ; mais alors ce ne ſeroit plus cet
„ *Animal*. Ferez-vous entrer dans le
„ Cerveau d'un Enfant la Théorie ſubli-
„ me de l'Infini ? Ce Cerveau contient
„ *actuellement* toutes les Fibres néceſſai-
„ res à l'acquiſition de cette Théorie ;
„ mais vous ne pouvez encore les met-
„ tre en action.

„ Tout ſe fait par degrés dans la Na-
„ ture : un *développement* plus ou moins
„ lent conduit tous les Etres à la *Perfec-*
„ *tion* qui leur eſt *propre*. Notre Ame
„ ne fait que commencer à ſe dévelop-
„ per : mais cette Plante ſi foible dans
„ ſes principes, ſi lente dans ſes progrès,

,, étendra fes Racines & fes Branches
,, dans l'Eternité.

,, C'eft affurément un trait de la fa-
,, geffe de la RÉVÉLATION que fon fi-
,, lence fur la nature de notre *Etat futur*,
,, L'HOMME DIVIN qui enfeigna à des
,, Hommes mortels la *Réfurrection*, étoit
,, trop bon Philofophe pour parler de
,, Mufique à des Sourds, de Couleurs à
,, des Aveugles.

Je profiterai de l'avis judicieux de cet Anonyme: je n'oublierai pas que je fuis *aveugle* & *fourd*, & je ne prononcerai point fur les *Couleurs* ni fur les *Sons*. Oublierois-je néanmoins ma Condition *préfente*, fi je hafardois fur les *Biens à venir* quelques légeres *Conjectures*, que je déduirois des Chofes qui me font connues?

Ce que l'Anonyme vient d'expofer fur l'impoffibilité où nous fommes de nous *repréfenter* les *Biens à venir*, eft de la meilleure *Logique*. Quand il dit: l'*Animal ftupide qui broute l'herbe abftrairoit-il?* Il fait bien fentir par cette Comparaifon philofophique, que l'Homme ne fauroit pas plus *se représenter* la *véritable* nature des *Biens à venir*, que l'*Animal* ne peut *se représenter* les Plaisirs *intellectuels* de l'Homme. L'*Animal stupide qui broute l'herbe* devineroit-il nos *Sciences* & nos *Arts* ? L'Homme qui ignore tant de Choses (*) qui appartiennent au Monde qu'il habite, devineroit-il les Choses qui appartiennent à ce Monde qu'il habitera un jour ?

Je pense donc comme notre Psychologue ; *que nous connoissons de la Vie à venir tout ce que nous en pouvions connoître ici-bas ; & que pour nous donner plus de lumiere sur cet Etat Futur, il auroit fallu apparemment changer notre Etat actuel.*

Ceci est bien simple : comment parviendrions-nous à *connoître* des Objets qui, non-seulement n'ont aucune *proportion* avec nos Facultés *actuelles* ; mais qui supposent, sans doute, encore d'autres Facultés pour être saisis ou conçus ? L'Homme le plus éclairé & le plus pénétrant, qui seroit privé de l'*Ouïe*, devineroit-il l'*Usage* d'une *Trompette* ?

(*) Voyez les Parties XII & XIII.

Si cependant un voile épais dérobe à nos regards avides ces *Biens à venir*, après lesquels notre Cœur soupire ; nous pouvons au moins entrevoir quelques-unes des principales Sources dont ils découleront.

※

L'Homme possede trois *Facultés* éminentes ; la Faculté *de connoître*, la Faculté *d'aimer*, & celle *d'agir*.

Nous concevons très-clairement, que ces Facultés sont *perfectibles* à l'indéfini. Nous suivons à l'œil leur développement, leurs progrès, leurs effets divers. Nous contemplons avec étonnement les Inventions admirables auxquelles elles donnent naissance, & qui démontrent d'une maniere si éclatante la suprême élévation de l'*Homme* sur tous les *Etres Terrestres*.

Il est, ce semble, dans la Nature de la BONTÉ, autant que dans celle de la SAGESSE de *perfectionner* tout ce qui peut l'être. Il l'est sur-tout de perfectionner des Etres, qui doués de Sentiment & d'Intelligence, peuvent goûter le

Plaisir attaché à l'accroissement de leur Perfection.

En étudiant avec quelque soin les *Facultés* de l'Homme ; en observant leur dépendance mutuelle, ou cette subordination qui les assujettit les unes aux autres, & à l'action de leurs Objets ; nous parvenons facilement à découvrir quels sont les *Moyens naturels* par lesquels elles se développent & se perfectionnent ici-bas. Nous pouvons donc concevoir des *Moyens* analogues, plus efficaces, qui porteroient ces *Facultés* à un plus haut degré de Perfection.

Le *Degré* de Perfection auquel l'Homme peut atteindre sur la Terre, est en *Rapport* direct avec les *Moyens* qui lui sont donnés de connoître & d'agir. Ces *Moyens* sont eux-mêmes en *Rapport* direct avec le *Monde* qu'il habite actuellement.

Un Etat plus relevé des Facultés humaines n'auroit donc pas été en *Rapport* avec ce *Monde* dans lequel l'Homme devoit passer les premiers momens de son existence. (*) Mais ces Facultés sont indéfiniment *perfectibles*, & nous concevons fort bien que quelques-uns des Moyens *naturels* qui les perfectionneront un jour, peuvent exister dès à présent dans l'Homme. (†)

Ainsi, puisque l'Homme étoit appellé à habiter successivement deux Mondes différens, sa Constitution *originelle* devoit renfermer des *Choses relatives* à ces deux *Mondes*. Le Corps *animal* devoit être en *Rapport* direct avec le *premier Monde* ; le Corps *spirituel*, avec le *second*.

※

DEUX *Moyens* principaux pourront perfectionner dans le Monde *à venir* toutes les *Facultés* de l'Homme ; des *Sens plus exquis*, & de *nouveaux* Sens.

Les *Sens* sont la premiere Source de toutes nos *Connoissances*. Nos Idées les plus *réfléchies*, les plus *abstraites* dérivent

---

(*) Il faut consulter ce que j'ai dit là-dessus dans la Partie XIII, pag. 55, 56, 57, 58, 59, &c.
(†) Qu'on prenne la peine de relire la Partie XVI, pag. 130, 131, 132, 133, 134, &c.

toujours

toujours de nos *Idées fensibles*. L'Esprit ne *crée* rien; (*) mais il *opere* sans cesse sur cette multitude presqu'infinie de *Perceptions* diverses, qu'il acquiert par le ministere des *Sens*. (†)

De ces *Opérations* de l'Esprit, qui sont toujours des *comparaisons*, des *combinaisons*, des *abstractions*, naissent par une *Génération naturelle* toutes les *Sciences* & tous les *Arts*.

Les *Sens*, destinés à transmettre à l'Esprit les *Impressions* des Objets, sont en *Rapport* avec les *Objets*. L'*Œil* est en *Rapport* avec la *Lumiere*; l'*Oreille*, avec le *Son*, &c.

Plus les *Rapports* que les *Sens* soutiennent avec leurs *Objets*, sont parfaits, nombreux, divers; & plus ils manifestent à l'Esprit de *Qualités* des Objets; & plus encore les *Perceptions* de ces Qualités sont claires, vives, complettes.

Plus l'*Idée fensible* que l'Esprit acquiert

(*) Voyez l'*Essai Analytique*, §. 528, 529, 530; & la *Note* que j'ai mise à la fin de la Partie VII de cette *Palingénésie*.
(†) Consultez le Chapitre XV. de l'*Essai Analyt*.

Tome II.   D d

d'un Objet est vive, complette, & plus l'Idée *réfléchie* qu'il s'en forme est *distincte*.

Nous concevons, sans peine, que nos *Sens actuels* sont susceptibles d'un Degré de Perfection fort supérieur à celui que nous leur connoissons ici-bas, & qui nous étonne dans certains Sujets. Nous pouvons même nous faire une Idée assez nette de cet accroissement de Perfection, par les Effets prodigieux des Instrumens d'*Optique* & d'*Acoustique*.

Qu'on se figure, comme moi, ARISTOTE observant une *Mitte* avec nos Microscopes, ou contemplant avec nos Télescopes *Jupiter* & ses *Lunes* : quels n'eussent point été sa surprise & son ravissement ! quels ne seront donc point aussi les nôtres, lorsque revêtus de notre Corps *spirituel*, nos *Sens* auront acquis toute la *Perfection* qu'ils pouvoient recevoir de l'AUTEUR BIENFAISANT de notre Etre !

On imaginera, si l'on veut, que nos *Yeux* réuniront alors les avantages des *Microscopes* & des *Télescopes*, & qu'ils se proportionneront exactement à toutes les distances. Et combien les *Verres* de ces nouvelles Lunettes feront-ils supérieurs à ceux dont l'Art se glorifie !

On doit appliquer aux autres *Sens*, ce que je viens de dire de la *Vue*. Peut-être néanmoins que le *Goût*, qui a un Rapport si direct à la *Nutrition* sera supprimé ou converti en un autre *Sens* d'un usage plus étendu & plus relevé.

Quels ne seroient point les rapides progrès de nos Sciences *psycho-mathématiques*, s'il nous étoit donné de découvrir les *premiers Principes* des Corps, soit *fluides*, soit *solides* ! Nous verrions alors *par intuition*, ce que nous tentons de deviner à l'aide de *raisonnemens* ou de *calculs*, d'autant plus incertains, que notre Connoissance *directe* est plus imparfaite. Quelle multitude innombrable de *Rapports* nous échappe, précisément parce que nous ne pouvons appercevoir la figure, les proportions, l'arrangement de ces *Corpuscules* infiniment petits, sur lesquels pourtant repose tout le grand Edifice de la Nature !

Dd ij

Il ne nous est pas non plus fort difficile de concevoir, que le *Germe* du Corps *spirituel* peut contenir dès à présent les *Elémens* organiques de *nouveaux Sens*, qui ne se développeront qu'à la *Résurrection*.

« Ces *nouveaux Sens* nous manifeste-
„ ront dans les Corps des *Propriétés* qui
„ nous seront toujours inconnues ici-bas.
„ Combien de *Qualités sensibles* que nous
„ ignorons encore, & que nous ne dé-
„ couvririons point sans étonnement!
„ Nous ne connoissons les différentes
„ *Forces* répandues dans la Nature, que
„ dans le *Rapport* aux différens *Sens* sur
„ lesquels elles déployent leur *Action*.
„ Combien est-il de *Forces* dont nous
„ ne soupçonnons pas même l'existence,
„ parce qu'il n'est aucun *Rapport* entre
„ les *Idées* que nous acquérons par nos
„ *cinq Sens*, & celles que nous pour-
„ rons acquérir par d'*autres Sens*! (*)

Qu'on se représente un Homme qui naîtroit avec une *Paralysie* complette sur

───────────
(*) *Essai Analytique*, §. 779.

trois ou quatre des principaux Sens, & qu'on suppose des Causes *naturelles* qui rendissent la vie & le mouvement à ces Sens, & les missent tous en valeur : quelle foule de Perceptions nouvelles, variées, imprévues cet Homme n'acquerroit-il point en peu de temps ! quel prodigieux accroissement de Perfection n'en résulte-roit-il point pour toutes ses Facultés, &c. Je rappelle ici mon Lecteur à cette *Statue* que j'essayois d'animer dans cet *Essai Analytique*, que je publiai en 1760. Nous ne sommes encore que des *Statues*, qui ne jouissent, pour ainsi dire, que d'un seul Sens, mais dont les autres Sens se déploieront dans ce *Monde* que la Raison entrevoit, & que la Foi contemple.

Ces Sens *nouveaux*, renfermés infiniment en petit dans le *Siege de l'Ame*, sont donc en *Rapport direct* avec ce Monde *à venir*, qui est notre vraie Patrie. Ils peuvent avoir encore des *Rapports* particuliers avec d'autres *Mondes*, qu'il nous sera permis de visiter, & où nous puiserons sans cesse de nouvelles Connoissances, & de nouveaux Témoignages des Libéralités Infinies du BIENFAICTEUR de l'Univers.

ÉLEVONS nos regards vers la Voûte étoilée : contemplons cette Collection immense de *Soleils* & de *Mondes* disséminés dans l'Espace, & admirons que ce Vermisseau qui porte le nom d'*Homme*, ait une Raison capable de pénétrer l'existence de ces *Mondes*, & de s'élancer ainsi jusqu'aux Extrémités de la Création. (*)

Mais cette Raison dont la Vue est si perçante, la curiosité si active, & dont les désirs sont si étendus, si relevés, si assortis à la noblesse de son Etre, auroit-elle été renfermée pour toujours dans les limites étroites d'un Télescope ? Ce DIEU si BIENFAISANT QUI a daigné se révéler à elle par les Merveilles du Monde qu'elle habite, ne lui auroit-il point réservé de plus hautes Révélations dans ces Mondes où SA PUISSANCE & SA SAGESSE éclatent avec plus de magnificence encore, & où ELLES se peignent par des Traits toujours nouveaux, toujours variés, toujours inépuisables ?

(*) Voyez la *Contemplation de la Nature*, Partie I, Chapitre V.

Si notre Connoiffance *réfléchie* dérive effentiellement de notre Connoiffance *intuitive* ; fi nos richeffes intellectuelles s'accroiffent par les *Comparaifons* que nous formons entre nos Idées *fenfibles* de tout Genre ; fi nous *comparons* d'autant plus que nous connoiffons davantage ; fi enfin notre Intelligence fe développe & fe perfectionne à proportion que nos Comparaifons s'étendent, fe diverfifient, fe multiplient ; quels ne feront point l'accroiffement & le perfectionnement de nos Connoiffances *naturelles*, lorfque nous ne ferons plus bornés *à comparer* les Individus aux Individus, les Efpeces aux Efpeces, les *Regnes* aux *Regnes*, & qu'il nous fera donné de *comparer* les *Mondes* aux *Mondes* ?

Si la SUPRÊME INTELLIGENCE a *varié* ici-bas toutes SES Œuvres ; fi ELLE n'a rien créé *d'identique* ; fi une *Progreffion* harmonique regne entre tous les Etres *Terreftres* ; fi une même *Chaîne* les embraffe tous ; (*) combien eft-il probable que cette *Chaîne* merveilleufe fe prolonge dans tous les *Mondes Planétaires*,

---

(*). Confultez la *Contemplation de la Nature*, Part. I, Chapitre VII ; Part. II, Chap. IX, X, XI, XII, XIII.

qu'elle les unit tous, & qu'ils ne font ainſi que des Parties conſtituantes & *infinitéſimales* de la même *Série!* (*)

Nous ne découvrons à préſent de cette grande *Chaîne* que quelques *Anneaux*: nous ne ſommes pas même ſûrs de les obſerver dans leur Ordre *naturel* : nous ne ſuivons cette Progreſſion admirable que très-imparfaitement, & à travers mille & mille détours : nous y rencontrons des interruptions fréquentes ; mais nous ſentons toujours que ces *lacunes* ſont bien moins celles de la Chaîne, que celles de nos Connoiſſances.

Lorſqu'il nous aura été accordé de contempler cette *Chaîne*, comme j'ai ſuppoſé que la contemplent ces INTELLIGENCES pour leſquelles notre Monde a été principalemeut fait ; (†) lorſque nous pourrons, comme elles, en ſuivre les *Prolongemens* dans d'autres Mondes ; alors, & ſeulement alors, nous connoîtrons l'Ordre *naturel* des *Chaînons*, leur dépen-

---

(*) *Contemplation de la Nature*, Part. IV, Chap. XI.

(†) Voyez les Parties XII, XIII. Reliſez ſur-tout les pages 49, 50, 51, 52, &c. ſans quoi vous n'auriez pas une Idée nette de ce que j'ai actuellement dans l'Eſprit.

dance réciproque, leurs *Relations* secretes, la Raison *prochaine* de chaque Chainon, & nous nous éléverons ainsi par une *Echelle* de Perfections *relatives* jusqu'aux *Vérités* les plus transcendantes & les plus lumineuses. (*)

Chaque Monde *planétaire* a donc son Economie *particuliere*, ses *Lois*, ses *Productions*, ses *Habitans* ; & rien de tout cela ne se retrouve de la *même* maniere ni dans le *même* Ordre dans aucune autre Planete. La répétition des mêmes Modeles en différens Mondes seroit un indice de stérilité, & comment concevoir un *Terme* à la Fécondité de l'INTELLIGENCE INFINIE ? Si une Métaphysique relevée nous persuade qu'il n'est pas sur la Terre deux *Individus* précisément *semblables* ; si des Observations délicates, poussées fort loin, paroissent confirmer la même Vérité ; quels ne doivent point être les *Caracteres* qui différencient un *Monde* d'un autre Monde, & même deux Mondes les plus *voinsins* ! Ainsi chaque *Monde* est un Systême *particulier*, un *Ensemble* de Choses qui ne se rencontre dans aucun autre

(*) Consultez ce que j'ai exposé sur cette *maniere de connoître* dans la Partie XIII, pag. 49, 50, 51, 52, 53, 54.

Point de l'Espace, & ce Systême *particulier* est au Systême général ce qu'est un Pignon ou une Roue dans une Machine, ou mieux encore, ce qu'est une Fibre, une Glande dans un Tout *organique*.

De quels Sentimens notre Ame ne sera-t-elle donc point inondée, lorsqu'après avoir étudié à fond l'Economie d'un *Monde*, nous volerons vers un autre, & que nous comparerons entr'elles ces deux *Economies!* Quelle ne sera point alors la Perfection de notre *Cosmologie!* quels ne seront point la généralisation & la fécondité de nos Principes, l'enchaînement, la multitude & la justesse de nos Conséquences! quelle lumiere rejaillira de tant d'objets divers sur les autres Branches de nos Connoissances sur notre *Physique*, sur notre *Géométrie*, sur notre *Astronomie*, sur nos Sciences *rationnelles*, & principalement sur cette SCIENCE DIVINE qui s'occupe de l'ÊTRE des ÊTRES!

Toutes les *Vérités* sont enchaînées, & les plus éloignées tiennent les unes aux autres par des Nœuds cachés. Le propre de l'Entendement est de découvrir ces *Nœuds*. NEWTON s'applaudissoit, sans doute, d'avoir su démêler les *Rapports secrets* de la chute d'une Pierre au Mouvement d'une Planete : transformé un jour en INTELLIGENCE CÉLESTE, il sourira de ce Jeu d'Enfant, & sa haute Géométrie ne sera plus pour lui que les premiers *Elémens* d'un autre *Infini*.

※

MAIS la Raison de l'Homme perce encore au-delà de tous les Mondes Planétaires : elle s'éleve jusqu'au Ciel où DIEU habite : elle contemple le Trône auguste de l'ANCIEN DES JOURS : elle voit toutes les Spheres rouler sous ses pieds, & obéir à l'Impulsion que SA MAIN PUISSANTE leur a imprimée : elle entend les acclamations de toutes les INTELLIGENCES, & mêlant ses adorations & ses louanges aux Chants majestueux de ces HIÉRARCHIES, elle s'écrie dans le sentiment profond de son néant; SAINT, SAINT, SAINT, est CELUI QUI EST ! l'ÉTERNEL est le SEUL BON ! *gloire soit à DIEU dans les Lieux Célestes ; Bienveillance envers l'Homme !*

Bienveillance envers l'Homme ! O profondeur des richesses de la BONTÉ DI-

VINE ! Elle ne s'eſt point bornée à se manifeſter à l'Homme ſur la Terre, par les Traits les plus multipliés, les plus divers, les plus touchans ; Elle veut encore l'introduire un jour dans les Demeures Céleſtes, & l'abreuver au Fleuve de Délices. *Il y a pluſieurs Demeures dans la Maiſon de notre PERE ; ſi cela n'étoit pas*, Son Envoyé *nous l'auroit dit : Il y eſt allé pour nous y préparer une place ..... Il en reviendra, & nous prendra avec Lui, afin que nous ſoyons où Il ſera ..... où Il ſera ;* non dans les *Parvis*, non dans le *Sanctuaire* de la Création Univerſelle ; mais dans le *Saint des Saints ..... où Il ſera ;* où ſera *le* Roi *des* Anges *& des* Hommes, *le* Médiateur *de la nouvelle Alliance, le* Chef *& le* Consommateur *de la* Foi, Celui *qui nous a frayé le Chemin nouveau qui mene à la Vie, qui nous a donné la liberté d'entrer dans le Lieu Très-Saint, qui nous a fait approcher de la Ville du DIEU* Vivant, *de la Jéruſalem Céleſte, de l'innombrable multitude des* Anges, *de DIEU même* qui *eſt le* Juge *de Tous*.

Si la SOUVERAINE BONTÉ s'eſt plu à parer ſi richement la premiere Demeure de l'Homme ; ſi Elle y a répandu de si grandes beautés, prodigué tant de douceurs, accumulé tant de Biens; si toutes les Parties de la Nature conspirent ici-bas à fournir à l'Homme des Sources intarissables de Plaisirs; que dis-je! si cette BONTÉ INEFFABLE enveloppe & serre l'Homme de toutes parts ici-bas; quel ne sera point le Bonheur dont ELLE le comblera dans la Jérusalem d'Enhaut! quelles ne seront point les Beautés, la richesse & la variété du magnifique Spectacle qui s'offrira à ses regards dans la Maison de DIEU, dans cet autre *Univers*, qui enceint tous les Orbes Planétaires, & où l'ÊTRE EXISTANT PAR SOI donne aux HIERARCHIES CELESTES les Signes les plus Augustes de SA PRÉSENCE ADORABLE!

Ce sera dans ces Demeures Eternelles, au sein de la Lumiere, de la Perfection & du Bonheur, que nous lirons l'Histoire *Générale* & *Particuliere* de la PROVIDENCE. Initiés alors, jusqu'à un certain point, dans les Mysteres profonds de SON Gouvernement, de SES Lois, de SES Dispensations, nous verrons avec admiration les *raisons* secretes de tant d'Evénemens *généraux* & *particuliers*, qui nous étonnent, nous confondent, & nous jettent dans des *doutes* que la Philosophie ne dissipe pas toujours; mais sur lesquels la RELIGION nous rassure toujours. Nous méditerons sans cesse ce Grand Livre des *Destinées* des *Mondes*. Nous nous arrêterons sur-tout à la Page qui concerne celles de cette petite *Planete*, si chere à notre Cœur, le Berceau de notre Enfance, & le premier Monument des Complaisances paternelles du CRÉATEUR à l'égard de l'Homme. Nous n'y découvrirons point sans surprise les différentes *Révolutions* que ce petit Globe a subi avant que de revêtir sa Forme *actuelle*, & nous y suivrons à l'Œil celles qu'il est appellé à subir dans la Durée des Siecles. (*) Mais ce qui épuisera notre admiration & notre reconnoissance, ce seront les Merveilles de cette grande RÉDEMPTION, qui renferme encore tant de Choses au-dessus de notre foible portée, *qui ont été l'Objet de l'exacte recherche & de la profonde méditation des Prophetes, & dans lesquelles les* ANGES *désirent de voir jusqu'au fond.* Un *Mot* de cette *Page* nous tracera aussi notre propre *Histoire*, & nous développera le *Pourquoi* & le *Comment* de ces

---

(*) Voyez les Parties VI, XII, XIII.

calamités, de ces épreuves, de ces privations qui exercent souvent ici-bas la Patience du Juste, épurent son Ame, réhaussent ses Vertus, ébranlent & terrassent les Foibles. Parvenus à ce Degré si supérieur de Connoissances, l'*Origine* du Mal *physique* & du Mal *moral* ne nous embarrassera plus : nous les envisagerons distinctement dans leur *Source* & dans leurs *Effets* les plus *éloignés* ; & nous reconnoîtrons avec évidence, *que tout ce que DIEU avoit fait étoit bon.* (*) Nous n'observons sur la Terre que des *Effets* ; nous ne les observons même que d'une maniere très-superficielle : toutes les *Causes* nous sont voilées : (†) alors nous verrons les *Effets* dans leurs *Causes* ; les *Conséquences* dans leurs *Principes* ; l'Histoire des *Individus* dans celle de l'*Espece* ; l'Histoire de l'*Espece* dans l'Histoire du *Globe* ; cette derniere dans celle des *Mondes*, &c. *Présentement nous ne voyons les Choses que confusément, & comme par un Verre obscur ; mais alors nous verrons face à face, & nous connoîtrons, en quelque sorte, comme nous avons été connus.* Enfin, parce que nous aurons des Con-

(*) Voyez *Contemplation de la Nature*, Partie I, Chapitre III.
(†) *Essai Analytique*, §. 123. *Palingénésie*, Part. XII, pag. 9, 10.

noiffances imcomparablement plus complettes & plus diftinctes de l'*Ouvrage*, nous en acquerrons auffi de beaucoup plus profondes des PERFECTIONS de l'OUVRIER. Et combien cette Science la plus fublime, la plus vafte, la plus défirable de toutes, ou plutôt la *feule Science*, fe perfectionnera-t-elle fans ceffe par un Commerce plus intime avec la SOURCE ÉTERNELLE de toute Perfection ! Je n'exprime point affez ; je ne fais que bégayer ; les Termes me manquent ; je voudrois emprunter la Langue des ANGES : s'il étoit poffible qu'une Intelligence *finie* épuisât jamais l'*Univers*, elle puiferoit encore d'Eternité en Eternité dans la Contemplation de fon AUTEUR de nouveaux Tréfors de Vérités, & après mille myriades de Siecles confumés dans cette Méditation, elle n'auroit qu'effleuré cette SCIENCE, dont la plus élevée des INTELLIGENCES ne poffede peut-être que les premiers *Rudimens*. Il n'y a de *vraie Réalité* que dans CELUI QUI EST ; car tout ce qui eft, eft par LUI, & exiftoit de toute Eternité en LUI, avant que d'être hors de LUI. (*) Il n'y a qu'une feule EXISTENCE, parce qu'il n'y a qu'un *feul*

(*) Confultez la Partie XVI, pag. 128, 129.

ÊTRE dont l'ESSENCE soit d'*exister*, & tout ce qui porte le nom impropre d'*Etre*, étoit renfermé dans l'EXISTENCE NÉCESSAIRE comme la *Conséquence* dans son *Principe*.

※

COMBIEN notre *Faculté* d'aimer est-elle actuellement bornée, imparfaite, aveugle, grossiérement intéressée! Combien toutes nos *Affections* participent-elles à la *Chair* & au *Sang*! Combien notre *Cœur* est-il étroit! combien a-t-il de peine à s'élargir, & à embrasser la Totalité des Hommes! Combien, encore une fois, le *Physique* de notre Constitution s'oppose-t-il à l'épurement & à l'exaltation de notre Faculté d'*aimer*! Combien lui est-il difficile de se concentrer un peu fortement dans l'ÊTRE SOUVERAINEMENT AIMABLE!

Nos Besoins toujours renaissans nous lient aux Objets qui peuvent les satisfaire. Le Cercle de nos *Affections* ne s'étend guere au-delà de ces Objets. Il semble qu'il ne nous reste point assez de *Capacité d'aimer*, pour aimer encore ce qui ne se rapporte pas d'une maniere directe à notre Individu. Notre *Amour-*

propre ne cherche que lui-même, ne voit & ne sent que lui-même dans tout ce qui l'environne. Il se reproduit dans tout ce qui le flatte, & il est rarement assez élevé pour n'être fortement touché que du Plaisir de faire des heureux. Il y a toujours je ne sais quoi de *terrestre* qui se mêle à nos Sentimens les plus délicats & à nos Actions les plus généreuses. Il faut toujours que les Ames les plus sensibles, les plus nobles, retiennent quelque chose de la Partie *matérielle* de notre Etre. Et combien sur-tout n'en retient point cette *Passion* si douce & si terrible dans ses effets, qui fait sentir son pouvoir à tous les Individus, & sans laquelle l'Espece ne seroit plus !

Telle est sur la Terre notre Faculté d'*aimer :* telles sont ses limites, ses imperfections, ses taches. Mais, cette Puissance excellente, cette Puissance si impulsive, si féconde en Effets divers, si *expansible*, embarrassée à présent dans les Liens de la *Chair*, en sera un jour dégagée ; & CELUI QUI nous a faits pour L'aimer & pour aimer nos Semblables, saura ennoblir, épurer, *sublimiser* tous nos *Désirs*, & faire converger toutes nos *Affections* vers la plus grande & la plus noble Fin.

Lorsque nous aurons été revêtus de ce *Corps spirituel* & *glorieux* que la Foi espere, notre *Volonté* perfectionnée dans le *Rapport* à notre *Connoissance*, n'aura plus que des *Désirs* assortis à la haute élévation de notre nouvel Etre. Elle tendra sans cesse à tout Bien, au vrai Bien, au plus grand Bien. Toutes ses *Déterminations* auront un *But*, & le *meilleur* But. (*) L'*Ordre* sera la *Regle* immuable de ses *Désirs*, & l'AUTEUR de l'Ordre, le *Centre* de toutes ses *Affections*. Comme elle sera fort *réfléchie*, parce que la *Connoissance* sera fort distincte & fort étendue; ses *Inclinations* se proportionneront constamment à la *Nature* des Choses, & elle *aimera* dans un Rapport direct à la *Perfection* de chaqu'Etre. La *Connoissance* assignera à chaqu'Etre son juste prix : elle dressera l'Echelle exacte des Valeurs relatives; & la *Volonté* éclairée par la *Connoissance*, ne se méprendra plus sur le *prix* des Choses, & ne confondra plus le Bien *apparent* avec le Bien *réel*.

Dépouillés pour toujours de la Partie *corruptible* de notre Etre; revêtus de l'*In-*

(*) Voyez part. xv, pag. 116, 117, 120, 121, ce que j'y crayonnois de l'*Homme moral*.

corruptibilité ; unis à la *Lumiere ;* (*) nos Sens ne dégraderont plus nos Affections ; notre Imagination ne corrompra plus notre Cœur : les grandes & magnifiques Images qu'elle lui offrira sans cesse vivifieront & échaufferont tous ses Sentimens : notre Puissance d'*aimer* s'exaltera & se déploiera de plus en plus, & la Sphere de son Activité s'agrandissant à l'indéfini, embrassera les INTELLIGENCES de tous les Ordres, & se concentrera dans l'ETRE SOUVERAINEMENT BIENFAISANT. Notre Bonheur s'accroîtra par le Sentiment vif & pur du Bonheur de nos Semblables, & de celui de tous les Etres sentans, & de tous les Etres intelligens. Il recevra de plus grands accroissemens encore par le Sentiment délicieux & toujours présent de l'approbation & de l'Amour de CELUI QUI *sera tout en tous*. Notre Cœur brûlera éternellement du beau Feu de la *Charité*, de cette CHARITÉ CÉLESTE, qui après avoir jeté sur la Terre quelques étincelles, éclatera de toutes parts dans le Séjour de l'Innocence & de la Paix. *La Charité ne finira jamais.*

(*) Dans mon Hypothese, le Corps *spirituel* dont parle la RÉVÉLATION, sera formé d'une matiere semblable ou analogue à celle de l'*Ether* ou de la *Lumiere*. Voyez en particulier la Part. XVI, pag. 139, 140, 141.

La *force*, comme la portée de nos *Organes*, est ici-bas très-limitée. Nous ne saurions les exercer pendant un temps un peu long, sans éprouver bientôt ce sentiment incommode & pénible, que nous exprimons par le terme de *fatigue*. Nous avons à surmonter une résistance continuelle pour nous transporter ou plutôt pour ramper d'un Lieu dans un autre. Notre *Attention*, cette belle Faculté qui décide de tout dans la Vie *intellectuelle*, notre Attention s'affoiblit en se partageant, & se consume en se concentrant. Notre *Mémoire* ne retient qu'avec effort ce que nous lui confions : elle souffre des déperditions journalieres : l'âge & mille accidens la menacent, l'alterent, la détruisent. Notre *Raison*, l'appanage le plus précieux de notre Nature, tient en dernier ressort à quelques Fibres délicates, que des Causes assez légeres peuvent déranger & dérangent quelquefois. Que dirai-je encore ! notre Machine entiere, cette Machine qui nous est si chere, & où brille un Art si prodigieux, est toujours près de succomber sous le poids & par l'action continuée de ses Ressorts. Elle ne subsiste que par des secours étrangers,

& par une sorte d'artifice. Le Principe de la *Vie* est précisément le Principe de la *Mort*, & ce qui nous fait *vivre* est réellement ce qui nous fait *mourir*.

Le Corps *animal* est formé d'*Elémens* très-*hétérogenes*, & dont une multitude de petites Forces tendent continuellement à troubler l'harmonie. Il faut que des Elémens *étrangers* viennent sans cesse s'unir aux Elémens *primitifs*, pour remplacer ce que les mouvemens intestins & la transpiration dissipent sans cesse. Le Jeu perpétuel des Vaisseaux, nécessaire à ce remplacement, altere peu à peu l'Economie générale de la Machine; racornit des Parties qui devroient demeurer souples; oblitere des Conduits qui devroient rester perméables; change les dispositions *respectives* des Pieces; & détruit enfin l'*équilibre* des Poids & des Ressorts.

Le Corps *spirituel*, formé probablement d'*Elémens* semblables ou analogues à ceux de la *Lumière*, n'exigera point ces *réparations* journalieres qui conservent & détruisent le Corps *animal*. Ce Corps *glorieux* que nous devons revêtir, subsistera, sans doute, par la seule énergie de ses Principes & de la profonde Méchanique qui aura présidé à sa Construction. Il y a bien de l'apparence encore, que ce Corps *éthéré* ne sera pas soumis à l'action de la *Pesanteur* comme les Corps grossiers que nous connoissons. Il obéira avec une facilité & une promptitude étonnantes à toutes les volontés de notre Ame, & nous nous transporterons d'un Monde dans un autre avec une célérité peut-être égale à celle de la *Lumiere*. Sous cette Économie de Gloire, nous exercerons sans fatigue toutes nos Facultés; parce que les nouveaux Organes sur lesquels notre Ame déploiera sa *Force motrice* seront mieux proportionnés à l'énergie de cette Force, & qu'ils ne seront point assujettis à l'influence de ces Causes perturbatrices qui conspirent sans cesse contre notre Économie actuelle. Notre *Attention* saisira à la fois & avec une égale force un très-grand nombre d'Objets plus ou moins compliqués; elle les pénétrera intimement; elle en démêlera toutes les impressions partielles; en découvrira les ressemblances & les dissemblances les plus légeres, & en déduira sans effort les Résultats les plus généraux. Notre *Génie* sera donc proportionné à notre *Attention*; car j'ai montré que l'Attention est la *Mere* du Génie. (*) Ce qui sera une fois entré dans notre *Mémoire* ne s'en effacera jamais, parce que les *Fibres* auxquelles elle sera attachée dans cette nouvelle Économie, ne seront point exposées à une infinité de petites impulsions intestines, qui tendent continuellement ici bas, à changer la position *respective* des *Elémens* de ces Organes si déliés, & à détruire les *Déterminations* que les Objets leur ont imprimées. (**) Notre *Mémoire* s'enrichira donc à l'indéfini: elle s'incorporera des *Mondes* entiers, & retracera à notre Esprit, sans altération & sans confusion, l'immense *Nomenclature* de ces Mondes: que dis-je! ce ne sera point simplement une *Nomenclature*: ce sera l'Histoire Naturelle *générale & particuliere* de ces Mondes, celle de leurs *Révolutions*, de leur Population, de leur Législation, &c. &c. Et comme les *Organes* sont toujours *en Rapport* avec les Objets dont ils doivent transmettre à l'Ame les *Impressions*, il est à présumer, que la Connoissance d'un nombre si prodigieux d'Objets, & d'Objets

(*) *Essai Analyt.* §. 529, 530.
(**) *Ibid.* Chap. VII, XXII. *Contemplation de la Nature*, Part. V, Chap. VI, *Analyse Abrégée*; VII, VIII, IX, X, XI, &c.

si différens entr'eux, dépendra d'un Assortiment d'Organes infiniment supérieur à celui qui est relatif à notre Économie *Présente*. Les *Signes* de nos *Idées* se multiplieront, se diversifieront, se combineront dans un Rapport déterminé aux *Objets*, dont ils seront les *Représentations symboliques*, & la *Langue* ou les *Langues* que nous posséderons alors auront une expression, une fécondité, une richesse, dont les *Langues* que nous connoissons ne sauroient nous donner que de très-foibles images. Précisément parce que nous *verrons* les Choses d'une maniere incomparablement plus parfaite, nous les *exprimerons* aussi d'une maniere incomparablement plus parfaite. Nous observons ici-bas que la *Perfection* des *Langues* correspond à celle de l'Esprit, & que plus l'Esprit *connoît*, plus il *exprime* : nous observons encore que le *Langage* perfectionne à son tour la *Connoissance* ; & la *Langue* savante des Géometres, cette belle Langue où réside à un si haut point l'*expression symbolique*, peut nous aider à concevoir la possibilité d'une Langue vraiement *universelle*, que nous posséderons un jour, & qui est apparemment celle des INTELLIGENCES SUPÉRIEURES.

Le Corps *animal* renferme quantité de Choses qui n'ont de Rapports *directs* qu'à la *Conservation* de l'*Individu* ou à celle de l'*Espece*. Le Corps *spirituel* ne contiendra que des Choses *relatives* à l'*accroissement* de notre Perfection *intellectuelle* & *morale*. Il fera, en quelque forte, un Organe *universel* de Connoissance & de Sentiment. Il fera encore un *Instrument universel* au moyen duquel nous exécuterons une infinité de Choses, dont nous ne saurions nous faire à présent que des Idées très-vagues & très-confuses. (*)

Si ce Corps *animal* & terrestre, que la Mort détruit, renferme de si grandes beautés ; si la moindre de ses Parties peut consumer toute l'Intelligence & toute la sagacité du plus habile Anatomiste ; (†) quelles ne feront point les beautés de ce Corps *spirituel* & céleste qui succédera au Corps périssable ! Quelle *Anatomie* que celle qui s'occupera de l'Économie de ce

---

(*) Voyez ce que j'ai bégayé sur la *Souveraine Perfection mixte* dans le Chap. VII, de la Part. II de la *Contemplation de la Nature*.

(†) Consultez ce que j'ai dit de l'*excellence des Machines organiques* ; Part. IX de cette *Palingénésie*, pag. 320, 321, 322, 323, 324, &c. Consultez encore ce que j'ai exposé sur l'*Animal*, Part. XII du même Ecrit, pag. 3, 4, 5, 6, & sur l'*imperfection* de notre Anatomie *actuelle*, pag. 13, 14, 15, 16.

Corps glorieux ; qui pénétrera la Mécanique, le Jeu & la Fin de toutes ses Parties ; qui saisira les *Rapports physiques* de la *nouvelle* Économie avec l'*ancienne*, & les Rapports bien plus nombreux, & bien plus compliqués des *nouveaux Organes* aux Objets de la *Vie à venir* !

※

Il y a sur la Terre parmi les Hommes une diversité presqu'infinie de Dons, de Talens, de Connoissances, d'Inclinations, &c. L'*Echelle* de l'Humanité s'éleve par une suite innombrable d'Echelons de l'Homme *brut* à l'Homme *pensant*. (*) Cette *Progression* continuera, sans doute, dans la Vie à venir, & y conservera les mêmes Rapports essentiels : je veux dire, que les progrès que nous aurons fait ici-bas dans la *Connoissance* & dans la *Vertu* détermineront le *Point* d'où nous commencerons à partir dans l'autre Vie ou la *Place* que nous y occuperons. Quel puissant motif pour nous exciter à accroître sans cesse notre Connoissance & notre Vertu !

(*) Voyez ce que j'ai dit des *Gradations de l'Humanité* dans le Chap. x de la Part. IV de la *Contemplation de la Nature*.

Tous les momens de notre Exiſtence individuelle ſont indiſſolublement liés les uns aux autres. Nous ne paſſons point d'un état à un autre état ſans une *raiſon ſuffiſante*. Il n'y a jamais de *ſaut proprement dit*. L'état *ſubſéquent* a toujours ſa raiſon *ſuffiſante* dans l'état qui l'a *précédé immédiatement.* (*) La *Mort* n'eſt point une *lacune* dans cette *Chaîne* : elle eſt le *Chaînon* qui lie les deux *Vies* ou les deux Parties de la *Chaîne.* Le *Jugement* que le SOUVERAIN JUGE portera de nous, aura ſon fondement dans le *Degré* de Perfection *intellectuelle & morale* que nous aurons acquis ſur la Terre, ou, ce qui revient au même, dans l'emploi que nous aurons ſu faire de nos *Facultés* & des *Talens* qui nous auront été confiés. *A celui à qui il aura beaucoup été donné, il ſera beaucoup redemandé, & on donnera à celui qui aura.* Ce qui eſt, eſt : la VOLONTÉ DIVINE ne change point la *Nature des Choſes* ; & dans le *Plan* qu'ELLE a réaliſé, le *Vice* ne pouvoit obtenir les *Avantages* de *la Vertu.* (**)

(*) Je dois renvoyer ici mon Lecteur à la Partie XIV, pag. 63, 64, 65, & le prier de méditer un peu ſur ces endroits de l'Ouvrage.

(**) Voyez la Partie VIII où ceci eſt plus développé.

Il fuit donc de ces *Principes* que la Raifon fe forme à elle-même, que le *Degré* de Perfection *acquife* déterminera dans la *Vie à venir* le *Degré* de Bonheur ou de *Gloire* dont jouira chaque Individu. La RÉVÉLATION donne encore fa *fanction* à ces Principes fi *philofophiques*. Elle établit expreffément cette *Echelle* de Bonheur ou de Gloire, que la Philofophie ne fe laffe point de contempler. *Il y a des Corps céleftes, & des Corps terreftres; mais il y a de la différence entre l'éclat des Corps céleftes, & celui des Corps terreftres: autre eft l'éclat du Soleil, autre celui de la Lune, & autre celui des Etoiles: l'éclat même d'une Etoile eft différent de l'éclat d'une autre Etoile. Il en fera de même à la Réfurrection.* (*) Et fi l'on vouloit que ces Paroles remarquables ne fuffent pas fufceptibles de l'interprétation que je leur donne; cette Déclaration fi formelle & fi répétée de l'ECRITURE, *que DIEU rendra à chacun felon fes Œuvres*, ne fuffiroit-elle pas pour prouver, que les *Degrés* du *Bonheur à venir* feront auffi *variés* que l'auront été les *Degrés* de la

---

(*) Je fais que quelques Commentateurs donnent à ce Paffage un fens plus direct & plus *littéral*: On ne prendra donc, fi l'on veut, mon Interprétation que comme une application *indirecte* & qui a fon fondement dans d'autres Paffages de l'ECRITURE.

Vertu ? Or, combien les *Degrés* de la *Vertu* different-ils fur la Terre ! Combien la *Vertu* du même Individu s'accroît-elle par de nouveaux efforts ou par des actes réitérés fréquemment ! La Vertu eft une *Habitude* : elle eft l'Habitude *au Bien*.

Il y aura donc un *Flux* perpétuel de tous les Individus de l'Humanité vers une plus grande Perfection ou un plus grand Bonheur ; car un Degré de Perfection *acquis* conduira par lui-même à un autre *Degré*. Et parce que la diftance du *Créé* a l'INCRÉÉ, du *Fini* à l'INFINI eft *infinie*, ils tendront continuellement vers la SUPRÊME PERFECTION fans jamais y atteindre.

CONCLUSION
DE TOUT L'OUVRAGE.

O que la Contemplation de ce magnifique, de cet immense, de ce ravissant Système de Bienveillance, qui embrasse tout ce qui pense, sent ou respire, est propre à élever, à agrandir notre Ame; à balancer, à adoucir toutes les épreuves de cette Vie mortelle; à soutenir, à augmenter notre patience, notre résignation, notre courage; à nourrir, à exalter tous nos Sentimens de reconnoissance, d'amour, de vénération pour cette Bonté Adorable qui nous a ouvert par Son Envoyé les Portes de cette Eternité heureuse, le grand, le perpétuel Objet de nos désirs, & pour laquelle nous sommes faits. Déjà ELLE nous met en possession de ce *Royaume qu'ELLE nous avoit préparé avant la fondation des Siecles*..... déjà ELLE place sur notre Tête la *Couronne immarcescible de Gloire*...... déjà *nous sommes assis dans les Lieux célestes*.... le Sépulchre a rendu fa Proie.... *la Mort eft engloutie pour toujours...... l'incorruptible a fuccédé au corruptible ; le fpirituel, à l'animal ; le glorieux, à l'abject*..... les plus longues révolutions des Aftres entaffées les unes fur les autres ne peuvent plus mefurer notre Durée..... il n'eft plus de *Temps*....... l'*Eternité* commence, & avec elle une Félicité qui ne doint point finir, mais qui doit toujours accroître....... Tranfportés de joie, de gratitude & d'admiration nous nous profternons au pied du Trône de notre BIENFAICTEUR....... nous nous écrions, notre PERE !......... notre PERE !...... nous........

SAISISSEZ LA VIE ÉTERNELLE.

A Genthod près de Geneve, le 17 de Mai 1769.

F I N.

www.ingramcontent.com/pod-product-compliance
Lightning Source LLC
Chambersburg PA
CBHW070529230426
43665CB00014B/1616